内 容 简 介

本书是第一部全面梳理中华人民共和国建立70年（暂缺港澳台地区数据）研究生教育发展的著作。全书以年代为主线，以国家社会发展为背景，以人才培养为核心，以事件、规律为研究，以成就、贡献为亮点，力图全面反映建国70年研究生教育发展的历程。全书共五章，依据历史事实、关键数据、典型案例等资料，围绕中国研究生教育的探索与波折，恢复招生、建章立制到研究生教育体系初步建成，适应社会主义市场经济以服务社会发展需求，建设研究生教育大国服务国家转型发展，建设研究生教育强国服务中华民族复兴5个阶段进行了梳理与总结，力求全面描绘研究生教育改革与发展的历史画卷，深入探索中国研究生教育发展规律，展示中国研究生教育对国家的贡献与成绩。

本书史料翔实，内容丰富，对国内外学位与研究生教育领域的从业者和从事教育科学研究的人员均具有参考价值，适用于对广大研究生教育管理人员的培训，也可以作为研究生教育学专业和高等教育学专业研究生的参考教材。

Introduction

This publication is the first monograph in China (lack of data on Hong Kong, Macao and Taiwan) that describes the development history of postgraduate education during the past 70 years since the founding of the People's Republic of China. Organizing in chronological order, this book takes the social development as background, the talents cultivation as the centre, the events and rules as the research contents, and the achievements and contributions as highlights. It fully reflects the process of the development of postgraduate education in the past 70 years since the foundation of P. R China. In this book, with historical facts, key data, typical cases and other forms of description, five chapters reflect five phases of graduate education development including the *Exploration and Setbacks of Graduate education in China, Recovering Enrollment and Establishing a New System and Initially Forming Graduation Euducation System, Adapting to the Socialist Market Economy and Serving the Needs of Social Development, Building a Powerful Graduate Education Country, Serving the Country's Transformation and Development, and Building a Strong Nation of Graduate Education , Serving National Rejuvenation.* it tries to present a historical picture of the reform and development of postgraduate education, to study the law of the development, and to vividly depict the contribution and achievements of postgraduate education to the New China.

This book systematically collects and comprehensively reviews a large number of data and documents about postgraduate education in China in the past 70 years. It is of the great value and significance to provide the practitioners and researchers who are engaged in the field of postgraduate education at home and abroad with the reference and materials. And it is suitable for training postgraduate education administrators, and could also be used as a textbook for graduate students majoring in postgraduate education and higher education.

中国研究生教育 70 年

The Graduate Education Development for 70 Years in China

王战军　周文辉　李明磊　陈　雁　著

中国科学技术出版社
·北　京·

图书在版编目（CIP）数据

中国研究生教育 70 年 / 王战军，周文辉，李明磊等著. —北京：中国科学技术出版社，2019.9（2023.8 重印）

ISBN 978-7-5046-8370-0

Ⅰ. ①中… Ⅱ. ①王… ②周… ③李… Ⅲ. ①研究生教育—教育史—中国—现代 Ⅳ. ① G643

中国版本图书馆 CIP 数据核字 (2019) 第 198906 号

策划编辑	王晓义
责任编辑	王晓义
封面设计	孙雪骊
正文设计	中文天地
责任校对	邓雪梅
责任印制	徐　飞

出　　版	中国科学技术出版社
发　　行	中国科学技术出版社有限公司发行部
地　　址	北京市海淀区中关村南大街 16 号
邮　　编	100081
发行电话	010–62173865
传　　真	010–62173081
网　　址	http://www.cspbooks.com.cn

开　　本	720mm × 1000mm　1/16
字　　数	240 千字
印　　张	15.5
版　　次	2019 年 10 月第 1 版
印　　次	2023 年 8 月第 3 次印刷
印　　刷	北京长宁印刷有限公司
书　　号	ISBN 978-7-5046-8370-0 / G · 815
定　　价	98.00 元

序言

70 年探索奋斗服务贡献，未来建设研究生教育强国

研究生教育是培养高层次人才的主要途径，是国家创新体系的重要组成部分，是科技是第一生产力、人才是第一资源、创新是第一动力的最佳结合点。研究生教育发展直接关系到国家竞争力的强弱，研究生教育质量与水平则是中国教育强国建设的标志。2019 年是中华人民共和国建立 70 周年，也是中国研究生教育探索与发展的 70 年。70 年间，中国研究生教育事业经历了开创初期的借鉴与探索，改革开放后恢复招生和建立学位制度，世纪之交的规模扩大与类型扩充，以及中共十八大后以“服务需求、提高质量”为主线的内涵式发展，从不具备独立培养高层次人才的能力到逐步成长为世界上的研究生教育大国，从学习借鉴与尝试探索到逐步走出了一条适合国情又具有中国特色的研究生教育发展道路。70 年间，中国研究生教育取得了显著成就，建立了日益完备的研究生教育体系，培养了大批高层次创新型人才，支撑了国家改革开放对高层次人才的需求，并对经济社会高质量发展做出了重要贡献，为国家研究生教育强国建设奠定了坚实基础。

走过千山万水，但仍须跋山涉水。立足新时代，加快研究生教育内涵式发展，奋力推进研究生教育强国建设，既是一项具有时代紧迫感的重要使命，也是

一项面临诸多挑战的艰巨任务。在新时期，加快研究生教育强国建设，不仅需要勇立潮头、加倍努力，更要求客观审视研究生教育现象与问题，全面认识研究生教育的内涵与特征，科学把握研究生教育发展和育人规律，并在此基础上研制适合我国国情的研究生教育改革与发展策略，促进中国特色研究生教育高质量发展。中国研究生教育70年发展历程为当前国家研究生教育的发展提供了丰富的发展经验和深刻的历史启迪。70年来，中国研究生教育经历了模仿依赖式的借鉴学习、试错试行中的自主探索、运动式发展后的总结反思，也经历了改革开放背景下的锐意进取以及规模化发展后的内涵提升。这个学习、试点、探索、改革、发展、创新的过程，反映了中国研究生教育独特的文化基因，蕴含了中国研究生教育变革的深刻哲理，体现了中国研究生教育发展的特有矛盾，是解决当前诸多发展问题的宝贵经验，也是加快研究生教育强国建设的重要法宝。

在中国研究生教育发展70年之际，系统回顾中国研究生教育发展历史，分析总结中国研究生教育改革发展经验，深入探讨中国研究生教育发展规律，对推动建设研究生教育强国具有重要意义。王战军、周文辉等撰写的《中国研究生教育70年》一书，是中国第一部全面描绘中华人民共和国成立70年来研究生教育探索与发展历史的专门著作。全书以时间年代为主线，从五个历史阶段系统、翔实地描述了中华人民共和国成立以来我国研究生教育发展的恢宏历程，同时对具有重要影响的政策、事件和重要的历史转折点进行了重点分析，反映了著者对研究生教育历史的深入研究和准确把握。值得注意的是，该书在呈现研究生教育各阶段发展状况的过程中，以更为宏观的视角，从国家与社会发展层面对不同历史背景下的研究生教育变革进行诠释，体现了中国研究生教育与国家同呼吸、与民族共命运的发展特点，有利于读者，尤其是青年学习者理解中国各个历史时期研究生教育的发展情况。全书系统收集和全面梳理了中华人民共和国成立70年来研究生教育的大量数据与文献资料，是了解中国研究生教育发展历史，认识中国研究生教育发展问题，理解中国研究生教育发展规律，并进一步以史为师、建设研究生教育强国的重要参考。

回顾历史是为了面向未来。立足新时代，要不忘初心，牢记使命，勇于担当，加快研究生教育内涵式发展，奋力推进研究生教育强国建设。这是对

"教育是国之大计、党之大计"的深刻理解，是贯彻落实全国教育大会精神、统筹推进世界一流大学和一流学科建设、加快推进教育现代化的客观要求，是中国特色社会主义事业迈进新时代的客观需要，也是回应人民群众对美好生活、对中华民族伟大复兴热切期盼的必然选择。

加快建设研究生教育强国，一是切实按照中央统一部署，在研究生教育各领域、各方面、各环节加强和改进党的领导。二是切实增强教育自信，坚定建成研究生教育强国的信心和决心，以实事求是的理性态度和科学精神面向未来世界开展自主谋划和自觉行动。三是牢牢把握立德树人、服务需求、提高质量、追求卓越的工作主线，培养一批又一批德智体美劳全面发展的社会主义事业建设者和接班人，全面提升人才培养能力。要根据研究生教育与经济、社会发展需求密切相关的特点，坚持扎根中国大地办教育，解决中国问题，服务中国实践，引领中国未来。四是结合当前阶段的实际需要，扎实推进研究生教育改革发展的若干重点工作。这包括：抓紧思想政治教育"生命线"；加快动态调整和优化学科专业布局，确立学科调整和优化的科学机制；积极推动学位类型创新发展；加快发展专业学位研究生教育，特别是博士专业学位研究生教育，继续优化研究生培养结构；大力推进研究生培养模式改革；切实加强研究生导师队伍建设，充分发挥导师在立德树人方面的关键作用；深入推进研究生教育改革创新和开放合作；继续加强重点建设，发挥"双一流"建设高校的示范引领作用。

立足新时代，建设研究生教育强国，深化改革和扩大开放依然是重要法宝。要坚持以习近平新时代中国特色社会主义思想为指导，注重增强改革的系统性、整体性、协同性，在改革中完善，在开放中发展。这是加快建设研究生教育强国的必由之路。

国务院学位委员会办公室副主任
教育部学位管理与研究生教育司司长 洪大用

2019年8月

前言

2019年是中华人民共和国成立70周年，伴随着中国建设，中国研究生教育事业走过了探索与发展的70周年。研究生教育位于国民教育的顶端，承担着高端人才培养和科学技术创新的重要使命，是新思想、新知识生产的重要源头，是知识经济的主要驱动力，是中国建设创新型国家的重要力量、是国家强国战略的重要支撑。站在新的历史发展节点，回顾中国研究生教育发展历程，总结经验，对于全面把握国家研究生教育建设与发展，推动建设研究生教育强国具有重要的意义。

70年，中国研究生教育与国家和民族发展同呼吸、共命运，走过了从无到有、从小到大、从弱到强、快速发展的不平凡历程。逐步形成了具有中国特色的研究生教育发展模式，建成了具有中国特色的现代学位制度体系，实现了立足国内培养高层次人才的战略目标，建立了完整的不同层次、不同类型的研究生教育培养体系，形成了具有中国特色的研究生教育质量保障体系，提升了中国研究生教育的国际影响力。70年研究生教育的蓬勃发展为国家建设、经济发展和民族进步做出了突出贡献：培养了大批高层次创新型人才，支撑了改革开放对高层次人才的需求；产出了大量高科技研究成果，成为创新型国家建设的主力军；紧密结合国家和区域发展，以高端智库服务社会治理和区域建设；整体提高了人口受教育水平，完成了中国从人口大国向人力资源强国的转变；开展丰富的研究生教育国际交流与合作，在世界舞台上发出了更多“中国声音”，提升了中国研究生教育的国际影响力。

本书是一部全面反映中华人民共和国成立70年研究生教育探索、改革、发展的历史著作。遵循“时间年代为主线，国家发展为背景，人才培养为核心，事件规律为研究，制度政策为重点，成就贡献为亮点”的编写思想，展现一幅中国研究生教育从无到有、从小到大、从大到强的美丽画卷。努力将70年研究生教育的建设与发展融入具体历史发展背景中，融入中华人民共和国70年的历史长河中。在编写过程中，以历史事实、关键数据、典型案例等为支撑，力求系统呈现中国研究生教育发展全貌，凸显研究生教育改革重点，进而深入研究中国研究生教育发展规律，生动展示中国研究生教育对国家的贡献与成绩。

本书从五个历史阶段全面描述中国研究生教育事业发展历程。第一，中国研究生教育的探索与波折，讲述中华人民共和国成立初期研究生教育的外部学习借鉴与自主探索实践；第二，现代学位制度的建立与研究生教育体系形成，讲述改革开放初期研究生教育的恢复与初创；第三，建立三级管理体制与服务社会发展需求，讲述社会主义市场经济与管理体制改革背景下研究生教育三级管理体系的形成及服务社会发展需求；第四，建设研究生教育大国与服务国家转型发展，讲述21世纪研究生教育大国建设，服务国家社会、经济转型发展；第五，建设研究生教育强国与服务中华民族复兴，讲述以“服务需求、提高质量”为主线，扎实推进研究生教育强国建设，服务中华民族复兴大业。最后，基于中国研究生教育改革与发展70年的经验，结合新时代国家战略发展需求，总结中国研究生教育发展规律，描绘研究生教育强国蓝图和未来国际研究生教育发展趋势。

当前，中国研究生教育发展迈入了新时代。新的时代背景下，世界正处于大发展、大变革、大调整时期，现代科学技术带来的经济转型升级对劳动力素质提出了更高的要求；知识经济的发展使科学技术成为引领社会变革的主要力量，人力资源成为影响社会进步和国家竞争的关键要素，人才的国际竞争日趋激烈；中国高等教育普及化发展推动研究生教育的人才培养质量提升……新的国际国内环境对中国研究生教育培养人才的规格提出了新的要求：既要有较强的政治素养，成为合格的社会主义建设者和接班人，也要具备较高的知识水平，能够满足经济社会发展对人才知识储备与能力素质的需求。进入新时代的中国，对政治意识明确、知识技能扎实的高层次人才的需求比以往任何时候都更为迫切。同时，新时代对高层次人才需求的变化也对研究生教育的发展提出了新的挑战。研究生教育要认清新形势，研判国家战略需求，尊重高层次人才培养规律，适应信息社会新发展，满足群众享受高质量教育的愿望，为国家、为民族培养社会主义接班人。

回顾历史，面向未来。本书对中华人民共和国成立70年研究生教育事业的详细梳理与系统总结，有利于国家制定研究生教育发展战略；有利于研究生教育战线的工作者和从事研究生教育研究的学者更好地把握研究生教育发展的规律；有利于凝聚共识，形成合力，推动中国新时代研究生教育事业的新发展，推动研究生教育强国建设，以高质量研究生教育助力中华民族伟大复兴的中国梦。

目录

第一章　中国研究生教育的探索与波折　/ 001
第一节　道路转折与百废待兴　/ 001
一、西学思想的先期导入　/ 001
二、教育培养制度的尝试　/ 002
三、研究生教育初成事业　/ 004
四、社会主义道路上的新起点　/ 008
第二节　工业化需求与苏联模式　/ 009
一、稳固思想与师资培养　/ 009
二、工业化发展重心　/ 014
三、副博士学位的短暂试行　/ 016
第三节　自主发展与封闭式困境　/ 019
一、摒弃“模式”　/ 019
二、教育“跃进”　/ 022
三、困境中停滞　/ 027

第二章　恢复招生与建章立制，研究生教育体系初步建成　/ 032
第一节　拨乱反正与恢复招生　/ 033
一、拨乱反正，重启航程　/ 033
二、恢复研究生招生，培养高层次人才　/ 035

三、留学生的大量派遣 / 037
第二节　制度重建与规模扩大提升 / 038
一、酝酿与准备 / 038
二、《学位条例》的颁布 / 040
三、学位制度的完善 / 042
四、学位授予工作的开展 / 044
五、研究生入学人数的快速增长 / 048
第三节　稳步发展与保证质量 / 049
一、总结经验，完善制度 / 049
二、广开渠道，拓宽人才培养途径 / 051
三、研究生教育相关制度的完善 / 059
四、深化改革，提升质量 / 066

第三章　适应社会主义市场经济，服务社会发展需求 / 069
第一节　经济体制改革与教育问题涌现 / 069
一、社会主义市场经济体制的提出 / 069
二、研究生教育面临新挑战 / 071
第二节　立足需求的结构调整 / 075
一、专业学位的创立 / 075
二、学位授权审核结构的调整 / 077
三、学科专业目录的调整 / 078
第三节　逐步下移的管理重心 / 079
一、学位授权审核主体的权力下放 / 079
二、第三方评估机构的建立 / 081
第四节　集中资源与重点建设 / 087
一、高校重点学科的评选 / 087
二、“211 工程”与重点学科建设 / 090

第四章　建设研究生教育大国　服务国家转型发展　/ 094

第一节　大国战略与人才迅增　/ 094

一、国家发展战略转型　/ 095

二、实施“积极发展”战略　/ 096

三、扩大应用型人才规模　/ 102

第二节　放权变革与政策保障　/ 104

一、学位授权审慎放权　/ 104

二、质量评估谱系化　/ 108

三、培养创新政策多管齐下　/ 113

第三节　大学和学科重点建设　/ 116

一、建设的“制胜法宝”　/ 117

二、学科是建设主线　/ 120

三、建设管理制度化　/ 123

第五章　建设研究生教育强国，服务中华民族复兴　/ 126

第一节　研究生教育进入“质量时代”　/ 127

一、提升质量成为核心任务　/ 127

二、构建“五位一体”质量保障体系　/ 130

三、开展多元质量保障活动　/ 132

四、质量保障工作转变　/ 138

第二节　外延式扩张转向内涵式发展　/ 143

一、立德树人与培根铸魂　/ 143

二、体量持续扩大与结构调整优化　/ 148

三、服务科学选才与招生模式创新　/ 151

四、满足多元需求与人才分类培养　/ 154

五、适应社会发展与学位点动态调整　/ 155

第三节　研究生教育“大国”迈向“强国”　/ 157

一、服务科技进步与创新　/ 157

二、提升全国民综合素质 / 159
三、助力“双一流”建设 / 162
四、提升国家国际影响力 / 164

结 语 / 169

主要参考文献 / 175

附 录 / 185
附录一 中华人民共和国学位条例 / 185
附录二 中华人民共和国学位条例暂行实施办法 / 188
附录三 中华人民共和国建立后历次学位授权审核情况 / 195
附录四 各版本博士、硕士学科专业目录的部分一级学科设置对比 / 196
附录五 专业学位设置审批暂行办法 / 198
附录六 统筹推进世界一流大学和一流学科建设总体方案 / 200
附录七 统筹推进世界一流大学和一流学科建设实施办法（暂行） / 208
附录八 世界一流大学和一流学科建设高校及建设学科名单 / 214
附录九 我国研究生教育规模一览 / 224

后 记 / 225

Contents

Chapter 1 Exploration and Setbacks of Graduate Education in China / 001
Section 1 Road Turning and Full-scale Reconstruction / 001
1. Early Introduction of Western Learning Ideas / 001
2. Attempts on the Modern System / 002
3. Foundation of Graduate Education / 004
4. New Starting Point for the Socialist Road / 008
Section 2 Industrialization Demands and the Soviet Model / 009
1. Stable Thought and Teacher Training / 009
2. Focuses on Industrialization / 014
3. Short-term Trial of the Associate Doctoral Degree / 016
Section 3 Independent Development and Closed Dilemma / 019
1. Abandoning the "Mode" / 019
2. "Leap Forward" in Education / 022
3. Stagnation in the Dilemma / 027

Chapter 2 Recovering Enrollment and Establishing a New System and Initially Graduation Education System / 032
Section 1 Bringing Order out of Chaos and Recovering Enrollment / 033

1. Bringing Order out of Chaos, Restarting Voyage / 033
2. Resuming Graduate Enrollment and Cultivating High-level Talents / 035
3. Dispatching a large Number of International Students / 037
Section 2 System Reconstruction and Scale Expansion / 038
1. Preparation Phase / 038
2. Promulgation of the Regulations on Academic Degrees / 040
3. Implementation of Academic Degrees System / 042
4. Conferring Degrees / 044
5. Rapid Growth of the Number of Graduate Students Enrolled / 048
Section 3 Steady Development and Quality Assurance / 049
1. Summarizing Experience and Improving the System / 049
2. Broadening Talents Training Channels / 051
3. Establishing Graduate Education Management Mechanism / 059
4. Deepening the Reform and Improving Quality / 066

Chapter 3 Adapting to the Socialist Market Economy and Serving the Needs of Social Development / 069

Section 1 Reforming the Economic System and Education Issues Emerge / 069
1. Putting forth the Socialist Market Economic System / 069

2. Facing New Challenges from Graduate Education / 071
Section 2 Structural Adjustment based on Demands / 075
1. Establishment of Professional Degrees / 075
2. Adjustment to the Degree Authorization Audit / 077
3. Adjustment to the Catalogue of Discipline / 078
Section 3 Gradual Downward Shift of the Management Focus / 079
1. Power Decentralization of the Degree Authorization Audit Subject / 079
2. Establishment of the Third-party Evaluation Agencies / 081
Section 4 Concentrated Resources and Key Construction / 087
1. Selection of Key Disciplines in Universities / 087
2. "211 Project" and the Construction of Key Disciplines / 090

Chapter 4 Building a Powerful Graduate Education Country, Serving the Country's Transformation and Development / 094
Section 1 Major-Country Strategy and Strategy to Make China a Talent-strong Country / 094
1. National Three Development Strategies / 095
2. The "Active Development" Strategy / 096
3. Application-oriented Graduate Cultivation / 102
Section 2 Power Decentralization Reform and Policy Assurance / 104
1. Power Decentralization of the Degree Authorization Audit / 104
2. Normalization of the Quality Assessment / 108
3. Multi-pronged Cultivation of Innovative Policies / 113

Section 3 Key Construction of Universities and Disciplines / 116
1. Winning Trump for the Development / 117
2. Main Thread for Discipline Construction / 120
3. Institutionalization of the Management Process / 123

Chapter 5 Building a Strong Nation of Graduate Education, Serving National Rejuvenation / 126

Section 1 Entering "Quality Age" for Graduate Education / 127
1. Core Task of Improving Quality / 127
2. Construction of the Five-in-One Quality Assurance System / 130
3. Launching Activities around Multi-quality Services / 132
4. Shifting Quality Assurance Work / 138

Section 2 Turning from Extensional Expansion to Connotative Development / 143
1. Strengthening Moral Education and Cultivating People / 143
2. Continuous Scale Expansion and Optimizing Structural Adjustment / 148
3. Serving Scientific Personnel Selection and Innovating Recruitment Model / 151
4. Meeting the Diverse Needs and Classified Training for Different Talents / 154
5. Adapting to Social Development and Degree Authorization Units Dynamic Adjustment / 155

Section 3 Moving from "Big Powers" to "Strong Powers" of Graduate Education / 157

1. Serving Technology Progress and Innovation / 157

2. Improving Overall Quality of National Citizens / 159

3. Boosting "Double first-class" Construction / 162

4. Enhancing Our Nation's International Influence / 164

Conclusion / 169

Main References / 175

Appendix / 185

Appendix I Regulations of the People's Republic of China on Academic Degrees / 185

Appendix II Interim Measures for the Implementation of the Regulations of the People's Republic of China on Academic Degrees / 188

Appendix III Review of Previous Degree Authorization Audit / 195

Appendix IV Changes in the Catalogue of Graduate Talent Cultivation and Degree-conferring / 196

Appendix V Interim Measures for the Examination and Approval for Setting the Professional Degrees / 198

Appendix VI Overall Plan to Push Forward the World-class Universities and the First-class Disciplines Construction / 200

Appendix VII Measures for the Implementation of World-Class Universities and the First-Class Disciplines Construction (Interim) / 208

Appendix VIII List of World-class Universities and the First-class Disciplines Construction / 214
Appendix IX List of China's Graduate Enrollment for 70 Years / 224

Postscript / 225

第一章

中国研究生教育的探索与波折

中国研究生教育发端于近代的革命潮流中，教育思想以现代科学技术文化取代传统的“儒家”等伦理学说思想，教育组织形式以现代学校教育替代传统私塾教育。因制度模式皆借鉴或移植西方的教育实践，研究生教育连同整个高等教育的发展不仅受西方教育思想的影响、中国教育思想现代化进程的影响，还受到国际政治经济关系的制约和影响。

第一节　道路转折与百废待兴

研究生教育随着高等教育思想与政策的变化而变化，不同时期具有不同的指导思想和理论基础。20 世纪初，中国教育思想正经历由传统向近代化转型，西方文化大量涌入，“西学东渐”达到高潮，向西方学习的范围从生产技术扩展到政治制度。教育文化领域有强烈的对内要求民主科学、反对封建专制，对外要摆脱殖民化的夙愿。

一、西学思想的先期导入

中国研究生教育肇始于晚清时期的教会大学。西学东渐以后，西方传教士来华办学。以圣约翰大学为代表的西方教会大学在中国率先实行研究生教育并授予相关学位。清末，资产阶级维新派以进化论为理论基础，主张变法维新实行君主立宪，新式学堂逐步涌现。梁启超在1902年设计的《教育制度表》中，详细设计了“三级三类”的学制蓝图：幼稚园（2年）——小学校（8年义务教育）——中学校（8年，文、实分科）——各科大学（3—4年）——大学院（自由研究，不拘年限）。[①]其中的“大学院”，显然属于培养研究生的专门设施。经过教会大学开展的研究生教育实践及一些思想家对研究生教育的思考和改革后，清廷也认识到发展高等教育、培养研究生人才的重要性。1905年科举的废除，使传统的私塾失去了主要作用而没落或转型，为教育体制的改革扫除了障碍。1908年，位于上海的圣约翰大学授予谭以礼、刁信德、喻庆恩等医科博士学位。[②]1911年10月10日，资产阶级革命派则把从西方学到的国家学说与本国实际结合，发展形成三民主义，并将理论学习和革命宣传变为实际行动，发动取消帝制的辛亥革命。孙中山强调：“发扬固有文化，且吸收世界之文化而光大之。”[③]即主张批判地继承中华民族传统文化，扬弃地借鉴外来文化，将西方的教育理念运用在国内成为趋势；资产阶级激进派则大力提倡民主和科学，提出“打倒孔家店”的口号，进一步动摇了传统思想的统治地位，在社会上掀起了一股思想解放的潮流……五四运动后，马克思主义开始成为新思潮的主流，为中国社会的变革提供了科学理论，也为新的教育体制形成提供理论来源。

二、教育培养制度的尝试

倡导“西为中用”，吸收和借鉴西方的培养体系和管理模式，一方面取决于本国的开放和适应程度和向外交流能力，另一方面还取决于输出国的世界影响力。19世纪末，世界科学技术中心从法国转移到德国。[④]德国哲学博士的设

① 梁启超．饮冰室合集（三）[M]．北京：中华书局，1989：62.
② 中央教育科学研究所．中国现代教育大事记[M]．北京：教育科学出版社，1988：16.
③ 孙中山．中国革命史，孙中山全集第七卷[M]．北京：中华书局，1985：60.
④ 张文彦．科学技术史概要[M]．北京：科学技术文献出版社，1989：169.

置被认为是现代研究生教育的诞生标志。经过近百年发展，德国高等教育在全世界仍有很深的影响力。德国新型大学与传统大学的根本区别就是设立了研究所。这种研究所的建立，对于大学师生从事各种专业或特殊领域的研究有重要的作用，也促使了各种知识不断的分化整合。

一些走出国门的中国近代学人，目睹了西方大学的变革及完善的大学制度之后，接受了德国柏林大学的新概念，积极呼吁中国的现代大学以聚集人才、发展学术为目标在大学里设立研究所，以提高大学的科研水平。1912 年，南京临时政府成立了教育部，对教育的内容和学制进行改革，力图采用西方学制来规范各级学校。1912 年蔡元培担任民国首任教育总长，开始效仿德国大学制，在《大学令》中规定大学以“教授高深学术，养成硕学闳材，应国家建设之需要”为宗旨。研究生教育方面，规定大学为研究学术之蕴奥，需设大学院，以供高年级学生入内研究。同时，也对大学院的入学资格做了相关规定，要求“为各科毕业生或经试验有同等学力者”。[①] 并且在第十一条规定：“大学院在院研究，有新发明之学理或重要之著述，经大学评议会及该生所属某科之教授会认为合格者，得准照学位令授予学位。”[②]

1913 年公布的《大学规程》的第四章，对于大学院的规定更加详细，兹摘录如下：[③]

第二十一条　大学院为大学教授与学生极深研究之所。大学院之区分，为哲学院、史学院、植物学院等，各以其所研究之专门学名之。

第二十二条　大学院以本门主任教授为院长，由院长延其他教授或绩学之士为导师。

第二十三条　大学院不设讲座，由导师分任各类，于每学期之始提出条目，令学生分条研究，定期讲演讨论。

第二十四条　大学院之讲演讨论，应记录保存之。

---

① 朱有瓛. 中国近代学制史料（第 1 辑 · 中册）[M]. 上海：华东师范大学出版社，1987.

② 璐鑫主，唐良炎. 中国近代史资料汇编（学制演变）[M]. 上海：上海教育出版社，1991：663.

③《教育部公布大学规程》，引自：舒新城 . 中国近代教育史资料 [M]. 北京：人民教育教育出版社，1981：658—659.

国民政府颁布了一系列法令。蔡元培说，这些法令很大程度上借鉴了德国的教育理念……1917 年，东吴大学已有 2 年制的研究生毕业并获得学位……20 世纪 20 年代以后，美国高等教育影响逐渐增强。美国不但善于吸收欧洲新思潮新文化，还善于自力更生和开拓创新，借鉴和吸取国际教育的优良而丰盛的理论成果和实践教育，使美国的高等教育后来居上。30 年代，中国从地方分权制的教育体制的模仿，到大学实行选科制、学分制等，都显示了美国高等教育的强大影响，同时国内高等教育开始主动吸收和借鉴欧洲各国高等教育经验。1935 年，国民政府颁布了《学位授予法》，规定学位分学士、硕士和博士三级。硕士生、博士生需在大学或研究所学习，研究两年以上，经考核合格，并经教育部复核通过，能获得硕士、博士学位。中国在研究生教育体系和制度上进行了有益尝试，学位制度渐具雏形。各个院校也都按照这些标准和程序进行学位授予工作。清华大学的研究生除了要修完课程、写出研究论文外，还要经过毕业初试（口试）和毕业论文口试及格（以 70 分为及格）后，才准予毕业，授予硕士学位。①

三、研究生教育初成事业

从外来势力在华开办教会学校，到国民政府的支持创办私立学校，发展新式近代化教育已成为不可逆转的历史潮流。一些亲王贵族府第及庙宇房产被改建成新式学校，教育逐渐成为近代中国新兴的事业。高等教育中私立教育占很大比重，兼有起步晚、起点高，学术氛围浓厚等特点。大学不断扩展，并纷纷筹划建立以培养研究高深学术的学者和研习应用科学的技术人才为目标的研究所或研究部，为中国早期的研究生教育发展奠定了组织基础。1917 年 11 月 16 日的第 1 号《日刊》公布了国立北京大学《研究所通则》共 7 条，其中，拟设的研究所分为国文学研究所、英文学研究所、哲学研究所、数学研究所、物理学研究所、化学研究所、法律学研究所、政治学研究所和经济学研究所共 9 个，分属于文、理、法 3 个门类，每个研究所下是独立的学门，各所主任则

---

① 清华大学校史编写组. 清华大学校史稿［M］. 北京：中华书局，1981：114.

由校长于教员中委派1人承担。至1918年1月，各科研究所均已成立，这是中国现代大学研究所最早的雏形。国立北京大学设立的研究所科别、学门及其学门主任教员名单见表1–1。1934年经国民政府教育部核准的各大学研究所有15个（表1–2）。1939—1942年各大学研究所下设学部情况统计如表1–3所示。

表1–1　国立北京大学文、理、法3科研究所所主任一览

科　别	学门	主任姓名	学门	主任姓名	学门	主任姓名
文科研究所	哲学门	胡　适	国文门	沈尹默	英文门	黄振声
理科研究所	数学门	秦　汾	物理门	张大椿	化学门	俞同奎
法科研究所	法律门	黄右昌	政治门	陈启修	经济门	马寅初

资料来源:《国立北京大学二十周年纪念册一览表》，北京大学1918年印行，第2页.

表1–2　1934年教育部核准大学研究所名单

校　名	研究所名	学　部
国立清华大学	文科研究所	中国文学部、外国文学部、哲学部、历史部
	理科研究所	物理部、化学部、算学部、生物学部
	法科研究所	政治部、经济部
国立北京大学	文科研究所	中国文学部、史学部
	理科研究所	数学部、物理学部、化学部
	法科研究所	暂不招生
国立中山大学	文科研究所	中国语言文学部、历史部
	教育研究所	教育学部、教育心理部
	农科研究所	农林植物部、土壤部
国立中央大学	理科研究所	算学部
	农科研究所	农学部
国立武汉大学	工科研究所	土木工程部
	法科研究所	经济部
国立北洋工学院	工科研究所	采矿冶金部
私立南开大学	商科研究所	经济学部

资料来源：教育部限制招收研究生［N］. 申报，1935-06-03（4）.

表 1-3　1939—1942 年各大学研究所下设学部情况

校　名	合计	研究所	学部名称			
			1939 年增设	1940 年增设	1941 年增设	1942 年增设
国立中央大学	3	工	土木、机械、电机			
	5	理	数学、物理学、化学		地理学	生物学
	2	农	农艺学		森林学	
	1	师范	教育心理学			
	1	法		政治经济学		
	2	文			史学、哲学	
	2	医			医理学	公共卫生学
国立西南联合大学	4	文	中国文学、史学	外国文学、哲学		
	5	理	物理学、化学、数学	生物学	地理学	
	3	工	土木、机械、电机			
	2	法		政治学、经济学		
	1	商				
国立武汉大学	2	工	土木学		电机学	
	2	法	经济学		政治学	
	1	文				文史学
	1	理				理化学
国立四川大学	1	文			中国文学	
	1	理			化学	
国立中山大学	2	文	中国文史学			
	2	农	农林植物学、土壤学			
	2	师范	教育学、教育心理学			
	1	医				
国立同济大学	1	医				细菌学
国立湖南大学	1	工				矿冶
国立东北大学	1	文				史地学
金陵大学	1	文	史学			
	1	理	化学			
	3	农	农艺、农业经济学		园艺学	

续表

校名	合计	研究所	学部名称			
			1939 年增设	1940 年增设	1941 年增设	1942 年增设
燕京大学	1	文	史学			
	3	理	物理学、化学、生物学			
	1	法	政治学			
辅仁大学	1	文	史学			
	1	理	物理学			
东吴大学	1	法	法律学			
岭南大学	2	理	生物学、化学			
齐鲁大学	1	医				

资料来源：中国第二历史档案馆．中华民国史档案资料汇编・第 5 辑［M］．南京：江苏古籍出版社，1994:1385-1386.

抗日战争爆发后，大学的教学和科研活动受到极大的影响，北平、天津、上海等地大批大学内迁。大学研究所也受到巨大影响，教学、招生、研究等工作多未能继续进行，而各大学研究所原有扩充计划的，亦无形停顿。1937 年夏至 1938 年春，是各大学研究所最为消沉的时候，大学研究所几乎所有工作处于停滞状态。暂时没有受到战事影响的大学筹设研究所的工作仍不遗余力地进行，如中央大学设立了教育心理学部，金陵大学设立了文科研究所史学部，燕京大学设立了理科研究所物理学部，辅仁大学设立了文科研究所史学部和理科研究所物理学部，岭南大学设立了理科研究所生物学部和化学部。[①] 但是，与 1936 年相比，大学研究所减少了 4 个，学部减少了 12 个，研究所的发展再次出现了下降趋势。由于战争状态（抗日战争和解放战争），各高校受到严重干扰和破坏，很难落实研究生培养工作，中华人民共和国建立前，只招收了少量的硕士研究生。在大学研究所数量大量减少的同时，研究生人数也急剧下降。据统计，1936 年全国共有研究生 35 人，1937 年下降到 20 人，1938 年只有 13 人（表 1-4）。[②]1935—1949 年，全国共举行 9 届学位考试，授予硕士学

① 叶佩华．我国大学研究院所设施情形之检讨［J］．高等教育季刊，1942，2（4）：69.

② 中国教育年鉴编委会．第二次中国教育年鉴（第十四编・教育统计）［M］．上海：商务印书馆，1948：1412.

位232人，而博士学位始终没有被授予过。虽然1940年秋，国民政府教育部学术评议委员会第一届第二次大会通过了《博士学位评定组织法》和《博士学位考试细则》，但均未颁布实施。

表1-4　1938—1945年研究生人数统计

年份	合计	文	法	商	教育	理	工	医	农	师范
1938	13					2			4	1
1939	144	48	11		3	39	7		22	14
1940	284	83	48			83	8		26	36
1941	333	90	59	11	4	79		2	36	33
1942	289	90	27	11		61	19	8	40	33
1943	410	115	44	11		108	26	21	51	34
1944	422	113	62	8		90	49	10	54	30
1945	464	151	85	6	38	71	51	9	53	

数据来源：教育部年鉴编撰委员会. 第二次中国教育统计年鉴（第十四编·教育统计）[M]. 上海：商务印书馆，1948：1412.

相比其他西方一些国家，我国研究生教育发展的历史比较短。民国初期，研究生教育尚处在起步阶段，既没有专门的法规予以规定，也没有真正意义上的硕士、博士学位的授予。民国后期，三级学位制度的确立标志着研究生的正式培养开始。中华人民共和国建立前我国研究生教育选择了两种不同的形式，早期效仿德国进行纯粹的个人培养制，重视学生的独立研究；后期又选择美国的专业式即课程型培养方法，建立起现代学位制度，包括学士、硕士和博士在内的学位结构。这充分表明中国研究生教育模式在学习外国研究生培养模式过程中融合了他国多种模式的特点，形成了带有多国模式痕迹的研究生教育模式。

四、社会主义道路上的新起点

1949年，中华人民共和国建立。中国当代教育在意识形态上发生了重大转变，研究生教育不再追随世界科技文化中心的原则，原有的借鉴欧美式的教育体系也不再适用。中国要走社会主义道路，建设社会主义国家。新颁布的招生规定中，强调研究生招生要与国家建设密切联系，要求思想进步、学业优良、善于研究。中央人民政府教育部颁布的《高等学校暂行规程》主要依据《中国人民政治协商会议共同纲领》制定。

破除旧的教育教学理念，如何建立起新的教育思想体系，稳固社会主义发展方向，成为中华人民共和国建立之初的难点和关键。新民主主义革命历时20余年，作为指导思想的马克思主义已在中国传播了约30余年，它不仅是中共成立时的指导思想，也成为中国国家建设包括教育建设在内的指导思想。为稳固中共的领导和中国的政治局面，政府通过对私立学校的接办、改造，教会学校的取缔和院系、学科调整等重大措施，以加强对中国研究生教育的管理。当年中央政府接管了国民政府时期已毕业的107名研究生，并在当年招收了242名研究生。① 这是中华人民共和国招收的第一批研究生，其招生人数超过了之前的任何一年。这一举措标志着中国研究生教育工作的开始，同时也标志着研究生教育进入到一个新的历史时期。

第二节　工业化需求与苏联模式

20世纪50年代初，中国与苏联形成友好联盟，苏联的研究生教育模式成为中华人民共和国建立之初研究生教育的参考对象，国内各教育机构逐步革除旧的教育内容和体系，学习苏联的教育体制和内容。

一、稳固思想与师资培养

由于高等学校数量相对较少，规模较小，且文科多，理工科类少，农科

① 苏渭昌．中国教育制度通史（第八卷）[M]．济南：山东教育出版社，2000：425.

类薄弱，虽然有一支学术水平较高的教师队伍，包括一些留学归来的知识分子，但总体数量依然严重不足。为此，国家首先在政策上承认并认可研究生教育开展的必要性。1950 年国家教育部颁布的《高等学校暂行规程》，明确规定大学应当设立培养研究生教育的组织机构，开宗提出：“中华人民共和国高等学校的宗旨为根据中国人民政治协商会议共同纲领第五章的规定，以理论与实际一致的教育方法，培养具有高级文化水平，掌握现代科学技术的成就，全心全意为人民服务的高级建设人才”。总纲第八条规定：“大学及专门学院为培养及提高师资，加强研究工作，经中央教育部批准，得设研究部或研究所。”①当年共招收 874 名研究生，学习年限 1—3 年不等，是 1949 年招生数（242 人）的 3 倍多。为了保障高等学校具有较高的师资水平，政府出台一系列文件来保证师资研究生培养工作的顺利进行。

1950 年，政务院第 43 次政务会议通过了《关于实施高等学校课程改革的决定》。该文件分析了中国当时的高等教育形势，指出全国高等学校的教育内容改革已经经过了初步阶段，也收到了一定的成效，但现有高等学校课程中相当大的部分还不是新民主主义的，还不是民族的、科学的、大众的，还不能符合国家建设的需要。因此，应有计划有步骤地加强高等学校内研究部或研究所的研究工作，并以此作为培养我们国家的高等学校师资的主要场所。1951 年政务院第 97 次政务会议通过《关于改革学制的决定》。该文件对原有的学制进行了调整，提出在大学和专门学院设研究部，修业年限为 2 年以上，招收大学及专门学院毕业生或具有同等学力者，要求与中国科学院及其他研究机构配合，培养高等学校的师资和科学研究人才。②该文件确定师资培养是国家研究生教育的主要目标。与此同时，中国科学院、中央教育部联合发出《一九五一年暑假招收研究实习员、研究生办法》，规定采取学校保送、审查与批准的办法招收研究实习员、研究生，并指出中国科学院所属各研究机构招收研究实习

① 中国教育年鉴编辑部. 中国教育年鉴（1949—1981）[M]. 北京：中国大百科全书出版社，1984：777.

② 中华人民共和国教育部. 教育文献法令汇编（1949—1952）[M]. 北京：中华人民共和国教育部办公厅，1952：31.

员，教育部所属高等学校研究部招收研究生，以培养科学研究人才和高等学校的师资。

北京的高等学校从1950年开始招生，当年的招生主要以应届毕业生为主，并未出台统一的招生办法，研究生的教育年限一般是1—3年。1951年6月，中央人民政府教育部和中国科学院决定在中国人民大学、北京大学、中国科学院所属研究机构等单位招收研究生和研究实习员，当年各招收单位共招收研究实习员、研究生共500人。其中，中国科学院招收研究实习员100人，招生采取“保送、审查、批准”的办法。① 中国人民大学招收研究生200人，北京大学、清华大学、浙江大学、南京大学等14所高校共招收200人。② 由于当时的学生人数较少，课程方面并未做统一的安排，研究生的学习主要靠导师指导，在听课方面研究生有较大的自主权。当时的指导教师基本都是我国著名的专家学者。

经过将近两年的接收和调整工作，政府根据需求对学制进行调整。1951年，政府提出对原有的学制进行改革，对中小学教育年限作了明确规定，强调提升和拓展民众再教育机会，并将工农速成学校、业余高中及中等专业学校纳入教育体系（图1-1）。同时提出在大学和专门学院设研究部，修业年限为2年以上，招收大学及专门学院毕业生或具有同等学力者，要求与中国科学院及其他研究机构配合，培养高等学校的师资和科学研究人才。③ 该制度确定师资培养是国家研究生教育的主要目标。

教育体系方面，国内高等教育开始采用苏联的教育模式，并在教学方法及教材内容形式上迅速更新，但在具体实施中师资力量和师资来源成为教育发展的难点。去除原有的教材体系，大量引进苏联教材，而这些教材对于国内高校原有的教师来讲是陌生的。于是，各高校采取各种措施，推进讲师、助教等人员的进修，并不断地向外引聘，但这些远远不能满足苏联模式的需求，因此

① 北京研究生教育编审委员会. 北京研究生教育［M］. 北京：航空工业出版社，1989：23.

② 中央教育科学研究所. 中华人民共和国教育大事记（1949—1982）［M］. 北京：教育科学出版社，1984：41.

③ 何东昌. 中华人民共和国重要教育文献（1949—1975）［M］. 海口：海南出版社，1997：105.

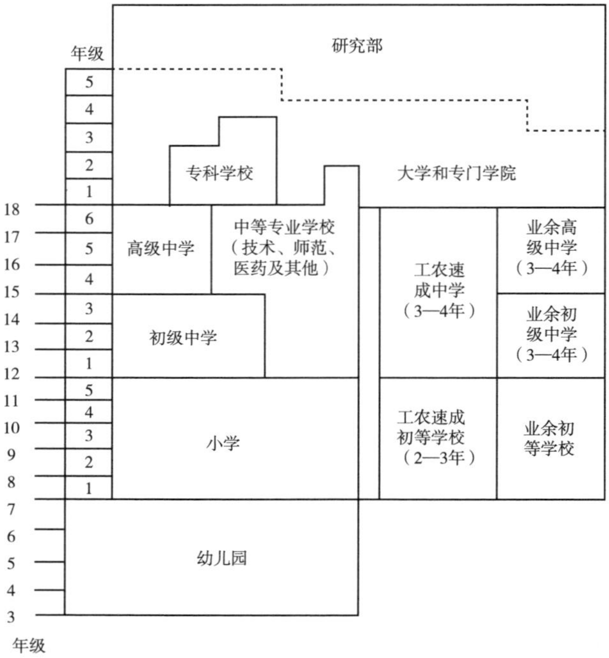

图 1-1　1951 年国内学校系统图

数据来源：中央人民政府政务院关于改革学制的决定［J］. 人民教育，1951（4）2：54.

培养具有一定科研能力，又能理解并使用苏联教材的研究生成为培养师资的重要一环。

研究生管理方面，研究生一般由教研室管理，但管理基础薄弱，且多依赖苏联专家的指导。其政治思想教育与基础教育同样处于起步阶段，其原有的培养目标和学习目的在新的政治环境下显得不相适应，被认为是严重脱离实际。北京大学的研究生自称是“三不管”“四不像”，学校对研究生的组织管理相对松散，教务处、各系科和老师都不大管，形成自流状态。1952—1953 年，北京大学有研究生 103 人，其中理科 35 人，文科 64 人，语文科 4 人，而文科和语文科中有 60 人是苏联专家指导。[①] 中国人民大学培养研究生的工作，也是由各教研室直接领导的，同样以苏联教授直接指导为主。全校共有 41 个教

① 马寅初. 北京大学一九五二至一九五三学年度工作报告［J］. 高等教育通讯，1953（4）：26-27.

研室[①]，根据各室教学工作需要，都配有一定数量的研究生。学校发现研究生分散在各教研室，无统一的管理机构，一方面不利于统一思想，另一方面对本教研室以外的课程也不容易组织。为统一管理，学校在研究部下面设立了研究生处，进行统一规划与检查，这可以说是后来研究生院的雏形，为日后研究生院的正式成立积累了经验，并奠定了一定的组织基础。

解决师资问题是一个缓慢的过程，在缺乏本科及中初级教育的积累情况下，研究生教育显得更为薄弱。1952 年中央人民政府教育部颁布《关于高等师范学校的规定（草案）》，其中第五条指出“师范学院为加强研究工作，培养和提高高等师范学校的师资，得设研究部”。这是首次将师范学校培养师资研究生写入文件。另外是确立重点高校，加速对师资类研究生的培养。北京大学明确规定研究生的培养目标为培养高等学校师资和科学研究人才，在课程中提高了政治课的比重，规定研究生学制为 3 年，前两年内完成各项课程，如果国家有需要，可以提前分配工作，第三年进行独立研究工作和教学实习。[②]

1953 年，高等教育部发布《高等学校培养研究生暂行办法（草案）》。该文件对培养学校、生源要求和培养目标作出明确规定，研究生一般通称为“师资研究生”，招收目的是培养高等学校师资和科学研究人才。要求凡是聘有苏联专家或师资条件较好的高等学校均应负担培养研究生的任务，其共同目的为培养高等学校师资和科学研究人才。[③] 研究生的生源，一方面来自高等学校的助教以及高等教育部选派的毕业生；另一方面来自高校的毕业生，其中包括工作两年以上的专修科毕业生或者具有同等学力的人员。高等教育部还发布了《关于选拔高中优秀教师至大学研究部学习的通知》，其中规定从全国高级中学优秀教师中选拔 160 名送至大学研究部学习专业课程，学习完之后原则上分配至原选拔地区高等师范任教。

1954 年，高等教育部发布《关于重点高等学校和专家工作范围的决议》，

---

① 周铭，张腾霄．中国人民培养研究生的工作［J］．人民教育，1951（4）：16-17.

② 马寅初．北京大学一九五二至一九五三学年度工作报告［J］．高等教育通讯，1953（4）：26-27.

③ 中华人民共和国教育部．高等教育文献法令汇编·第一辑［M］．高等教育部办公厅，1954：136-137.

确定中国人民大学、北京大学、清华大学、哈尔滨工业大学、北京农业大学、北京医学院6所学校为全国重点大学，并规定学校的三个主要任务：①培养高质量建设人才和科研人才；②为高校培养师资（含研究生、进修师资）；③在师资培训、教学工作、教学资料等方面援助其他高校。[①] 人事部、教育部发出《高等师范学校培养研究生暂行办法（草案）的通知》，目的在于更好地培养高等师范学校的师资，以适应今后高等师范学校发展的需要，并指出高等师范学校也应该培养师资研究生。高师研究生的来源主要有来自高等师范学校本科毕业生及高级中等学校教师。

二、工业化发展重心

中共七届二中全会后，城市化发展道路的确立，要求国内要有较好的工业基础，而这正是国内缺乏的。发展工业需要相应的知识引领，工科建设成为高等教育机构学科建设的核心任务。表1–5展示了1949—1980年全国研究生分科情况，可见从1965年开始工程学科研究生数量显著多于其他学科。

表1–5　1949—1980年全国研究生分科情况

时间	分科研究生数 / 人										
	合计	工科	农林	医药	师范	文科	理科	财经	政法	体育	艺术
1949年前最高年	424	24	32	6	27	106	131		98		
1949年	629	94	21	83	78	119	87	121	26		
1952年	2763	508	90		115	878	57	908	168	10	29
1957年	3178	628	223	239	724	686	419	112	5	139	3
1965年	4546	1808	395	248		306	1740	14	10	18	7
1978年	10934	4011	331	1474	693	1358	2774	49		62	182
1980年	21604	7206	724	3651	1704	2628	4708	451	171	200	164

数据来源：书名编审委员会. 中国高等学校简介［M］. 北京：教育科学出版社，1982：4.

① 苏渭昌，等. 中国教育制度通史（第八卷）［M］. 济南：山东教育出版社，2000：425-427.

随着政策导向，工科研究生数量逐年快速上升，到20世纪50年代后期，工科在全国研究生总量中所占比重基本与文科持平，并呈超越趋势。

发展工业化道路的同时，在苏联教育模式的影响下，国内对研究生教育体系进行重新规范，强调科学研究能力的培养和研究生统一管理模式。1954年1月28日，郭沫若在政务院204次政务会议上作了《关于中国科学院的基本情况和今后工作任务的报告》。郭沫若在报告中讲："积极培养科学干部是科学发展的基本环节，没有新生力量的不断增长，科学事业将停滞不前……必须在全院范围内使大家从思想上明确培养干部是科学院长期的中心任务，并从当前的实际情况出发，结合苏联经验，制订切实可行的制度与办法。"他也提出中国科学院将增设研究生处，负责指导全院研究生的培养工作。1954年3月8日，中共中央批准了中国科学院党组1953年11月19日呈送的报告，并批示："大力培养新生的科学研究力量，扩大科学研究工作的队伍，是发展我国科学研究事业的重要环节。科学院和高等学校应认真进行培养青年科学研究人员的工作，并建立制度加以保证……为开展科学研究工作，学位制和对科学研究的奖励制度是必要的。中央责成科学院和高等教育部提出逐步建立这种制度的办法。"这意味着中国科学院建立研究生制度的决定得到了中共中央的正式肯定和支持。

招收培养研究实习员为中国科学院探索建立研究生教育制度提供了重要的参考经验。1954年7月29日，中国科学院通过了由副院长竺可桢牵头起草的《中国科学院研究生暂行条例》。这是新中国第一部有关培养高级科学人才的条例，此后包括中国科学院、中国社会科学院等在内的国家和各省、自治区、直辖市的科研机构，以及国务院各部委开始了研究生教育的实践活动。该条例对研究生的招收、培养、待遇与工作分配等作了明确规定，指出科学的发展对于国家建设具有重要意义。并指出中国科学院各研究所或相当于研究所的研究机构，是负责培养研究生的基层单位，应对本学部所领导的各研究机构研究生的培养工作进行检查和监督。关于研究生的报考条件是：①高等学校本科毕业有两年以上科学工作教育工作或其他与科学有关的实际工作经验并具有科学研究能力的；②高等学校本科毕业、成绩优异、经原学校证明或者本人工作部门推荐的；③未经高等学校本科毕业，但经科学机关、高等学校或国务院各部、各委员会、各直属机构证明其确实具有高等学校毕业的水平和从事研究工作的能力并负责推荐的。[①] 符合以上三个条件之一且40岁以下的人都可以报考。关于学习期限，《暂行条例》规定：学习期限暂定为4年。

1955年9月6日，《人民日报》发表社论《积极培养科学研究工作的新生力量》。指出："《中国科学院研究生暂行条例》已经国务院批准公布，今年中国科学院决定招募第一批研究生。这是我国正规地培养较高级的科学干部，提高我国科学工作水平，适应社会主义建设的一项重大措施。正规的研究生制度的建立首先由中国科学院开始，今后有条件的高等学校也应建立正规的研究生制度。"

三、副博士学位的短暂试行

副博士学位（俄语 Кандидатнаук），是苏联颁授给研究生的学位，级别比硕士学位高，低于苏联式学制的全博士学位（相当于博士后）。苏联规定研究生在修业期间必须修完副博士课程，通过政治理论课、专业课和一门外语的副博士资格考试，并答辩副博士学位论文，才能获得科学副博士。为了配合我国三大改造运动和大规模的社会主义建设，在急需专业技术人才的背景下，必须建立高级专业人才培养制度，于是效仿苏联的副博士学位教育应运而生。

为了和师资研究生有所区别，1955年国务院全体通过了《中国科学院研究生暂行条例》第21条规定："研究生在学位论文通过后即由研究所提请学部审查并报中国科学院批准其毕业，授予科学副博士学位。"并将招收的四年制研究生称为"副博士研究生"。与此同时，为鼓励有条件进行科学研究的其他人员努力提高科学水平，凡研究生以外的科学工作人员、学校教师、国家机关和企业的工作人员等著有科学论文的，均可向中国科学院申请，按研究生毕业

① 高等教育部办公厅．高等教育文献法令汇编·第三辑［M］．北京：高等教育部办公厅，1956（5）：253.

的要求进行论文答辩，合格者即可获得副博士学位。[①]

1956年，为了培养高等学校师资和科学研究人才，高等教育部颁发《1956年高等学校招收副博士研究生暂行办法》，决定从当年开始招收副博士研究生。将招收的四年制研究生称为“副博士生”。该办法规定了报考条件、入学考试科目、报名考试日期、录取办法、助学金等12条。关于报考的条件是：①高校本科毕业并有两年以上科学技术工作、教育工作或其他与科学有关的实际工作经验（报考临床医学和专业的必须有三年以上工作经验）；②高校本科毕业，工作经验不满两年或未参加过实际工作，但学业成绩优异，经原学校或本人工作部门证明的（临床医学各专业不适用）；③未经高校本科毕业，有三年以上工作经验（临床医学各专业有五年以上），经科研机关、高等学校或本人工作部门证明确实具有高校本科毕业的水平和从事科学研究工作能力的。该办法中还提到“被批准参加副博士研究生入学考试的人员，本人的工作部门应该给他一个月到两个月的假期，进行考试的准备”。与此同时，对有困难的考生，所在单位应该予以补助，足见“副博士”培养的受重视程度。学习期限暂定为四年（医科临床各专业暂定为三年）。同年，应部分高校教师和研究生要求，国家出台了相关的政策，高等教育部还颁布了《关于1956年进行副博士学位论文答辩的暂行规定》。

《1956年高等学校招收副博士研究生暂行办法》发布后全国部分高校开始招收副博士研究生。当年全国计划招收1015名，其中工科152名、理科293名、文科173名、农林科150名、医药科247名。在招生单位中，北京大学招收副博士研究生157名，居全国各类高校之首。[②]

在读的研究生很关心他们能否争取成为副博士，因为这些研究生的学习年限、入学水平、培养目标和学习内容很不一致。为照顾部分在读研究生，充分发挥他们在学习和工作中的积极性，高等教育部在1956年7月16日发布

① 高等教育部办公厅. 高等教育文献法令汇编·第三辑［M］. 北京：高等教育部办公厅，1956：252.

② 全国综合大学和部分高校专科学校招一千多副博士研究生［N］. 人民日报，1956-07-19（1）.

《关于现有研究生结业和进一步提高的办法》。该文件规定：①现有的四年制研究生和医学院临床各专业的三年制研究生，已经参照中国科学院研究生暂行条例以副博士为培养目标拟定的培养计划，即按照原计划进行学习。②原来以培养开课师资为目标的二三年制的研究生仍按原计划学习，结业后可以在工作岗位上继续进修，如有在工作岗位上写副博士学位论文的，针对三年制研究生，学习成绩特别优良，且所学课程基本上符合副博士研究生的必修课程同时已完成符合副博士学位论文要求的课程论文，即可参加副博士学位论文答辩。对于在校学习尚未结业的二年制研究生，少数学习成绩特别优良，且已在写论文的，论文质量虽然未达到副博士论文要求，但导师有力量进行指导且自身也不急于结业分配工作，经教研组和系学术委员会审查，校、院长同意，报高等教育部批准之后，可以延长年限半年或一年。①

1957 年 3 月 25 日，高等教育部下发《关于研究生的名称问题的通知》，称“副博士学位”在社会上引起了一些误解，而且在年制不同的研究生中也有不同的意见，认为没有必要对四年制研究生冠上“副博士”名称，一律称为研究生。同年 5 月 17 日，高等教育部又发通知称“1957 年各高等学校仍不举行学位论文答辩”，也不授予相应学位。同年 7 月 6 日，高等教育部补发通知，决定不再使用“副博士研究生”这一名称，改称四年制研究生，“今年暂停学位论文答辩后，以学习期满，必修课程考试合格，并完成论文的研究生，可准予结业，由培养学校发给结业证书，同时国家分配工作。”②

1957 年 5 月 4 日，高等教育部在《关于几年招收四年制研究生的几点建议》中基于 1956 年招生计划偏大、学校的招考时间不一致拉长了时间战线，以及个别学校对本校毕业生、教师采取免试入学，引起考生不满等一系列问题提出几点针对性意见。考虑到多数高校学科研究尚未很好地开展，教学任务重、导师人数不足的情况，计划 1957 年四年制研究生招生名额初步确定为

---

① 何东昌. 中华人民共和国重要教育文献（1949—1975）[M]. 海口：海南出版社，1997：662.

② 吴镇柔，等. 中华人民共和国研究生教育和学位制度史 [M]，北京：北京理工大学出版社，2001（10）：33.

400名。1957年6月20日,《国务院关于今年招生四年制研究生问题的批复》中强调，对于高等教育部提出的五点建议，切实可行希望照办。[①]至此。效仿苏联推行的“副博士”学位制度彻底终止，而事实上“副博士研究生”入校学习仅有一个学期。

中国培养副博士研究生的尝试为时短暂，除了受到社会运动的冲击外，没有学制的保障也是重要的因素。《关于1956年进行副博士学位论文答辩的暂行规定》以及《1956年高等学校招收副博士研究生暂行办法》中均注明“副博士”只是暂时用名。因此学位制度对副博士学位的制定起着重要作用。由于学位条例迟迟没有颁布，导致部分高校不便对副博士学位论文进行答辩并颁发学位证书。

第三节　自主发展与封闭式困境

20世纪50年代末，苏联在中苏友好关系中的霸权和控制倾向日益明显，国内形成强烈的摆脱苏联控制和影响的愿望。高等教育也力图摆脱苏联模式的控制和依赖，寻求独立自主的发展道路。提出摒弃一切外国“模式”，复归“传统”的道路，倡导中国共产党在战争年代，特别是抗日战争时期在延安等根据地举办高等教育的经验、办法来指导高等教育改革。然而，原有的制度体系已不能满足变迁后的时代发展，在开启一系列调整和“大跃进”式发展后，中国研究生教育陷入前所未有的困境。

一、摒弃“模式”

所谓摒弃“模式”，就是在“独立自主”的旗帜下，拒绝接受来自国外的任何“模式”。而初成的研究生教育模式正处于转型的过程中。此阶段就读研

① 何东昌．中华人民共和国重要教育文献（1949—1975）[M]．海口：海南出版社，1997：769.

究生的人数较少，国家将较多的精力放在其他层次的教育上，研究生教育的发展较少考虑中国的国情，全面照搬苏联模式，随着时间的推进，研究生教育中一些弊端逐渐显露。例如，划分过细的专业、过分要求专业对口，使研究生的视野较窄。作为“研究高深知识”的群体，客观原因阻碍了部分学生的眼界，不利于以后的发展。对于副博士的培养不授予学位，使得部分学生对于研究生的学习缺乏热情。教育过程中过分依赖苏联专家以及高度集权、正规化的苏联管理模式不利于研究生教育扎根中国大地。因此，1956 年 4 月，毛泽东提出了学习苏联的反思，他在《论十大关系中》批评了中华人民共和国成立以后学习苏联方面“一切照抄、机械照搬”的错误。①

1956 年 6 月 20 日，在第一届全国人民代表大会上，高等教育部长杨秀峰作了《当前高等教育工作的几个主要问题》的发言，指出高等学校的基本任务是为了国家社会主义建设事业培养掌握现代化科学技术的高级建设人才和科学后备力量的，为了赶上新形势的要求，必须注意结合中国具体情况来更好地学习苏联先进经验和先进的科学技术，并且创造性地加以运用。在充分发挥苏联专家作用的基础上，充分有效的提升本国专家的科研力量，改进教学与开展科学研究工作。同年，在暑期高校校长和教务长的座谈会上，杨秀峰提出建国初期，我国的社会现状决定了在还没有形成成熟的教育模式和经验的前提下，将苏联建国多年已经取得的高等教育经验照搬过来是有必要的，不能说它是教条主义。但在学习各个国家先进经验时，应注意批判地吸收一切国家的优良经验和科学技术特长，不可盲目地照搬照抄。

去苏联模式的自主发展刚起步，加上国内原本薄弱的教育基础，使国内的研究教育在分布上缺乏扩展力，研究教育的区域集中在北京、上海等地。如表 1–6 所示，1950—1960 年仅北京研究生招生总量为 879 人。北京招收培养研究生主要是高等学校、中国科学院、中国社会科学院以及少数研究院所，到 1965 年北京地区招生人数累计 8831 人。②

---

① 中共中央文献编辑委员会. 毛泽东选集（第五卷）[M]. 北京：人民出版社，1977：285-286.

② 北京研究生教育编审委员会. 北京研究生教育 [M]. 北京：航空工业出版社，1989：44.

表 1–6　1959—1960 学年北京市高等学校研究生基本数字

学校名称	上学年实际毕业生数	本学年实际入学的一年级学生数	本学年研究生数	其中女生数
中国人民大学	289	388	266	117
北京大学	49	48	122	21
北京外国语学院		13	26	8
清华大学	5	93	160	20
北京地质学院		5	5	
北京矿业学院	15	11	13	2
北京石油学院		11	13	4
北京钢铁工业学院		18	26	5
北京铁道学院	4			
北京体育学院	20	3	3	1
北京邮电学院		2	2	
北京航空学院		31	33	3
北京工业学院	1	11	11	1
北京农业大学			22	12
北京农业机械学院			1	
北京林学院		9	9	1
北京医学院	28	31	30	
中国医学科学院		61	17	8
北京师范大学	49		73	32
中央民族学院	30	47		
中国戏曲学院			47	7
总计	490	782	879	242

数据来源：1959 年各级各类学校综合报表［Z］. 北京市档案馆，档号：153–001–00618.

二、教育“跃进”

原本薄弱的经济基础与超英超美的发展愿望所产生的矛盾日益严重，1957年11月13日，《人民日报》社论中出现了一个新名词“大跃进”。在纪念十月革命40周年的演讲中，国家领导人在会上提出“中国将在15年内钢产量超过美国”。之后，国内各行各业产生了大量的不切实际的发展要求和政策。在研究生教育方面，则表现为扩大招生，以及培养任务及培养目标的夸大。

从1958年到1961年，持续了将近三年的教育“跃进”运动在“高教六十条”和“研究生教育三十条”相继出台的背景中落下帷幕。教育大革命期间，学校各方面的工作都需要在党委领导下进行，“大鸣大放大字报大辩论”成为高校管理和教学工作普遍采用的方法。教育“大跃进”期间，研究生教育的目的突出政治性忽视学术性；招生制度上突出政治审查，强调政治条件，轻视专业能力和职业素养。高等学校数量从1957年的229所，迅速上升到1000多所（图1-2）。

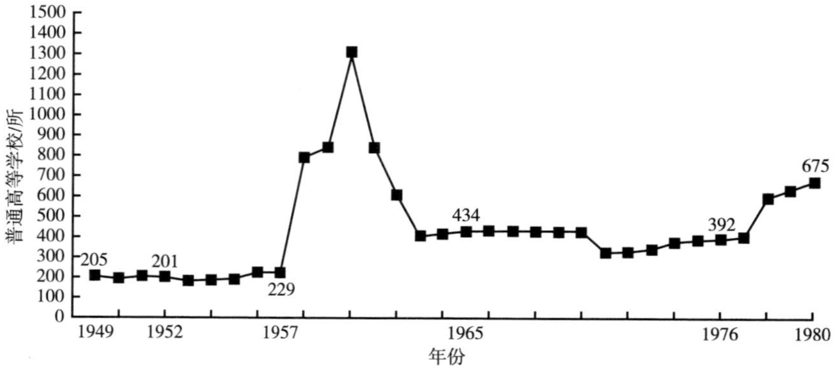

图1-2　1947—1980年中国高等学校数量发展情况

数据来源：书名编审委员会.中国高等学校简介［M］.北京：教育科学出版社，1982：8.

招生量的激增，尤其是1960—1961年研究生招生成倍增长（表1-7）。但自主的管理模式与制度还不成熟，这使研究生教育产生一系列的问题和矛

表 1-7 研究生毕业生数、招生数及在学人数

年份	毕业生数	招生数	在学人数
1947			424
1949	107	242	629
1950	159	874	1261
1951	166	1273	2168
1952	627	1785	2763
1953	1177	2887	4249
1954	660	1155	4753
1955	1730	1751	4822
1956	2349	2235	4841
1957	1723	334	3178
1958	1113	275	1635
1959	727	1345	2171
1960	589	2275	3635
1961	179	2198	6009
1962	1019	1287	6130
1963	1512	781	4938
1964	895	1240	4881
1965	1665	1456	4546

数据来源：中华人民共和国教育部计划财务司．中国教育成就统计资料（1949—1983）[M]．北京：人民教育出版社，1984：113.

盾。首先，研究生流动性大，各种转学退学情况严重。教研室实际上没有培养条件，有的是政治学习不够，有的缺乏导师指导，有的由于师资缺乏而被调用为教师，还有个别研究生因经济困难而退学。其次，缺乏明确的培养方法和管理制度。在苏联模式下，采用的导师制度，主要由导师负责培养和规划；在摒弃模式时，能承担导师任务的教授缺乏，管理上也缺少统一的成绩考核与检查。再次，学习内容和学习方法缺乏系统指导。研究生多数在导师指导下以自修为主，在课程的选择与学习方法的改进等方面相当有限。最后，研究生忙于

研究室的教务，无法系统或深入从事学习和研究工作。①

教育“大跃进”的开始，也促使一系列违背教育发展规律的事件随之大量增加。例如，1958 年 6 月 7 日，在北京师范大学党委作的《全党动员，全校动员，为彻底实行教育大革命，办好共产主义的新师大而奋斗》的报告中，就对学校的培养目标和教育科学研究的目标作了不恰当的规定：本科生或研究生在毕业后，应当既能够做大中学教师，又能当工人、农民；教育科学研究在五年内达到国际水平。②

1958 年 4 月，中共中央召开全国教育工作会议，刘少奇对过去的教育工作进行了三个阶段的划分：第一阶段是 1949—1953 年，这一阶段总体是比较好的，结合中国的情况学习苏联并以此与资产阶级作斗争；第二阶段是 1954—1955 年，无产阶级教条主义严重，照搬苏联的模式；第三阶段从 1956 年开始，照搬资产阶级的模式。③ 随后，4 月 29 日教育部在《关于 1958 年从高等学校教师中选拔留学研究生的通知》中指出“我国社会主义建设在大跃进，高等教育事业也要大跃进”。为了迅速提高师资的质量，当年的留学研究生的派遣质量也要高于往年，凡属于几种情况的皆不予录用：在学的四年制研究生；目前正跟随苏联及其他外国长期专家（聘期为 2 年的）学习的研究生和进修教师；凡随苏联及其他外国长期专家学习结业后的研究生，参加工作年限不满一年的；各院校拟在 1958 年派往苏联进修的教师。④

1958 年 6 月 10 日，陆定一在全国教育工作会议上的讲话中提到，1954 年以后，有一种明显的倾向是依靠外国，躺在苏联专家身上，依靠苏联专家来办教育。例如，选留学生、定学衔、招研究生、这些大权都交给了党外人士，党员部长们是不管的。9 月，《关于教育工作的指示》发布，提出用 15 年普及高

---

① 市委大学部编印. 关于北京市高等学校研究生的一些情况［Z］. 北京市档案馆，档案号：001-022-00395.

② 北京师范大学校史编写组. 北京师范大学校史（1902—1982）［M］. 北京：北京师范大学出版社，1982：160-161.

③ 中央教育科学研究编. 中华人民共和国大事记（1949—1982）［M］. 北京：教育科学出版社，1984：221.

④ 何东昌. 中华人民共和国重要教育文献（1949—1975）［M］. 海口：海南出版社，1997：827.

等教育，基本上做到使全国青年和成年凡是有条件的和自愿的都可以接受高等教育，并且指出党的教育方针是教育为无产阶级服务的，教育与生产劳动相结合，教育是改造旧社会和建设新社会的强有力的工具之一，教育的目的是培养有社会主义觉悟的有文化的劳动者。高校数量和在校生数量持续高速增长，曾有河南省登封县在两天时间办起“红专大学”35 所。[①] 盲目发展不仅违背了教育的发展规律，而且超越了国民经济的负担，使教育质量直线下降。10 月，教育部向国务院呈送了《关于今年暂停招收研究生的请示报告》，报告称研究生教育没有政治挂帅、没有依靠党的领导和集体力量，忽视了对研究生的思想政治教育，并根据“大跃进”的形式作出今年不招生的决定，致使 1958 年的研究生招生总人数为 275 人。

师资的补充、培养和调配是发展高等教育事业和提高教育质量的一个关键所在。为了有计划地为高等学校补充和培养新的师资，合理地使用现有的师资，1959 年 2 月，国务院全体会议第八十六次会议通过了《国务院关于高等学校师资补充、培养和调配问题的规定》，对国内外培养研究生和组织教师进修作为培养和提高师资的一种有效的办法作出充分的肯定。并规定凡属高等学校为了培养自己所需要的师资而选送者，应该尽可能地分配给原单位。在分配留学回国的大学毕业生时，也应该适当照顾高等学校补充师资的需要。[②]

为了适应高等教育事业发展的需要和不断提高高等学校的教学质量和科学水平，1959 年 7 月 21 日，教育部下发《高等学校培养研究生工作的几点意见》。其中指出全国凡有条件的高等学校都必须继续招收和认真培养研究生，并将其作为培养和提高高等学校师资的重要方式。规定高等学校研究生培养的任务是培养又红又专、在本门学科方面具有系统而坚实的理论基础、能够独立进行教学工作和科学研究工作的高等学校师资；为了保证研究生的质量，高等学校在招收研究生时，政审必须要严格；研究生的任务是学习深造，在整个学

---

① 堪旭彬. 1958 年高校教育大革命化 [EB/OL]. (2011-06-30) [2015-03-10]. http://news.qq.com/zt2011/ghgcd029/.

② 何东昌. 中华人民共和国重要教育文献（1949—1975）[M]. 海口：海南出版社，1997：905.

习过程中，必须加强对他们的政治思想工作；研究生的培养必须在系和教研组的集体领导下采取由一个固定的指导教师负责的方式。[①] 为保证研究生的招生质量，教育部随后发布《1959 年高等学校研究生选拔考试办法》，对选拔条件、考试科目、试题范围等作出规定。由于及时采取的相关措施，1959 年的研究生招生人数上升为 1345 人。

但这一年不少地区出现教师短缺的现象，广东省委、省人委在《关于学校教师编制、教师参加体力劳动及教师调动等问题的暂行规定》中指出广东省现有的教师的质量和数量同教育事业的发展是不匹配的，再加上公社化运动抽走不少任课教师，严重影响了教学质量。教育部虽然在 1960 年 8 月 10 日发布了《教育部关于不得中途抽调高等学校研究生参加工作问题的通知》，但收效甚微。

由于受中苏关系破裂的影响，1960 年以后，党和政府特别重视研究生的招生和培养工作，并强调自力更生培养我国高质量的科技人才和高校教师。1960 年 8 月 2 日，教育部下发《关于 1960 年全国高校招收研究生工作的通知》，要求在保证质量的原则下，各招生单位应尽量多招收研究生。招生的专业，全国重点高校应以新科学技术和基础理论方面专业为重点；文科应以毛泽东思想为指导的政治理论方面的专业为重点。其他高校则要注意更多地安排适应本地区、本部门需要的专业招生。这一年，我国共招生 2275 名研究生，是 1949 年后招收研究生人数第二多的一年。1961 年 1 月 5 日，教育部发出《关于制定一九六一年高等学校招收研究生计划的通知》。其中指出，招收研究生的专业，应结合各校重点发展的方向加以安排，并再次强调：全国重点高等学校理工科应以新科学技术和基础理论方面的专业为重点，文科应以政治理论方面的专业为重点，并适当注意薄弱学科。

1961 年 1 月 26 日至 2 月 4 日，教育部在北京召开全国重点高等学校工作会议。会议着重研究重点高校如何贯彻执行“调整、巩固、充实、提高”的方针以及对全国重点高校实行“四定”——定规模、定任务、定方向、定专业的问题。

---

① 何东昌. 中华人民共和国重要教育文献（1949—1975）[M]. 海口：海南出版社，1997：914-915.

1961年9月,《教育部直属高等学校暂行工作条例（草案）》（一共十章60条，故又称之为“高教六十条”）颁布。条例中对研究生的培养目标、招生对象、录取方式、学习年限和培养方法等方面作出规定。虽然规定的内容与现在的研究生教育制度相比还不够完善，但它却表明了中国的研究生教育开始进入到了制度建设的新阶段。①“高教六十条”成为高等教育领域展开整顿的纲领，在总结3年教育大革命教训的基础上，厘清“研究生培养工作”应该以我国国情为根据，从而保证高质量的研究生培养。其中第二十一条呼吁高等学校要重视培养研究生的工作；第二十三条规定少数有条件的高等学校，经教育部批准可以试办研究院。“高教六十条”的颁布从体制上改变了之前的办学运动化方式，明确规定了高等教育的管理权限，将教学重新提升为高校的主要工作。

三、困境中停滞

20世纪60年代，作为世界强国的美国对中国等社会主义国家一直以封锁和抵制为主，苏联撤走了原先在研究生教育中起着导师作用的教育力量，教育环境的变迁客观上影响着教育制度的变迁，而国内对社会主义建设的长期性和复杂性的估计显得严重不足，研究生教育在不断的政策调整中力图满足当下社会需求，但“大跃进”式目标致使培养方案不切实际，甚至连正常的教育秩序都无法维持，不得不停下来思考和整顿。也正是在相对孤立的世界格局下，中国开始探索自我发展道路，一定程定上为以后自主发展道路积累了一定的经验。

为了推动各个培养研究生的高等学校有计划地进行研究生专业的培养方案和课程学习大纲的制定工作，教育部拟组织少数高等学校先行研究制定若干个示范性的方案。基于此，1962年4月30日，教育部出台了《关于组织制定研究生的示范性专业培养方案和课程学习大纲》，规定了研究生示范性专业培养方案是按专业制定和课程学习大纲应还按专业培养方案中所规定的学习科目拟定；该次拟组织制定理论物理等5个专业的示范性培养方案及相关的课程学

① 中央教育科学研究所. 中华人民共和国教育大事记（1949—1982）[M]. 北京：教育科学出版社，1984：288.

习大纲。

然而，没有严格保证招生质量和充分考虑导师力量以及科学研究基础，以致招收的研究生中有一部分质量较差或者根本无力培养，导致培养计划完成较差。在《教育部直属高等学校暂行工作条例（草案）》试行之后虽然各个学校都很重视研究生的培养工作，部分学校对于不能按期完成培养计划的研究生延期毕业，但是并没有从根本上解决相关问题。1962 年 9 月 20 日，教育部颁布《关于加强在校研究生的培养和调整工作的通知》进一步强调各校本着实际情况加强在校研究生的培养工作，不仅对研究生培养提出了最低要求，还明确提出不同学校对不同研究生可以有不同的要求。例如，某些新学科，原指导教师的水平有限，可由教学研究室的其他教师共同协助指导，以保证培养质量。① 随后，12 月教育部颁布《关于明年研究生入学考试的政治理论课和俄、英语考试问题的通知》，规定政治理论课按招生专业的不同性质，分为甲、乙两类进行考试，且不指定参考书和参考资料。

研究生教育强调培养研究生是为国家培养攀登科学高峰的优秀后备军，要坚持又红又专，在学术标准上应相当于苏联副博士水平。②1963 年 1 月，教育部在北京召开研究生工作会议，经过讨论修订了《高等学校培养研究生工作暂行条例（草案）》（又称为“研究生教育三十条”）。该条例中明确提出：“建立和健全高等学校研究生培养制度是我国自力更生地培养较高水平的高等学校师资和科学研究人员的一项根本措施”③。“研究生教育三十条”中第二十九条提出，少数高等学校科学研究工作基础较好，具有较多能够指导研究生的教授、副教授，经中央教育部报请国务院批准，可以试办研究院，为国家培养数量较多的研究生。④ “研究生教育三十条”总结了研究生教育工作的经验和教训，标志着我国研究生教育制度的基本模式的初步建立。

---

① 何东昌. 中华人民共和国重要教育文献（1949—1975）[M]. 海口：海南出版社，1997：1124.

② 李煌果. 研究生教育概论 [M]. 北京：科学技术文献出版社，1991：14.

③ 中国教育年鉴编辑部. 中国教育年鉴（1949—1981）[M]. 北京：中国大百科全书出版社，1984：918.

④ 何东昌. 中华人民共和国重要教育文献（1949—1975）[M]. 海口：海南出版社，1997：1169.

教育部于当年委托部分高等学校制定了理论物理、有机化学、金属切削机床和电力网及电力系统 4 个专业研究生的培养方案（参考草案）。1963 年 7 月 11 日，教育部《关于制定研究生专业培养方案的通知》，要求各校首先将 1962 年和 1963 年招收研究生的专业培养方案和专业基础课程学习大纲制定出来，并且凡新增的研究生专业，其培养方案应随同年度招生计划一并报给主管部门和中央教育部。随后，教育部颁布《关于高等学校制定研究生培养方案的几项原则规定（草案）》，对研究生的培养方案、专业范围等作出规定。研究生培养方案中主要学习项目时间分配和顺序见表 1–8。

表 1–8　研究生培养方案中主要学习项目时间分配和顺序（供参考）

项目名称	总时数（包括课内外）	进度安排						检查方式
		第一年		第二年		第三年		
		1	2	3	4	5	6	
政治理论课	160—200	←	—	→				考试
思想政治教育报告	每周学习时间原则上与本科学生相同	←	—	—	—	—	→	
第一外国语	500—700	←	→					考试
第二外国语		←	—	—	—	→		考试
专业基础课程		←	—	→				考试
专门课程	1300—2000		←	—	→			考试
选修课程		←	—	—	→			根据具体情况确定
实习性教学工作	200—400			←	—	—	→	根据具体情况确定
校外实习或调查	2500—3200	←	—	—	→			根据具体情况确定
学年论文或阶段性论文		←	—	→				根据具体情况确定
其他学科研究工作					←	—	→	根据具体情况确定
毕业论文								答辩
总　计	5300—5900							

数据来源：何东昌．中华人民共和国重要教育文献（1949—1975）[M]．海口：海南出版社，1997：1195.

注：①进度安排可依靠专业的不同要求适当调整，但是课程考试应在规定的期限内通过。②进度安排中箭头符号表示各学习项目一般应在所示时间范围内进行，但除思想政治教育报告外，并不要求把各学习项目进行的时间在有关的时间范围内平均分配。

1964年8月，教育部发布《关于审查1964年研究生入学考试科目和参考书目录的通知》，指出主要参考书应该根据全国考生的情况，慎重地加以选择，不要局限于本校本科学生所用的有关教材，一般以采用大学本科有关专业的全国通用教材为宜。[①] 9月，教育部召开全国研究生招生工作会议，并于会后发出《关于1964年研究生招生工作的通知》。10月，教育部、财政部联合颁布《关于高等学校培养研究生的经费、人员编织和研究生的助学金及其他生活待遇问题的几点规定》。其中对培养经费作出指示：工科每人每年500元，理科、医科每人每年400元，农科每人每年300元，人文每人每年200元；研究生与教师的比例以5∶1配置，此外为适当解决研究生的特殊困难，各省、自治区、直辖市可以在每人每月2—4元的范围内编列预算。[②] 为了从多方面保证国家干部的培养计划和提高研究生的培养质量，10月教育部出台《关于高等学校研究生学籍处理问题的几项暂行规定》，对高等学校研究生转专业、转学校、改换导师、休学、延长学习期限、取消学籍和退学等问题作出了相关规定。与此同时，教育部发出了另一个通知：依据研究生招生工作会议的内容要求，文科研究生的培养方式，除继续实行导师制外，从1964年开始，由教育部直属高校招收一批研究理论、现状和外国问题的研究生，试行由科研室集体培养的方法。

为了进一步贯彻执行中共“教育为无产阶级政治服务、教育与生产劳动相结合”的方针，1964年8月19日，中共中央、国务院发布《关于发布高等学校毕业生劳动实习试行条例的通知》。通知中强调“高等学校毕业生在劳动实习中，加强了思想改造，提高了阶级觉悟，丰富了实际经验，增强了体质”[③]，要求高等学校本科、专修科毕业生，毕业研究生和毕业回国留学生，在分配工作后，都需要参加劳动实习。1966年，《改革高等学校招生考试办法》

① 何东昌. 中华人民共和国重要教育文献（1949—1975）[M]. 海口：海南出版社，1997：1206.

② 何东昌. 中华人民共和国重要教育文献（1949—1975）[M]. 海口：海南出版社，1997：1219-1220.

③ 中国教育年鉴编辑部. 中国教育年鉴（1949—1981）[M]. 北京：中国大百科全书出版社，1984：826.

名为“改革招生办法”，实则取消了高考。1966—1969年高校停止招生，之后于1970年试点从工农兵中推荐大学生，高校招生悄然恢复，但生源质量直线下降。

1966年6月27日，高等教育部发出通知：因“文化大革命”，1966—1967年度的研究生招生工作暂停。从这一年起直至1977年，中国停止招生研究生长达12年，从1949年新中国成立到1965年这17年间，我国招收的研究生人数不到2.4万人。

第二章

恢复招生与建章立制，研究生教育体系初步建成

“文化大革命”给党和国家造成了巨大的损失，教育界特别是高等教育界的损失也不例外。“文化大革命”结束后，高等教育界的拨乱反正势在必行。1977 年 5 月 24 日，邓小平发表了《尊重知识、尊重劳动》的讲话。随后，他在 1977 年 8 月 4 日召开的全国科学和教育工作座谈会上和 9 月 19 日与教育部的负责同志谈话中均明确指出“两个估计”[①] 是不符合实际的。这些讲话内容卸下了知识分子的思想包袱，直接促进了拨乱反正的继续。1977 年 8 月，在中国共产党第十一次全国代表大会上，党中央正式宣布“文化大革命”结束，中国从此踏上新征程。1978 年 12 月 18—22 日，中共十一届三中全会召开，开辟了一条建设中国特色社会主义的道路，即以经济建设为中心，实行改革开放。教育界则及时恢复了研究生招生，于 1980 年 2 月 12 日颁布了《中华人民共和国学位条例》，建立与实施中国特色学位制度，为我国学位与研究生教育的发展提供了有力的制度保障。此外，我国还进行了研究生院的试办工作，研

① “两个估计”是“四人帮”于 1971 年炮制的，即所谓“文化大革命”前 17 年教育战线是资产阶级专了无产阶级的政；知识分子的大多数世界观基本上是资产阶级的，是资产阶级的知识分子。——出版者注。

究生教育成为独立高等教育层次；在研究生的培养方面，逐步完善了研究生培养模式，形成了一套系统的研究生教育体系。

第一节 拨乱反正与恢复招生

1977 年 7 月 16—21 日，中国共产党第十届中央委员会第三次全体会议在北京举行，会议通过了《关于恢复邓小平同志职务的决议》。这次会议为之后的“科学与教育工作座谈会”“全国科学大会”“中共十一届三中全会”吹响了号角，拉开了序幕，也奠定了基础。

一、拨乱反正，重启航程

拨乱反正是“文化大革命”结束后一段时期内党和国家的主要工作之一，尤其是文化领域。其中最为重要的便是平反冤假错案[①]和恢复高校、科研院所的招生、教学和科研工作。

为了制定科学技术的发展规划，表彰知识界的先进单位和先进人物，奖励优秀研究成果，充分调动广大知识分子的积极性、创造性，以便实现党在新时期的总任务，中共中央于 1978 年 3 月 18—31 日在北京召开了全国科学大会。全国各条战线的代表近 6000 名出席大会，其中有 826 个先进集体的代表和 1192 名先进科技工作者。[②]在会议开幕中，邓小平发出了向科学技术进军的动员令。他指出，“四个现代化，关键是科学技术的现代化”“科学技术是生产力”“知识分子是工人阶级的一部分”“我们向科学技术现代化进军，要有一支浩浩荡荡的工人阶级的又红又专的科学技术大军，要有一大批世界第一流的科学家、工程技术专家。造就这样的队伍，是摆在我们面前的一个严重任务。”

① 刘金田．邓小平推动冤假错案的平反［J］．党史博览，2012（6）：4-11.

② 全国科学大会（1978 年 3 月 18—31 日）．［EB/OL］．(2014-11-12)［2019-04-02］．http://dangshi.people.com.cn/GB/165617/166496/ 168121/10011528.html.

没有现代科学技术的支撑，就不可能会有现代农业、现代工业、现代国防等的发展，也不会迎来国民经济的高速发展。而基于培养高级科学技术人才的教育领域，邓小平亦指出，“科学技术人才的培养，基础在教育。我们要全面地正确地执行党的教育方针，端正方向，真正搞好教育改革，使教育事业有一个大的发展，大的提高。教育事业，决不只是教育部门的事，各级党委要认真地作为大事来抓。各行各业都要来支持教育事业，大力兴办教育事业。人民教师是培养革命后代的园丁”。①

1978 年 12 月，中共十一届三中全会在北京召开。这次大会是 1949 年以来中共历史的伟大转折点。会议确立了我国进入社会主义现代化建设的新时期，高度评价了关于实践是检验真理的唯一标准的讨论，重新确立“解放思想、实事求是”的思想路线，停止使用“以阶级斗争为纲”的口号，推动了全党和全国人民思想的大解放，拨乱反正、全面改革，并提出了社会主义现代化建设的新战略、新决策，强调一个中心和两个基本点，制定了社会主义初级阶段的基本路线，把党和国家的工作重心转移到经济建设上来，以经济建设为中心，坚持四项基本原则，实行改革开放。十一届三中全会的召开，为我国开辟了全新的发展道路。基于教育本质的大讨论提出的“教育为社会主义建设服务”这一重大指导思想，更是为我国教育事业指明了发展方向，对我国教育事业的发展起到了决定性的促进作用。

两次盛会中提出的“以经济建设为中心，集中力量发展生产力”及“科学技术是第一生产力”等指导思想，深刻阐述并明确了教育事业的发展对我国社会主义现代化建设的重要性。在新的历史时期，“以阶级斗争为纲”的政治路线已不再适用，社会发展与建设的重心应着眼于经济建设，而经济建设又与科技、教育密切相关，经济建设必须依靠科学技术，科学技术工作必须面向经济建设，只有科技工作突出抓好科学研究和科技成果的推广应用两方面，使科技成果尽快转化为生产力，才能更好地实现社会主义现代化建设的新战略、新目标。因此，如何有效推进教育的改革与发展，尤其是针对培养高层次

① 邓小平. 邓小平文选（第 2 卷）[M]. 北京：人民出版社，1944：109.

人才的研究生教育改革与发展，进而更好地培养高层次科技人才、呈现科研成果，更快地将知识转化为生产力，推进社会经济的发展，是当时重要的改革任务。

然而，这样的努力还远远不够，教育改革并非一日之举，经过10年“文化大革命”，我国教育领域已严重受创，导致当时的高层次专门人才短缺，直接影响并制约了我国各项事业的发展，中国高校出现了严重的人才断层，呈现出青黄不接的窘境，亟待建立完善的体制制度加以解决。此外，随着十一届三中全会对人民思想上的解放，人们对“科学技术是生产力”的理论的认识越来越深入，学习科学文化的积极性逐渐提高，早已势不可当。由此可见，“拨乱反正，重启航程”，恢复停滞十余年之久的研究生教育，并对其进行一系列配套基础性建设工作，是时代推动下的必然选择。

二、恢复研究生招生，培养高层次人才

1977年9月5日，中国科学院在向国务院呈交的《关于中国科学技术大学的几个问题的报告》中提出：在北京设立中国科学技术大学研究生院，暂定规模1000人。9月10日，又向国务院呈交了《关于招收研究生的请示报告》，提出委托中国科学技术大学在北京筹办研究生院。1977年9月底，国务院决定在中国科学院所属的66个研究所和4所大学恢复研究生制度。其他一些高校也相继恢复招收研究生。①

1977年10月，国务院批转教育部《关于高等学校招收研究生的意见》，指出“高等学校特别是重点高等学校，凡是教师条件和科学研究基础比较好的，应从1977年起，在办好本科的同时，积极招收研究生。”该文件还对招生的专业范围提出指导性意见，指出“要从实现我国社会主义现代化的需要出发，重点填补国家科学事业的空白和赶超世界科技先进水平的基础科学、边缘科学和与工业、农业、国防有密切关系的最新科学技术领域；在哲学社会科学

① 王扬宗. 中国科学技术事业的历史性转变——回望1978年全国科学大会［J］. 中国科学院院刊，2018，33（4）：11-21.

方面，要积极招收研究生，加强马列主义理论队伍的建设；对那些行将后继乏人的学科和专业，应当优先考虑，以尽快解决‘青黄不接’现象。”这是“文化大革命”后国家文件中首次出现对高校招收研究生的相关意见。

1977年11月，中国科学院与教育部联合发布了《关于一九七七年招收研究生具体办法的通知》，对研究生恢复招生的具体办法予以明确规定，标志着我国研究生教育在中断了12年之后得以恢复。1978年1月，教育部发出《关于高等学校1978年研究生招生工作安排意见》，决定将1977年和1978年招收研究生的招生计划进行合并，1978年正式恢复招收研究生。该时期中国科学院各所共招收1978级研究生1015人，中国科学技术大学另招收107人。①

在研究生招生得以恢复后，其具体的招生制度、安排情况，也在教育部的重视下提上日程。1978年,《关于高等学校一九七八年研究生招生工作安排的意见》颁布，规定了硕士研究生考试的模式，即初试+复试的形式，报考条件为“政治历史清楚，拥护中国共产党，热爱社会主义，热爱劳动，遵守革命纪律，决心为革命学习。要求具有大学毕业文化程度，具有一定的研究才能和专业特长。有专业特长和研究才能的工农兵在职工不受学历限制，但须具有同等的文化程度”。为广开才路，此时的招生面向全社会，包括本科在校生，也包括社会人士，将考生年龄上限从35岁放宽到40岁。招生文件规定了初试的全国统一考试时间，以及考试科目要求：基础课和专业课考试不超过3门，明确初试由招生单位自行命题；规定“如由于报考专业的名额不平衡，应该相互对口推荐录取，以免埋没人才”，初步提出调剂录取的思想。

在研究生学制上，1978年11月，教育部颁布《全国重点学校暂行工作条例（试行草案）》（新的“高教六十条”）。其中第五章研究生培养工作中，对研究生学制作出规定：从1978年起研究生学制二、三、四年制并行，其中两年制的研究生主要完成课程学习任务，并进行一定的科学研究能力训练；三年制

① 中国科学院大学校友网.［EB/OL］.（2017-11-06）［2019-04-02］. https://alumni.ucas.ac.cn/index.php/zh/aboutus/2017- 11-06-06-57-12.

的研究生，既要完成课程学习任务，又要完成毕业论文；四年制的研究生根据国家需要和学校条件，从二年制毕业的研究生中择优选拔，再培养两年，着重进行科学研究和写论文的工作，研究生的培养目标是科学研究人才和高等学校师资。在该阶段，研究生教育层次由学制年限而定，硕士生与博士生的分层培养概念尚未成形。①

1979年1月1—17日，教育部召开研究生招生工作座谈会，总结经验，部署1979年招生工作。由于恢复高考制度后招收的本科生尚无应届毕业生，研究生生源主要是在职人员。由于优秀生源严重不足，为了严格保证入学质量，1979年和1980年的全国研究生招生计划都没有完成，分别录取8110人和3616人。1978—1980年，共招收研究生22434人，接近1949—1965年招生总数，②使我国研究生教育的恢复发展有了良好的开端，并为我国学位制度的建立创造了良好的条件。

三、留学生的大量派遣

在改革开放的背景下，教育国际化是必然趋势。在改革开放前的二十几年间，由于采取"一边倒"的外交政策，我国的出国留学政策比较单一，出国留学规模也比较小。1978年6月23日，邓小平同志在听取清华大学工作汇报时指出："我赞成留学生的数量增大，主要搞自然科学。要成千成万地派，不是只派十个八个。要千方百计加快步伐，路子要越走越宽。"③邓小平的这次指示被普遍认为是奠定了1978年以后中国向西方发达国家扩大派遣留学生的政策基础。④后期，邓小平在为北京景山学校的题词中又指出，"教育要面向现代化，面向世界，面向未来"。这三个面向为中国教育的改革开放指明了方向，进一步推动了我国研究生教育国际化的进程。

①② 黄宝印．我国研究生教育恢复招生培养40周年［J］．中国研究生，2018（7）：12-13.
③ 武士俊，陈蕾，白晓军．做好留学生工作 为科教兴国服务［J］．中央社会主义学院学报，1999（2）：40-42.
④ 程希，苗丹国．出国留学六十年若干问题的回顾与思考（1949—2009）［J］．东南亚研究，2010（1）：79-87.

1978年8月，教育部在下发的《关于增选出国留学生的通知》中将原定500人的出国选拔计划增加了2500人，使当年选拔的出国留学人员总数达3000人。1981年，由教育部等6个部门提交并经国务院批准的《关于出国留学人员管理工作会议情况的报告》确立了“突出重点，统筹兼顾，在保证质量的前提下争取多派一些，并在最近几年内保持派出数量相对稳定”的工作方针。同年，由教育部等7个部门提交并经国务院批准的《关于自费出国留学的暂行规定》明确指出，作为我国出国留学人员的组成部分，自费留学人员在政治上与公费留学人员必须获得同等对待。此项规定为我国自费出国留学事业的发展奠定了政策基础。之后，经过不断探索，党和国家对自费出国留学政策的认识逐步深化。①

第二节　制度重建与规模扩大提升

文化领域的拨乱反正和恢复招生以来的探索为完善我国研究生教育制度奠定了基础，同时也助推了我国学位制度的建立。1980年2月12日，第五届全国人民代表大会常务委员会第十三次会议通过《中华人民共和国学位条例》（以下简称《学位条例》），这确保了我国学位授予和研究生培养的规范化，也为不断形成并完善中国特色的学位制度体系，为我国学位与研究生教育的进一步发展提供了有力的制度保障。

一、酝酿与准备

我国曾在20世纪50年代和60年代两次探索复建学位制度，但最终都未完成。“文化大革命”期间，教育界，尤其是高等教育界遭受了巨大的创伤，有关学位制度的事宜再次被搁置。直到1977年的中共十届三中全会，邓小平

① 刘宝存，张继桥. 改革开放四十年教育对外开放政策变迁的历史考察［J］. 高校教育管理，2018，12（6）：7-19.

再次复出并主抓教育和科技工作，才拉开了我国学位制度复建的序幕。之后，伴随着研究生招生的恢复，我国高等教育的发展逐步走上正常轨道，然而，我国从1949年后的几十年里培养出的大批各方面优秀科学人才，却始终没有学位。如今，伴随着改革开放的大潮迭起，研究生招生又得以重新恢复，实行学位制度的条件已经比较成熟，一套完善的学位制度建立成为研究生教育发展、高层次人才培养的必然要求。

1979年，党和国家领导人开始正式酝酿复建学位制度。这一提议最早是由胡乔木在2月24日向中央领导汇报时提出的。邓小平于3月7日批示："建议由方毅、乔木同志主持提出具体方案报批。"方毅接到批示后，请胡乔木提出人选，开会讨论。之后，教育部与国务院科技干部局协商共同组成一个专门起草小组，由蒋南翔领导，黄辛白主要协助。参加《学位条例》起草小组工作的有教育部的吴衍庆、刘一凡、张天保、吴本厦，还有国务院科技干部局的戴光前。日常工作由吴衍庆负责联系。《学位条例》起草小组接下来主要做了三方面的工作：一是搜集了我国两次草拟《学位条例（草案）》的档案材料；二是调查了20世纪60年代中期以来国外学位制度的发展情况，搜集了美国、英国、日本、苏联等国家新的学位条例和其他相关法规；三是于1979年10月间又派《学位条例》起草小组的成员分别到上海、昆明、成都等地调查高等教育的现状。同时，召开座谈会，继续听取对《学位条例（草案）》的意见。经过月7个月的工作，《学位条例》起草小组初步完成了《学位条例（草案）》的初稿。之后，全国人民代表大会常务委员会法律委员会召开了两次座谈会，进一步修改和完善了《学位条例（草案）》，参加座谈会的还包括费孝通、雷洁琼等党外著名人士。《学位条例（草案）》的起草工作前后征求意见1000人以上，最终于1980年2月12日正式审议通过。[①]

在《学位条例（草案）》起草的过程中，邓小平多次批示[②]，也在其他场合

① 这部分主要参考：吴本厦．我国建立学位制度的决策和立法过程［J］．学位与研究生教育，2007（4）：1-4.

② 参见吴本厦《中国学位与研究生教育的创立及实践》一书中的《邓小平与中国学位和研究生教育》一文。

提及学位制度的建立工作。邓小平在1979年11月1日纪念中国科学院成立三十周年纪念会上和1979年11月2日《高级干部要带头发扬党的优良传统》的报告中均指出“学校和科学研究单位培养、选拔人才的问题，要建立学位制度，也要搞学术和技术职称”①。正是在党和国家领导的关怀和支持下，我国学位制度的复建工作才能顺利推进。

二、《学位条例》的颁布

1980年2月12日，第五届全国人民代表大会常务委员会第十三次会议通过了《中华人民共和国学位条例》的提议，经叶剑英委员长签署公布，并定于1981年1月1日期施行。1981年7月召开了国务院学位委员会学科评议组第一次会议。7月12日，蒋南翔在学科评议组会上发表了《我国学位制度必须具有中国的特点》的讲话，他说：“建立学位制度是促进我国教育和科学事业向前发展的一个重大步骤，是新中国教育史上的一个里程碑。”“我们的学位制度应该具有中国的特点，要从中国的实际出发，为中国的社会主义建设或者说为四个现代化服务。这就是我们建立学位制的基本出发点。”他强调“实行学位制度必须保证质量”，评议工作要实行“坚持标准，严格要求，保证质量，公正合理”的原则。他说：“保证质量，一是保证学位授予单位和学位获得者本人的质量；二是要为我国初创的学位制度，树立严肃认真、一丝不苟的科学作风，为今后学位制度的健全发展打下良好的基础。”这次学科评议组会后评出第一批学位授予单位，我国学位制度正式开始实施。②总之，《学位条例》的颁布标志着我国研究生教育迈入法制化时代。③

《学位条例》的主要内容包括：其一，在学位层次结构上，规定了我国学位分学士、硕士、博士三级，并分别明确其学术标准。“学士学位的学术标准

① 邓小平. 邓小平文选（第2卷）[M]. 北京：人民出版社，1994：224.

② 方惠坚，郝维谦，宋廷章，等. 蒋南翔传[M]. 北京：清华大学出版社，2005：319.

③ 赵长林. 中国学位制度实施三十年：回顾与总结[J]. 研究生教育研究，2012（1）：21-27.

是：高等学校本科毕业生，成绩优良，较好地掌握本门学科的基础理论、专门知识和基本技能，具有从事科学研究工作或担负专门技术工作的初步能力。硕士学位的学术标准是：高等学校和科学研究机构的研究生，或具有研究生毕业同等学力的人员，通过硕士学位的课程考试和论文答辩，成绩合格，在本门学科上掌握坚实的基础理论和系统的专门知识，具有从事科学研究工作或独立担负专门技术工作的能力。博士学位的学术标准是：高等学校和科学研究机构的研究生，或具有研究生毕业同等学力的人员，通过博士学位的课程考试和论文答辩，成绩合格，在本门学科上掌握坚实宽广的基础理论和系统深入的专门知识，具有独立从事科学研究工作的能力，在科学或专门技术上做出创造性的成果。”

其二，在各级机构的设立及其职能上，《学位条例》中明确陈述了“国务院设立学位委员会，并负责领导全国学位授予工作”。据此，1980年12月1日，经国务院批准，国务院学位委员会成立，并明确了其工作职能与职责。而对于各个学位授予单位，《学位条例》则明确了“学士学位，由国务院授权的高等学校授予；硕士学位、博士学位，由国务院授权的高等学校和科学研究机构授予。授予学位的高等学校和科学研究机构及其可以授予学位的学科名单，由国务院学位委员会提出，经国务院批准公布”。《学位条例》还提出要设立学位评定委员会，并组织有关学科的学位论文答辩委员会。同时对其构成人员要求、评定程序、职责等分别作了一系列规定。

其三，《学位条例》亦陈述了各种途径的学位授予方式。包括非学位授予单位应届毕业的研究生向学位授予单位申请学位的方式；在科学或专门技术上有重要的著作、发明、发现或发展者免除考试，直接参加博士学位论文答辩从而获取博士学位的方式；对于国内外卓越的学者或著名的社会活动家授予名誉博士学位的方式；在我国学习的外国留学生和从事研究工作的外国学者向学位授予单位申请学位的方式。

其四，《学位条例》对学位授予也建立了一系列的约束条文。如非学位授予单位和学术团体对于授予学位的决议和决定持有不同意见时，可提出异议；对于已经授予的学位，如发现有舞弊作伪等情况，可以予以撤销；国务院对于已经批准授予学位的单位，在确认其不能保证所授学位的学术水平时，可以停止或撤销其授予学位的资格。

《学位条例》是我国学位与研究生教育发展的重要依托。有了好的立法，还应当有好的组织机构和运行方式去推动学位工作的开展。依据该条例第七条的规定："国务院设立学位委员会，负责领导全国学位授予工作。"1980年，经国务院批准，成立了专门的学位管理机构，即国务院学位委员会。国务院学位委员会作为国家一级的学位管理机构，于1980年5月经国务院批准设在教育部。后来，国务院学位委员会制订了议事规则，对其工作任务、制度等做出了明确说明，其主要工作任务有：制定和修改学位条例实施办法报国务院批准后组织实施并制定有关规章制度；组织并指导国务院学位委员会学科评议组工作；组织制定授予博士、硕士学位的学科、专业目录；组织审定授予博士、硕士学位的单位及其学科、专业；指导和检查博士、硕士学位授予工作；负责名誉博士学位的审批工作；负责学位工作的国际交流的合作；推动学位工作的改革，提出修改学位条例的建议。① 在国务院学位委员会的人员构成方面，1980年12月1日，国务院批准了由方毅任主任委员，周杨、蒋南翔、武衡、钱三强任副主任委员的第一届国务院学位委员会。其后的30余年间，又经历了六次国务院学位委员会换届，② 历届国务院学位委员会组成人员名单可见附录三。

三、学位制度的完善

《学位条例》颁布之后，为进一步明确学位条例的实施办法，《学位条例》起草小组又起草了《中华人民共和国学位条例暂行实施办法》和《国务院学位委员会关于审定学位授予单位的原则和办法》两个文件。1981年5月20日，

---

① 国务院学位委员会. 国务院学位委员会议事规则［EB/OL］.（1998-10-18）［2019-04-02］. http://liuyanlun. chinalawedu.com/falvfagui/fg22598/35023.shtml.

② 该部分主要参考了吴镇柔，陆叔云，汪太辅. 中华人民共和国研究生教育和学位制度史［M］. 北京：北京理工大学出版社，2001：99-100.

国务院同意国务院学位委员会《关于国务院学位委员会第一次（扩大）会议的报告》，批准《中华人民共和国学位条例暂行实施办法》（以下简称《暂行实施办法》）。国务院在批示中指出："建立学位制度是发展我国科学和教育事业的一项重要立法，对培养、选拔科学专门人才具有重要意义。学位制度的实施既要有利于调动人们攀登科学高峰的积极性，又要有利于安定团结。"

《暂行实施办法》共25条，具体内容如下。

其一，明确了学位授予的学科结构。学位按哲学、经济学、法学、教育学、文学、历史学、理学、工学、农学、医学的10个大学科门类进行授予。

其二，《暂行实施办法》分别对学士、硕士、博士、名誉博士的学位授予程序、要求进行具体明确。明确了各个层次阶段的学生可授予相应学位的条件，需完成教学计划内的各项课程，并完成毕业论文或毕业设计，通过答辩，成绩合格，方能获得学位。学士、硕士、博士的各个教学课程、论文写作、答辩要求各不相同，文件分条列点一一呈现。同时，《实施办法》也对授予学位的高等学校及非授予学位的学校在对毕业生进行材料审核、资格鉴定等一系列流程进行了规范。

其三，明确了学位评定委员会履行的职责、委员会相关教学及研究人员的遴选原则与职务结构、人员名单申报与批准；提出可建立学位分委员会，并对其人员及职责进行进一步说明。

其四，基于其他规定，分别明确了在我国学习的外国留学生申请学士学位的规定；明确了学士学位的证书格式由教育部制定，硕士学位和博士学位的证书格式由国务院学位委员会制定。学位获得者的学位证书，由学位授予单位发放；针对已经通过的硕士学位和博士学位的论文，应当交由相关部门备份；在职人员申请硕士学位或博士学位，经学位授予单位审核同意参加课程考试和论文答辩后，准备参加考试或答辩，可享有不超过两个月的假期。

综上所述，《暂行实施办法》进一步明确了学位授予的学科门类，进一步明确了学位授予的原则与程序，以及一系列的学位课程要求，同时规范了学分的设置、规范了答辩的规则程序，在很大程度上促进了学位制度的良好运作与研究生教育的发展。

四、学位授予工作的开展

在《学位条例》和《暂行实施办法》颁布以后，我国正式开展了硕士、博士的学位授予工作。1981 年，武汉大学授予学生唐翼明文学硕士学位，唐翼明成为新中国历史上第一位获得硕士学位的研究生。[①] 同年，学位授权审核工作也在初建阶段全面开展。该时期对学位授予单位与学位授权点的审核合并在了一起，主要评价高校的办学条件和水平，其学位授权审核工作主要在审核主体、审核程序上进行了探索。[②]1981 年 2 月 24 日，国务院学位委员会公布《关于审定学位授予单位的原则和办法》，指出要严格遵从“坚持标准，严格要求，保证质量，公正合理”的指导思想，对硕士、博士学位授予单位在师资力量、课程安排、科研与管理等方面的条件做了明确的规定。1981 年 2 月 27 日，国务院学位委员会下发了《关于做好学位授予单位审定工作的通知》，对申报学位授予单位及其学科、专业的工作步骤及时间进行了布置，强调注重程序的规范性。按照 1981 年《国务院学位委员会关于审定学位授予单位的原则和办法》的规定，学位授予单位审定工作的领导，采取分级归口负责的办法，高等学校和科学研究机构及其学科、专业是否授予硕士学位，按系统为主进行审核，即由国务院有关部门进行初审，由国务院学位委员会召开学科评议组会议加以复审。高等学校和科学研究机构及其学科专业是否授予博士学位，由国务院学位委员会学科评议组为主进行审核，即国务院有关部委，分别初步审核提出博士学位授权单位及其学科、专业名单，报国务院学位委员会，由国务院学位委员会召开学科评议组会议，加以审核。另外，对博士生指导教师的审定，按学科与导师的科研水平对博士生指导教师进行审定。对于申请学位授予的学科、专业，必须强调博士生导师、硕士生导师的科研能力与水平，只有其科研水平足以满足对研究生的学术科研指导，方能通过审核。1981 年 11 月 3 日，

---

① 中国研究生教育 40 年发展史：你可能不知道的昨天与今天 [EB/OL]. (2017-12-28) [2019-04-02]. https://www.sohu.com/a/213379413_367246.

② 梁碧涛. 我国学位授权政策回顾与展望 [J]. 科教导刊，2016 (8)：3-9.

国务院批准了我国首批博士学位授予单位151个，硕士学位授予单位358个。这是我国自学位制度建立以来第一批学位授予单位的审定。[①]

1981年，高等学校和科研机构进行第一批学位授权申报，申报的学科专业中大多数学科相当于二级学科，但也有的是研究方向，原教育部据此拟定了《高等学校和科研机构授予博士和硕士学位的学科专业目录（草案）（征求意见稿）》，共设置60个一级学科，666种专业，所划分专业的业务范围相当于二级学科。根据此学科、专业目录审核批准了我国第一批博士和硕士学位授权学科、专业点，从1982年开始，按此学科、专业目录招收培养研究生，并在后期修订为《高等学校和科研机构授予博士和硕士学位的学科专业目录（试行草案）》，于1983年国务院学位委员会第四次会议决定公布、试行。该版学科专业目录将学科专业分为十个学科门类，分别是：哲学、经济学、法学、教育学、文学、历史学、理学、工学、农学和医学。在十大学科门类中共设置了63个一级学科，其中哲学门类1个，经济学门类1个，法学门类5个，教育学门类3个，文学门类3个，历史学门类1个，理学门类12个，工学门类25个，农学门类6个，医学门类6个。共列638种学科、专业（二级学科）。为了培养军事学高级专门人才，1983年12月5日召开的国务院学位委员会第3次会议决定增设军事学学位，并在国务院学位委员会学科评议组中增设“军事学评议分组”，下设9个学科专业，即军事思想、战略学、战役学、战术学、战争动员学、军制学、部队指挥学、军队政治工作学、军事后勤学。至此，《高等学校和科研机构授予博士和硕士学位的学科专业目录（试行草案）》共含有11个学科门类，64个一级学科，647个二级学科。

1983年5月27日，新中国首批博士学位授予仪式在北京人民大会堂隆重举行，经中国科学院研究院、中国科技大学、复旦大学、华东师范大学和山东大学等8个单位进行授予博士学位试点，当年授予博士学位的人数为18人，[②]具体见表2-1。他们当中，除了冯玉琳是工学博士外，其他17人均为理学博

① 吴镇柔，陆叔云，汪太辅．中华人民共和国研究生教育和学位制度史［M］．北京：北京理工大学出版社，2001：151.

② 中国博士诞生记［N］．北京日报，2013-10-22.

士；6名来自中国科学院研究生院，6名来自中国科学技术大学，4名来自复旦大学，另外两名来自华东师范大学和山东大学。这其中，马中骐拿到一号博士学位证书，徐功巧则是新中国的第一位生物学博士及第一位女博士。自此，我国终于诞生了第一批自己独立培养出的博士生。同年10月，从事历史地理研究的周振鹤和葛剑雄也通过了博士论文答辩，成为我国首批文科博士。图2–1是马中骐的博士学位证书，图2–2是首批博士在学位授予仪式后的合影。

表2–1　首批博士学位获得者的基本信息统计

<table>
<tr><th>姓名</th><th>学科专业</th><th>学位授予单位</th><th>姓名</th><th>学科专业</th><th>学位授予单位</th><th>姓名</th><th>学科专业</th><th>学位授予单位</th></tr>
<tr><td>马中骐</td><td>高能物理</td><td rowspan="6">中国科学院</td><td>白志东</td><td>概率统计</td><td rowspan="6">中国科学技术大学</td><td>洪家兴</td><td>基础数学</td><td rowspan="4">复旦大学</td></tr>
<tr><td>谢惠民</td><td>运筹学与控制论</td><td>李尚志</td><td>基础数学</td><td>李绍宽</td><td>基础数学</td></tr>
<tr><td>冯玉琳</td><td>计算机软件</td><td>范洪义</td><td>理论物理</td><td>张荫南</td><td>基础数学</td></tr>
<tr><td>黄朝商</td><td>理论物理</td><td>赵林城</td><td>概率论与数理统计</td><td>童裕孙</td><td>基础数学</td></tr>
<tr><td>徐功巧</td><td>分子生物学</td><td>苏淳</td><td>概率统计</td><td>于秀源</td><td>基础数学</td><td>山东大学</td></tr>
<tr><td>徐文耀</td><td>地磁与高空物理</td><td>单墫</td><td>基础数学</td><td>王建磐</td><td>基础数学</td><td>华东师范大学</td></tr>
</table>

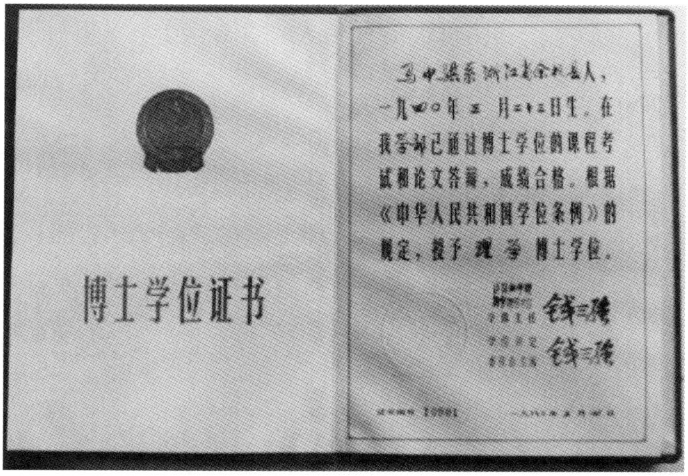

图2–1　我国首位博士学位获得者马中骐的博士学位证书

图 2-2　首批博士在学位授予仪式后的合影

第一批硕士、博士学位授予工作的成功，是我国学位授予工作极具里程碑意义的历史开端。除普通硕士、博士生的学位授予工作外，名誉博士的授予也是当时我国学位授予工作的一项内容。名誉博士是一种高级的荣誉称号，旨在表彰国内外卓越的学者、社会学家等在教育经济科学等各个领域做出的巨大贡献，其学位授予在《学位条例》与《暂行实施办法》中有了具体且明确的规定，即由国务院授权博士学位授予单位授予其学位，且必须通过学位授予单位的学位评定委员会审议通过，上报国务院学位委员会批准后授予。名誉博士最初的授予工作也始于 1983 年，在这之前国务院学位委员会办公室根据学位条例的相关规定及社会客观发展情况，拟定了《关于开展名誉博士学位授予工作的几点意见》，提出了名誉博士学位授予的对象、条件标准、流程与办法等。1983 年 3 月，国务院学位委员会第四次会议上将其修改为《关于授予名誉博士学位暂行实施办法》，并做出了部分补充，在标准条件上进一步强调卓越学者、科学家对我国社会主义现代化建设所做的卓越贡献；在程序与办法上，改动上报审批时间，同时强调我国授予的名誉博士学位，不分学科门类，统称名誉博士。1983 年 5 月，我国首次进行名誉博士的学位授予，授予

图 2–3　我国授予的首位名誉博士阿马杜·马赫塔尔·姆博

阿马杜·马赫塔尔·姆博名誉博士学位。图 2–3 即为我国首位名誉博士阿马杜·马赫塔尔·姆博。

五、研究生入学人数的快速增长

学位制度的复建是我国教育史和科技发展史上浓墨重彩的一笔,《学位条例》及之后一系列政策和规章制度的出台有力地保障了我国研究生教育的快速发展。此外，由于“文化大革命”之后学生的求学热情高涨，我国经济和社会发展也迫切需求一批高质量的人才，自恢复招生以来，研究生入学人数持续攀升，研究生教育得以蓬勃发展。由图 2–4 可见，自 1978 年研究生恢复招生的 10 年间，我国在校研究生总人数已于最初的 1 万增长至 1988 年的 10 万，尤其是在 1983—1985 年，高等教育经历了三年的高速增长，通常被形象地称为“每三天成立一所大学”的时期。十年间庞大的增长数字代表着我国研究生教育事业的蓬勃发展，也显示着我国社会主义现代化建设所取得的重大成效。

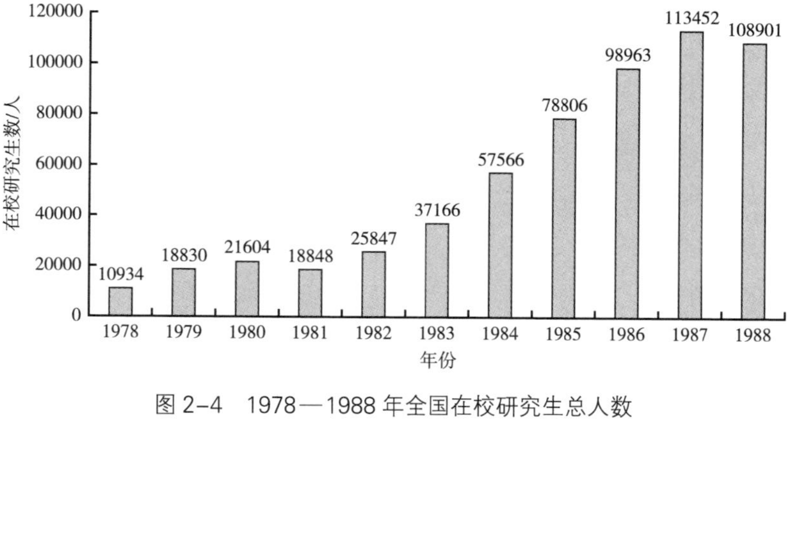

图 2–4　1978—1988 年全国在校研究生总人数

第三节　稳步发展与保证质量

随着学位制度的建立，我国研究生教育的工作稳步推进，制度不断完善。在《学位条例》颁布、学位制度初建的基础上，20 世纪 80 年代我国在学位授权审核与学位管理体制方面，又进一步总结了经验、加以完善。在人才培养方面，广开渠道、拓宽路径，提出了包括在职人员攻读硕士、博士、联合培养等多种形式，以更好地完善自身建设，尽早实现“立足国内培养高层次人才”的发展目标。此外，随着我国研究生院的试办、研究生教育领域学会与期刊的创建，研究生教育逐渐成为我国一个独立的教育层次。

一、总结经验，完善制度

经过对学位制度的初建，我国研究生教育已渐成体系，但随着研究生教育工作的不断开展，时间的不断推移，部分问题逐渐显现，几年来实践的经验也使发展过程中的问题更加明晰。因此，该时期的主要发展任务，是进一步完善我国学位制度，调整结构布局，提高质量，从而更好地培养高级专业人才。

在学位授权审核方面，1984 年、1985 年，国务院分别进行了第二和第三批次学位授予单位和学科的审定工作。1984 年，我国第二批次的学位授予单位审批，主要针对首批学位授权审核中存在着授权条件规定得不够明确具体、对申请授权的专业的审核与该单位的整体条件结合考虑不够等情况，更强调硕士学位授予单位“应是经国务院批准建立的高等学校和科学研究机构”，博士学位授予单位及其学科专业“主要限于具备条件的全国重点高校和经国务院批准的科学研究机构”，强调了非学位授予单位增列为硕士、博士学位授予单位时，应审核该单位的整体条件。1984 年 1 月 13 日，国务院批准了我国第二批博士学位授予单位 45 个，硕士学位授予单位 67 个。

1985年，第三批学位授予单位的审定，特别强调了学位授予单位要按学术水平和条件进行评审。和审定第二批学位授予单位的条件相比其不同点在于：对申请新增博士学位授予单位要求具有一定数量的硕士学位授权点，并对申请新增硕士学位授予单位的师资及办学基础条件予以规定。1986年7月28日，国务院学位委员会第七次会议通过并批准了第三批新增博士学位授予单位41个，硕士学位授予单位130个。

值得注意的是，在第三批授权审核过程中，为了简化手续，1985年12月4日经国务院正式批准，今后国务院学位委员会学科评议组复审通过的博士和硕士学位授予单位不再上报国务院批准，改为由国务院学位委员会批准并公布，其学位授权审核管理的权限下放，开启了扩大学位授权单位学位授予自主权的先河。相应的，体现在行政管理权限下放的学位管理体制改革，也随之开展。

1985年，《中共中央关于教育体制改革的决定》中指出："在教育事业管理权限划分上，政府有关部门对学校主要是对高等学校统得过死，使学校缺乏应有的活力；而政府应该加以管理的事情，又没有很好地管起来……中央认为，要从根本上改变这种状况，必须从教育体制入手，有系统地进行改革。改革管理体制，在加强宏观管理的同时，坚决实行简政放权，扩大学校的办学自主权。"我国当时由国务院学位委员会统一行使学位管理权限，中央政府对高校的学位管理过紧，致使高校缺少活力，故而要加强教育体制改革，适当地下放行政管理权力，转为宏观调控。于是1986年国务院学位委员会颁发《国务院学位委员会授予部分学位授予单位审批硕士学位授权学科、专业的试行办法》，将学位审批权下放至部分学位授予单位。同时下发的《国务院学位委员会关于下放硕士学位授权学科、专业审批权试点工作的通知》提出："国务院学位委员会第六次会议决定，逐步试行在一定的学科范围内下放硕士学位授权学科、专业审批权。"学位管理权限的下移，为之后我国省级学位管理机构的建立提供了便利条件。①

① 梁传杰，韩习祥，张文斌. 中国学位授权机制改革探析［M］. 武汉：湖北人民出版社，2009：58.

在实施学位条例的过程中，原本各省、自治区、直辖市的学位工作一般由其教育部门主管高教的机构负责，但同样存在中央政府管理过紧、缺少自主性的状况，因此，在 1988 年 10 月，国务院学位委员会第八次会议的报告中就拟同意成立省一级学位委员会的省份及其主要职责提出了原则意见。

1991 年 3 月 23 日，国务院学位委员会批准江苏省作为第一批复建的省级学位委员会。同时，希望省人民政府尽快帮助省学位委员会建立健全办事机构和工作制度，按《国务院学位委员会关于试行建立地方学位委员会的几点意见》的要求加强对学位委员会以及本地区学位工作的领导。该意见指出：省、自治区、直辖市建立的学位委员会是主管本地区学位工作的非常设机构，接受省、自治区、直辖市人民政府的领导，业务上同时接受国务院学位委员会的指导。按照国务院学位委员会授权承担的相应工作，结合本地区具体情况，统筹规划本地区学位工作。江苏省学位委员会、四川省学位委员会、上海市学位委员会和陕西省学位委员会分别于 1991 年 11 月 18 日、1992 年 3 月 6 日、1992 年 4 月 25 日、1992 年 5 月 15 日成立。省级学位委员会的建立，健全完善了我国学位管理“国家、省级政府和学位授予单位”共同管理的三级管理体制，是我国三级学位管理体制逐步走向完善的标志。[①②]

二、广开渠道，拓宽人才培养途径

（一）在职人员攻读硕士、博士

根据《学位条例》规定：“凡是拥护中国共产党的领导、拥护社会主义制度，具有一定学术水平的公民，都可以按照本条例规定申请相应的学位。”但在学位条例实施的初始时期，申请和获得学位的唯一途径是通过研究生教育。为满足社会人员在职学习和获得学位的需求，为全面贯彻《学位条例》和适应

① 方超. 政府主导下我国研究生教育体制变迁的制度逻辑——基于历史制度主义的视角［J］. 中国农业教育，2016（1）：29-37.

② 吴镇柔，陆叔云，汪太辅. 中华人民共和国研究生教育和学位制度史［M］. 北京：北京理工大学出版社，2001：123.

社会发展的需要，以能够满足国家经济建设对于各类高层次应用型人才的迫切需求，1983 年 4 月，同济大学最先向国务院学位委员会提出申请，申请成为在职人员申请学位的试点单位。

之后，第一届国务院学位委员会委员兼秘书长黄辛白领导和组织的工作组对现有学位工作规章、办法进行必要的补充和修订，并广泛听取有关部门、12 个省市教育主管部门、30 多所高校和部分科研机构及有关专家意见，拟订出《关于开展在职人员申请学位试点工作的几点意见》，明确提出：为促进我国高级专门人才的成长，促进教学、科研质量的提高，鼓励中青年教师和科技工作者努力学习科学技术，有必要逐步开展在职人员申请学位的工作，但是必须十分重视学位质量问题；对于在职人员申请学位，可以根据其特点采取与研究生不同的考核方式，但不能降低学位标准；对申请学位的在职人员要进行严格的资格审查、认真组织学位课程考试、严格进行学位论文的评阅和答辩，以保证所授学位的质量。1983 年 12 月，经国务院学位委员会第五次会议审议批准后，从 1984 年起开始进行在职人员申请博士、硕士学位试点工作，我国正式建立在职人员申请学位的制度，学位与研究生教育也从全日制拓展到非全日制。①

1985 年 9 月，国务院学位办公室印发《关于在职人员申请硕士、博士学位进行试点工作的通知》及《关于在职人员申请硕士、博士学位的试行办法》，决定在北京大学、北京科技大学、中国科学院数学研究所 3 个单位进行接受在职人员以同等学力申请博士学位的试点；在北京科技大学、华东师范大学、同济大学、华东化工学院、东北工学院、中南工业大学、西北工业大学 7 所院校进行接受在职人员以同等学力申请硕士学位的试点。②1985 年 12 月中旬和 1986 年 4 月上旬，国务院学位办公室分别召开了在职人员申请硕士、博士学位点单位的汇报验收会，其试点成果受到了同行专家的一致好评，为在职人员

---

① 吴本厦．筚路蓝缕　开拓创新——黄辛白同志对我国学位与研究生教育事业历史贡献的回顾［J］．学位与研究生教育，2009（7）：1-5.

② 首次接收在职人员申请博士硕士学位［EB/OL］．（1996-10-20）［2019-04-02］．http://www.cdgdc.edu.cn/xwyyjsjyxx/xw30/pdssn/ssnzdy/268810.shtml.

申请学位工作提供了一个良好的开端，拉开了在职研究生教育的序幕。[1]1986年9月20日，国务院正式印发了《关于在职人员申请硕士、博士学位的试行办法》。从1985年开始，国务院学位委员会开始进行此项工作试点，到1988年底，已批准150个单位进行在职人员申请学位的试点工作，已向17名在职人员授予博士学位，向581名在职人员授予了硕士学位。所授学位的质量通过验收，普遍认为总体上不低于毕业研究生的水平，这些人的独立学习和研究工作的能力是较强的。这项工作的开展在我国开辟了一条具有较高水平的实际工作者获得学位的渠道。[2]

此外，为了进一步发挥招生单位的潜力，加强招生单位和用人单位的联系和合作，以满足经济建设和社会发展对高级专门人才的实际需要，我国开始探索招收委托培养研究生和定向培养研究生。1985年，国家教委、国家计委、财政部发布《关于高等学校招收委托培养硕士生的暂行规定》，规定了招收委托培养硕士生的条件。对于委托培养研究生，招生单位须与用人单位签订有关合同，保证其毕业后能去委托位工作，培养双方应拟定必要的措施，这成了国家招生计划的重要补充。

1986年，为贯彻《中共中央关于教育体制改革的决定》中提出的“切实改进招生计划工作，努力克服招生计划同国家远期和近期需要脱节的状况”和“委托培养制度要继续推行并逐步扩大”的精神，国家教委出台《关于高等学校招收在职人员为硕士生进行单独考试试点的通知》提出：为有利于有实践经验的在职人员报考并被录取为硕士生，在全国重点高等学校中，少数实践性强的和哲学社会科学方面的有硕士学位授予权的学科专业，经国家教委批准，可以进行对大学本科毕业后有五年以上实践经验，且在工作中确有成果的在职人员进行单独入学考试的试点。自此，单考制度开始试行。

（二）研究生联合培养的多元化进程

随着我国对各行各业人才的高涨需求，20世纪80年代中后期，我国最初

① 吴镇柔，陆叔云，汪太辅．中华人民共和国研究生教育和学位制度史［M］．北京：北京理工大学出版社，2001：123.

② 王忠烈．我国学位授予工作进入新阶段［N］．中国教育报，1989-09-19.

单一的纯学术型培养模式已不再很好地适用于越来越多元化的社会发展，社会对复合型、应用型高层次人才需求呼声日益高涨，社会对人才需求的结构和毕业研究生的就业流向均发生了根本性变化。因此，为了更好地培养符合时代要求的人才，使研究生具有创新思维和多元化视角，研究生培养目标逐渐开始突破单一的纯学术型，首先开启了应用型人才培养的尝试。最早提出的是“校所联合培养”的应用型研究生培养模式。

1984 年，为提高研究生在实践过程中的应用能力，部分高校和科研院所尝试联合培养硕士研究生，“校所联合培养”的新模式被首次提出。如复旦大学、浙江大学与中国科学院上海光学精密机械研究所正式联合培养研究生，成立联合指导小组，开展联合招生、联合制订和实施培养计划、共同编写研究生教材、进行论文答辩与学位评定①。其中，学生一年半的课程学习主要由复旦大学、浙江大学负责，在二年级第一学期期末，双方老师根据联合培养研究生的学习情况与校所实验条件，逐个讨论研究生的论文选题。1986 年，国家教委《关于改进和加强研究生工作的通知》明确提出，在每个层次特别注重应用型学科研究生的培养。这标志着硕士研究生培养模式从单一的传统学术型向学术型、应用型并重的模式转变。

随着在职人员攻读研究生学位的比例日益增加，我国还进行了“双导师联合培养”改革尝试。1987 年，国家教委明确指出，在职人员被录取为委托培养研究生后，由招生单位的指导教师和有关单位具有高级技术职务并符合硕士生指导教师条件的专家合作指导，开启了硕士生双导师联合培养的先河。②

除此之外，为增进研究生与实际企业的联系，增强实践应用能力，高校与校外企业的联合培养也被提上日程。1989 年，国家教委下发的《关于加强培养工程类型工学硕士研究生工作的通知》指出：高等学校和科研机构人才紧缺的状况已得到缓解，而厂矿企业、工程建设等单位高级专门人才数量不足，要面向厂矿企业、工程建设等单位，培养工程类型的工学硕士研究生，这是高

① 周桂清. 所校联合培养研究生初探［J］. 学位与研究生教育，1986（4）：14-15+25.

② 王战军. 中国学位与研究生教育 40 年（1978—2017）［M］. 北京：中国科学技术出版社，2018：124.

等学校研究生培养工作中的一项重要任务和变革。这个时期的人才培养规格，是在原有的学科类型下进行扩充，如工学硕士（工程类型）、货币银行学（应用类）等。按照新的培养类型，各工科院校从培养目标、招生对象、培养方法、教学要求、论文标准等方面重新设定，制订了专门的培养方案，虽然并没有在制度上进行突破，但开启了培养高层次应用型人才的步伐，对后来培养专业学位硕士研究生起到了很好的示范作用。该时期，国家还鼓励厂矿企业、工程建设等单位与高等学校密切配合，为其提供科研课题、经费和必要的工作条件支持研究生联合培养，这是“产学研联合培养”的起源。理工类高校按照文件精神，以培养校所学术科研力量及工程应用高级人才为主要任务，积极开展产学研联合培养，构建了我国研究生联合培养初期的规章制度。之后，“产学研联合开发工程”正式启动，虽然主要是在经济领域，但却在提高研究生科教水平方面起到了助推作用。①

（三）研究生招考途径的多元化进程

为鼓励应届本科毕业生报考研究生，1983 年《教育部关于做好 1984 年招收攻读硕士学位研究生工作的通知》中，提出被推荐的优秀应届本科毕业生可以只参加初试，免去复试；而在 1984 年发出的《关于做好 1985 年招收攻读硕士学位研究生工作的通知》中，进一步提出开展全国重点高等学校推荐少数优秀应届毕业生免试入学的试点工作，这是现行推荐免试制度的真正开始。当年试点高校有 169 所，推荐免试人数有 3300 多人，其中 430 名学生被外校和科研机构录取为硕士生。②

博士招生的招考途径在该时期也进行了一定的创新。为加速培养我国高水平高级人才，新增了提前攻读博士的培养方式。1984 年 12 月 4 日，教育部印发了《教育部关于硕士生提前攻读博士学位问题的通知》，“决定在博士研究生培养单位中，有权授予博士学位的学科、专业内对少数优秀硕士生试行提前

① 李金龙，万明，裴旭，张淑林. 我国研究生联合培养政策变革及实践发展历程、特征与趋势［J］. 研究生教育研究，2016（6）：8-12.

② 罗敏. 我国研究生招生推荐免试制度的特征、矛盾及发展趋势［J］. 学位与研究生教育，2011（12）：39-44.

攻读博士学位”。此外，该时期对博士生人才培养的改革，还体现在中期淘汰方面。《关于改进和加强研究生工作的通知》中指出：“在博士生进入论文写作之前，也要进行一次考核，对不能达到基本条件者，停止论文写作；其中已取得硕士学位的，仍按硕士毕业生分配工作；未取得硕士学位的，改写硕士学位论文。”初步体现了博士生培养上分流淘汰的理念。以北京大学为例，1986 年之前，学科综合考试多在学位论文答辩之前进行，考试成绩合格者方可进行博士学位论文答辩。1986 年之后，学科综合考试调整到学位论文撰写之后，更有利于促进博士生的学习和科研工作，保证培养质量。①

（四）研究生教育国际化的新探索

随着我国前期派遣学生出国留学的政策施行，以及我国对教育国际化的逐步重视，国际化高层次高水平人才不断涌现，有力地支撑了经济和社会的转型发展。据统计，1978—1987 年我国共派出留学人员 4.6 万人，其中研究生 1.2 万人，占比为 1/4 以上。②1983—1986 年，国家公派留学项目着重增加出国攻读学位的研究生，并加快了派遣速度，同时试行中外合作培养博士和在国内建立博士后科研流动制度。对自费留学，大胆地放开，如 1984 年 12 月，国务院颁布了新的《关于自费出国留学的暂行规定》，其中规定凡我国公民个人不受学历、年龄和工作年限的限制，均可申请自费出国留学，使“出国热”升温，自费出国读研现象也慢慢开始复苏。③

然而，仅靠大批量地派遣留学生，无法从根本上解决我国的研究生教育发展问题，也无法从根本上提升我国教育质量。早在 1981 年 7 月 25 日，中国科学院原院长、国务院原副总理方毅就曾指出：“为了建设现代化的社会主义国家，需要造就一支掌握高度文化知识和现代科学技术的大军。这支大军的骨干力量是能够独立地解决四化建设中提出的重大科学技术问题的高级专门人

---

① 曹在礼，汪太辅．进一步提高博士生培养质量［J］．立足国内培养跨世纪研究生，1996：267.

② 王战军，乔刚．改革开放 40 年中国研究生教育的成就与展望［J］．学位与研究生教育，2018（12）：7-13.

③ 穆伟山，马翠．改革开放以来我国研究生国际合作培养的回顾与思考［J］．郑州大学学报（哲学社会科学版），2013，46（3）：88-91.

才。为了造就高级专门人才，派人出国学习是必要的。今后即使我们科学技术发展了，也还需要向国外学习。但是，派留学生毕竟数量有限，大量高级专门人才的培养只能立足于国内。从长远讲，自力更生地培养高级专门人才，是发展我国教育、科学事业的根本途径。实行学位制度就是推动培养和选拔专门人才工作的一项重要措施。"他强调，为了为国家培养高素质、高水平的高级专门人才，并能够保证长期稳定性的发展，仅依靠外派留学生去国外交流学习，习得他国优秀知识与技术，仅仅是暂时性的，真正长远可持续的发展战略，应当是立足于国内，自力更生、独立自主的培养与选拔优秀人才。这是我国首次公开提出"立足国内"一词，也是我国高等教育对质量关注的重要指导思路所在。[①]

1985 年 5 月 27 日,《中共中央关于教育体制改革的决定》将"高级专门人才的培养基本上立足于国内"作为我国 20 世纪 90 年代末要实现的高等教育发展的三个战略目标之一，并将其正式写进中共中央的重要文件之中。

1986 年，政策管理机构开始调整派遣留学生的结构组成。1986 年 5 月《中共中央国务院关于改进和加强出国留学人员若干问题的通知》规定：应在保证质量的前提下，着重派出进修人员和访问学者，要适当减少攻读硕士学位的研究生，增加攻读博士学位的研究生。而后，国家教委在制定 1987 年派遣出国留学人员计划时，又进一步规定：国家公派研究生名额一般占国家公派留学总数的 25%，为 600 人左右。这个数字是 1983—1986 年每年公派出国研究生总数的一半。同年的《关于进一步改进和加强出国留学人员若干问题的通知》又做了进一步的调整：自 1987 年起，访问学者和进修人员应占国家公派出国人员的 70%，进一步缩小了公派研究生的比例。[②]1988 年，国家确定了"中外联合培养博士生"的政策，选派博士生与国外合作培养。其具体流程为：在部分培养博士生多、国际学术交流基础好的高等学校进行试点，博士生在国内学完

① 陈家宽．"立足国内培养博士生"提法的历史考察及其启示［J］．学位与研究生教育，1992（2）：7-11.

② 穆伟山，马翠．改革开放以来我国研究生国际合作培养的回顾与思考［J］．郑州大学学报（哲学社会科学版），2013，46（3）：88-91.

基础课程，再在国外利用发达国家先进的仪器设备、科研条件完成部分或全部博士论文，回国答辩申请学位。[①] 这一模式，是对我国立足国内培养研究生的必要补充。随着中外联合培养模式的推行，公费出国读研人数开始大幅地降低，这也是我国在研究生教育国际化方面的全新探索。

另外，随着我国经济水平、国际影响力和研究生教育的快速发展，来华留学的硕士生、博士生人数也呈现显著的增长趋势。《学位条例》第十五条指出，“在我国学习的外国留学生和从事研究工作的外国学者，可以向学位授予单位申请学位，对于具有本条例规定的学术水平者，授予相应的学位”。《暂行实施办法》第二十一条规定，“在我国学习的外国留学生和从事研究或教学工作的外国学者申请硕士学位或博士学位，参照本暂行办法的有关规定办理”。这些条文明确了来华留学生学位授予的规定与原则，明确其培养标准也同样要达到高质量的学术标准，保证其学位授予严格按照《学位条例》及《暂行实施办法》的要求，严格审查，保证质量。

同时，由于来华留学生的语言基础、文化背景等具有一系列特殊性，后期我国又对来华留学生的培养方式进行了进一步的说明与规范补充。1988 年 9 月 23 日，国家教委发出《关于招收和培养外国来华留学研究生的暂行规定》，对相关事项作出规定，要求来华留学生的培养既要坚持标准、保证质量，又要兼顾派遣国和外国留学生的实际情况，适当放宽要求，同时对其课程学习及考试科目的语言选择进行了部分明确。这些规定对来华留学研究生的培养流程做了更为明确的规定，也在很大程度上促进了我国留学生的发展质量，保证其学术水平。1989 年，国家教委发布了《关于招收自费来华留学生的有关规定》，首次明确有奖学金招生资格的高等院校可以自主接受留学生申请，把留学生接受单位的审批权下放给省级教育主管部门，允许符合条件的高校自主招录自费留学生，高校获得较为充分的自主权，办学积极性被激发，从而形成了来华留学生数量迅速增长的势头。数据显示，1999 年来华留学研究生总人数是 1991 年的 8.67 倍，其中来华留学博士研究生在 1991—1999 年

① 张淑林. 与国外联合培养博士生是立足于国内培养的重要补充［J］. 学位与研究生教育，1994（6）：43-44.

增长了 17.95 倍。[①] 截至 1999 年年底，全国已有 390 所高等学校接受了 150 个国家的来华留学人员，累计授予博士学位 150 余人，授予硕士学位 1500 余人。[②]

三、研究生教育相关制度的完善

（一）试办研究生院

早在 1960 年，我国便开始探索建立培养研究生的专门性机构，最开始称之为研究院。1960 年 2 月，教育部在天津召开重点高校座谈会，达成关于在重点高校设置研究院培养研究生并进行科学研究的共识。同年，时任教育部部长的杨秀峰在全国人大二届二次会议上发言，再次强调必须要集中力量办好一批重点高校，在全国重点高校逐步设置研究院，大量培养研究生。1961 年 9 月，中共中央批准试行由邓小平同志主持制定的《教育部直属高等学校暂行工作条例（草案）》（简称高教 60 条）中规定："少数有条件的高等学校，经教育部批准可以试办研究院"（即后来称研究生院）。1963 年 4 月，教育部发布的《高等学校培养研究生工作暂行条例（草案）》中，将研究院单列一章，并规定"高等学校的研究院，应有专门的人员编制和经费预算，并报经中央教育部批准"。[③] 由于"文化大革命"的爆发，这一计划未付诸实践。

1977 年 9 月 10 日，中国科学院向国务院报送了《关于招收研究生的请示报告》，提出委托中国科技大学在京区各所的大力协作下在北京筹办研究生院。9 月底，报告获得批准，国家决定在中国科学院所属的 66 个研究所和 4 所大学恢复研究生制度。1977 年 12 月 19 日，中国科学院批复同意研究生院机构设置和人员编制。1978 年 3 月 1 日，中国科学技术大学研究生院在北京正式成立。3 月 31 日，国务院批复中国科学院，同意严济慈任中国科学技术大学研究生院院

① 王战军，乔刚．改革开放 40 年中国研究生教育的成就与展望［J］．学位与研究生教育，2018（12）：7-13．

② 吴镇柔，陆叔云，汪太辅．中华人民共和国研究生教育和学位制度史［M］．北京：北京理工大学出版社，2001：224．

③ 顾媛．我国高校研究生院建设研究［D］．南京：南京师范大学，2018：38-39．

长，马西林等任副院长。研究生院于1978年10月14日举行开学典礼。①

1978年8月3日，中国社会科学院党组副书记、政治部主任宋一平召集杨友吾、岑明商谈筹办研究生院问题。王平凡传达了胡乔木、邓力群关于创办研究生院的讲话。宋一平宣布，研究生院筹备工作班子由杨友吾、岑明两人组成，杨友吾负责党政工作，岑明负责教务工作。8月10日，研究生院筹备小组会议决定：杨友吾负责党政工作，岑明负责教务工作，王鸣时负责后勤工作。8月19日，中国社会科学院向中共中央宣传部并国务院递交报告，请示建立研究生院问题。报告中写道："社会科学院在'文化大革命'中，由于受林彪、'四人帮'的破坏，研究工作被迫停止十年，科研队伍青黄不接的情况非常严重。为了尽快改变这一情况，今年我们经国家计委、教育部批准，招收四百多名研究生，今后计划每年也相应招收研究生。毕业后，分配到我院和其他科研单位。关于研究生待遇，在职的研究生由原单位负担工资，不在职的研究生实行人民助学金。""鉴于过去培养研究生限于导师个人带的方式，已不能适应今天的形式。为了发扬集体与个人相结合的培养优越性，拟参照中国科学院的办法，建立一所容纳1200名学生的研究生院。研究生院共需教职工100人。"研究生院的任务是：为国家的现代化培养社会科学的理论研究人才。8月21日，叶剑英、邓小平、乌兰夫、汪东兴等党中央、国务院领导同志审阅了中国社会科学院关于成立研究生院的请示，同意成立"中国社会科学院研究生院"。我国第一所人文社会科学研究生院由此诞生。②

中国科学院研究生院和中国社会科学院研究生院的成立为高校试办研究生院积累了经验，探索了路径。1980年12月，在全国教育工作座谈会上教育部提出"要使研究生院真正成为既是教育中心，又是科学研究中心"的思路。1982年11月，第五届全国人民代表大会第五次会议批准的《中华人民共和国国民经济和社会发展第六个五年计划（1981—1985）》中，正式提出了"要

① 中国科学院大学历史沿革[EB/OL].(2017-08-30)[2019-04-02]. http://www.ucas.ac.cn/site/96.

② 中国社会科学院研究生院30年大事记（1978—2008）[EB/OL].(2018-12-31)[2019-04-02]. http://edu.people.com.cn/GB/8216/ 134692/8103197.html.

试办研究生院”。1984年6月19—20日，教育部在北京召开了试办研究生院座谈会。北京大学等22所已由教育部报请国务院审批试办研究生院的高等学校及有关省、直辖市和部委的50多人出席。教育部副部长黄辛白在会上讲道：“建立了研究生院，要求我们站得高些，看得远些，把需要与可能，当前与长远，同时结合起来考虑，开创研究生工作新局面。”①1984年8月8日，教育部发出《关于在北京大学等22所高等院校试办研究生院的通知》，印发了经国务院批准的教育部《关于在部分全国重点高等院校试办研究生院的请示报告》和《关于在部分全国重点高等院校试办研究生院的几点意见》。北京大学等22所高等学校经批准陆续试办研究生院。“试办研究生院”是中国研究生教育在20世纪80年代受到重视并获得较大发展的一个里程碑。这项工作的启动，圆了高等教育战线领导和教师多年的梦想：有利于国家集中人力、物力和财力，重点建设一批培养博士、硕士研究生的基地，保质保量地为国家的现代化建设培养和输送高层次、高素质专门人才；也提高了人们对于研究生教育地位和重要性的认识，调动了各高校发展研究生教育事业、提高研究生培养质量的积极性，促进了研究生教育管理的规范化、科学化、系统化。能否被国家批准试办研究生院，成为衡量和反映某所高等学校的教学水平、师资状况、科研基础、培养能力、管理经验等整体办学水平、办学条件和办学层次的一个重要标志。②

《关于在部分全国重点高等院校试办研究生院的几点意见》明确了试办研究生院的条件：“在全国重点高等院校中，学科、专业比较齐全，科学研究基础较好；有较多能够指导博士生和硕士生的教授、副教授和学科、专业学位授权点；有多年培养研究生工作的经验，管理制度比较健全；有供博士生、硕士生使用的专业实验室，并配有必需的实验设备和测试手段，图书资料比较齐全。”文件明确了研究生院的性质是“在校（院）长领导下具有相对独立职能的研究生教学和行政管理机构，应有单独的人员编制和经费预算”。此外，文件还明确了研究生院的组织机构与职责，指出研究生院需研究制订研究生培养

① 秦惠民. 学位与研究生教育大辞典［M］. 北京：北京理工大学出版社，1994：383.

② 中国研究生院院长联席会. 探索与创新——中国研究生院建设与发展研究［M］. 北京：高等教育出版社，2007：46-50.

与招生的长远规划并组织招生工作；要组织各项章程，加强思政建设；要加强管理机构的建设；要组织遴选导师；办理有关博士和硕士学位的审核和授予事宜；科研经费的使用与管理；开展对外学术交流；交流经验，提高培养质量等。

1986—2003年，第二至第五批研究生院的试办单位也逐次公示。1986年4月，批准了中山大学等10所高校试办研究生院；2000年6月，批准了北京邮电大学等22所高校试办研究生院；2002年5月，批准了哈尔滨工程大学、河海大学2所高校试办研究生院；2003年8月，批准西北农林科技大学1所高校试办研究生院。

1995年10月9日，国家教育委员会制定并下发了《研究生院设置暂行规定》。该规定对设置研究生院的高等学校应当具备的条件进行了详细说明，即高校应当具有较高的办学水平和良好的办学基础，包括较高质量的本科和研究生教育、合理的师资队伍结构、优质的主干学科、较好的科研水平与科研条件、管理制度完善，其整体实力和本科教育水平在全国同类高等学校中居前列，在国内外具有一定的影响。另外，该规定还明确了高校设置研究生院应经过试点流程：首先应由其主管部门按照统一部署，向国家教育委员会提出试办研究生院的申请。经批准试办研究生院试办期一般为3年。试办期满，应由其主管部门向国家教育委员会提交试办研究生院工作总结和正式建院申请。国家教育委员会组织对试办研究生院进行考核评估，试办合格的，批准其正式建院。该规定明确了研究生院应履行以下职责：组织学校研究生教育的改革，参与有关学校发展问题的决策，开展研究生教育研究工作；研究制订学校研究生教育发展的中长期规划和年度招生计划；制订各项规章制度，做好研究生教育管理的日常工作；遴选研究生指导教师，加强研究生管理干部队伍建设，对研究生教育和学位授予质量进行检查和评估；加强学科建设，参与制订学校学科建设规划；统一管理有关研究生教育的各种经费、基金；承担上级部门和学校委托的其他工作。同时，规定也对研究生院的性质、审批、监管等问题做了明确的管理规定。[①]《研究生院设置暂行规定》的颁布标志着我国研究生院的设置与

---

① 中国学位与研究生教育信息网[EB/OL].(1995-10-09)[2019-04-02]. http://www.cdgdc.edu.cn/xwyyjsjyxx/xwbl/zcfg/gzzd/260156.shtml.

建设走上了法制化道路。

同时，国家教委开展了对普通高等院校试办研究生院的评估工作，对获本次评估前 10 名的试办研究生院给予适当的表彰和奖励，并同意本次评估前 10 名和中国人民大学等 11 所高校试办研究生院作为第一批转正，其他经评估合格的试办研究生院作为第二批转正。①

经过二十几年的扎实工作，全国 56 所研究生院从试办到正式成立，众多研究生教育领域的学会、期刊得以创办，有效促进了国家培养一大批优秀的高层次人才，促进了学科建设和科研水平的提高。目前，经教育部批准设置了 56 所研究生院（表 2-2）。研究生院的成立、研究生教育学会、期刊的创办，标志着我国研究生教育形成独立的运营机制、成为独立的教育层次，在我国研究生教育的发展历史过程中具有重要意义。

表 2-2 我国高等学校研究生院五批次批准试办名单

批次与数量	批准时间	设立研究生院的高校名称
第一批 22 所	1984 年 8 月	北京大学、中国人民大学、清华大学、北京理工大学、北京航空航天大学、北京科技大学、中国农业大学、北京医科大学（后并入北京大学）、北京师范大学、天津大学、南开大学、哈尔滨工业大学、吉林大学、复旦大学、上海交通大学、浙江大学、南京大学、武汉大学、华中理工大学（今华中科技大学）、国防科学技术大学、西安交通大学、上海医科大学（后并入复旦大学）
第二批 10 所	1986 年 4 月	中山大学、东南大学、东北大学、大连理工大学、厦门大学、华东师范大学、中国地质大学（北京、武汉）、西北工业大学、同济大学、中国协和医科大学（今北京协和医学院—清华大学医学部）
第三批 22 所	2000 年 6 月	北京邮电大学、北方交通大学（今北京交通大学）、北京林业大学、东北师范大学、华东理工大学、南京航空航天大学、南京理工大学、中国矿业大学（北京、徐州）、南京农业大学、山东大学、中国石油大学（北京、华东）、湖南大学、中南大学、华南理工大学、四川大学、重庆大学、西南交通大学、电子科技大学、西安电子科技大学、兰州大学、中国人民解放军第二军医大学、中国人民解放军第四军医大学
第四批 2 所	2002 年 5 月	哈尔滨工程大学、河海大学
第五批 1 所	2003 年 8 月	西北农林科技大学

① 教育部批准设置的研究生院名单［EB/OL］.（2017-12-14）［2019-04-02］. https://max.book118.com/html/2017/1214/ 144140208.shtm.

（二）建立省级研究生教育协会，创办研究生教育学术刊物

随着各地研究生教育的蓬勃发展，从1985年开始，我国部分省份相继成立了地区性、群众性和学术性的研究生教育学会或协会，如1985年2月成立的陕西省高校研究生教育协会、1985年12月成立的吉林省高校研究生教育学会、1986年1月成立的北京市高校研究生教育学会等，推动了研究生教育交流与研究活动的开展。表2–3为各研究生教育学会（协会、研究会）一览。

表2–3　各研究生教育学会（协会、研究会）一览①

序号	名称	成立时间	理事长（或主席、会长）
1	陕西省高校研究生教育协会	1985年2月	蒋德明（西安交通大学）
2	吉林省高校研究生教育研究会	1985年12月	伍卓群（吉林大学）
3	北京市高校研究生教育学会	1986年1月	柯有安（北京理工大学）
4	上海市研究生教育学会	1986年4月	谢希德（复旦大学）
5	江苏省高校研究生教育研究会	1986年5月	吴震春（中国矿业大学）
6	浙江省研究生教育学会	1986年6月	韩祯祥（浙江大学）
7	广东省高校研究生教育协会	1986年10月	李宝健（中山大学）
8	福建省高校研究生教育管理研究会	1986年12月	叶品樵（福建省教委）
9	天津市研究生教育学会	1987年3月	母国光（南开大学）
10	中国有色金属工业总公司研究生教育学会	1987年6月	孙宗颀（有色金属工业总公司教育局）
11	黑龙江省高校研究生教育研究会	1987年7月	刘家琦（哈尔滨工业大学）
12	山东省高校研究生教育学会教育研究会	1987年12月	吴关生（山东大学）
13	河北省研究生教育研究会	1988年4月	汪培栋（河北大学）
14	云南省研究生教育学会	1988年6月	工文亮（云南大学）
15	中国核工业研究生教育研究会	1988年8月	李德元（中国工程物理研究院）
16	江西省高校研究生教育研究会	1988年10月	李佛铨（江西师范大学）

① 全国研究生教育学会（协会、研究会）一览表［J］. 学位与研究生教育，1989（6）：73–74.

续表

序号	名称	成立时间	理事长（或主席、会长）
17	机电部高校研究生教育管理研究会	1988 年 9 月	蒋仲方（吉林工业大学）
18	内蒙古高校研究生教育协会	1988 年 11 月	曹之江（内蒙古大学）
19	湖北省研究生教育学会	1988 年 12 月	陶德麟（武汉大学）

此外，研究生教育领域专门的学术期刊的诞生和发展也支撑了我国研究生教育的改革与发展。1984 年 9 月，由国务院学位委员会主办的集工作指导、经验交流和理论研究于一体的综合性学术刊物《学位与研究生教育》（图 2-5）创刊，杂志社设在北京理工大学。杂志的首任主编为柯有安教授（1984—1989）；第二任主编为朱鹤孙教授（1990—1994）；第三任主编为王越教授（1994—2000）；现任主编为匡镜明教授。该杂志的宗旨是：坚持理论联系实际的原则，从我国社会主义建设的实际需要出发，围绕研究生教育和学位工作中迫切需要解决的问题，总结国内外的实践经验，探索有效做法，为建设和发展有中国特色的研究生教育和学位制度服务。①

图 2-5　1984 年《学位与研究生教育》创刊

① 《学位与研究生教育》概况［EB/OL］.（2010-12-20）［2019-04-02］. http://www.adge.edu.cn/ch/first_menu.aspx?parent_id= 20101220153146001.

1986年，中国科学技术大学创办学术期刊《教育与现代化》。后为积极应对我国教育类期刊布局的变化，顺应高等教育发展的新趋势，经原国家新闻出版总署批准，该刊更名为《研究生教育研究》，并由中国学位与研究生教育学会等机构联合主办。[①]

四、深化改革，提升质量

（一）发现问题，明晰指导思想

随着我国研究生招生规模的扩张，研究生教育中存在的问题逐步凸显，主要是不能很好地适应国家经济建设和社会发展的需要。[②]1986年12月10日，国家教委在调查研究和广泛征求意见的基础上，发布了《关于改进和加强研究生工作的通知》，提出研究生教育要贯彻“面向现代化，面向世界，面向未来”这一总的指导思想。研究生发展规划要从我国四化建设的实际出发，密切结合教育、科学和技术、经济建设和社会发展的需要；要逐步做到立足于国内，以国内培养为主；要根据国家对不同岗位高层次人才的不同需要，培养不同规格的研究生；按照德、智、体全面发展和理论联系实际的要求，加强研究生的思想政治教育和业务能力的培养，达到品学兼优，更好地为四化建设服务；要加强领导，积累经验，形成有中国特色的研究生教育制度。

（二）改变单一学术型培养模式，积极参与应用型高层次人才培养

随着我国经济和社会的发展与变革，原来那种学术型培养模式并不能满足用人单位的人才需求。为此，我国积极探索应用型高层次人才培养模式。1984年12月，原教育部研究生司发出《转发清华大学、西安交通大学等十一所高等工科院校“关于培养工程类型硕士生的建议”的通知》，决定在部分高等工科院校开展培养工程硕士生的试点工作。1989年6月，国家教育委员会发出《关于培养工程类型工学硕士研究生工作的通知》，对此项工作作进一步

① 《研究生教育研究》简介［EB/OL］.（2014-10-09）［2019-04-02］. http://journal.ustc.edu.cn/ch/first_menu.aspx?parent_id= 20141009015654001.

② 吴本厦. 中国学位与研究生教育的创立及实践［M］. 北京：高等教育出版社，2009：103.

说明。1987 年，为了适应社会主义医疗卫生事业的需要，国务院学位委员会、国家教委、卫生部经过两年的调查研究和广泛听取专家意见，决定对临床医学研究生教育进行改革，除原有以培养科研能力为主的博士学位研究生外，还要培养以临床实际工作能力为主的研究生，达到博士水平的，授予博士（临床医学）学位。1988 年年初，国家教委在中央有关部门的积极配合下，进行了财经、政法应用类硕士生培养工作的试点。① 这些试点工作一方面优化了我国研究生教育的结构和培养模式，使其更好地服务于经济和社会发展；另一方面也为 20 世纪 90 年代专业学位的建立积累了经验。

（三）强化制度建设，保证教育质量

在这一时期内，研究生培养单位通过实施导师遴选制度、师生互选制、中期分流制、研究生奖学金制度和“三助”制度等竞争性、激励性和保障性制度，有效地提高了培养质量。② 此外，1986 年，《关于改革博士学科点专项科研费管理办法的通知》《高等学校博士学科点专项科研基金管理暂行办法》等文件相继出台，强调了博士生培养与学科点建设结合、与科研课题相结合，体现科教融合的要求，博士生培养进入重视科研训练、重视质量保证的关键时期。以中国科学院为例，为了保证博士生的培养质量，“博士生的论文必须体现基础性、系统性、创造性。学位论文的选题，必须是导师所从事的研究领域中基础性课题，进行全面深入的研究，给出有一定创造性的研究成果”。

在学位授权审核方面，1989 年第四次学位授予单位的审定工作开始进行。1989 年 3 月 3 日，国务院学位委员会发出了《关于做好第四批新增博士、硕士学位授予单位申报工作的通知》及《关于申报新增博士和硕士学位授予单位的几点意见》，指出经过前三批学位授予单位的审核，博士学位授予单位已占本科院校的 30.3%，硕士学位授予单位已占本科院校的 63.3%。为了进一步贯彻学位授予体系以高等学校为主的原则，1988 年国务院学位委员会第八次会议决定，博士、硕士学位授予单位应基本稳定一个时期。第四批必须严格控制新增加的学位授予单位，除个别高等学校确需要新增外，一般不再新增。并在

① 吴本厦. 中国学位与研究生教育的创立及实践 [M]. 北京：高等教育出版社，2009：106-109.

② 吴本厦. 中国学位与研究生教育的创立及实践 [M]. 北京：高等教育出版社，2009：109-110.

《关于申请新增博士和硕士学位授予单位的几点意见》中明确规定了新增学位授权单位的原则和范围，以及组织申报的办法。1989 年 4 月 15 日，国务院学位委员会办公室发出了《关于认真贯彻国务院学位委员会第八次会议精神，严格控制申报数量，做好第四批学位授权申报工作的通知》，强调指出“第四批学位审核工作要有利于高校办学层次的调整，优化结构，严格控制新增学位授予单位，从严掌握新增博士点。”1990 年 10 月 5—9 日，国务院学位委员会第九次会议在京召开，会议审核通过了第四批新增博士学位授予单位 10 个，新增硕士学位授予单位 41 个。①

① 吴镇柔，陆叔云，汪太辅. 中华人民共和国研究生教育和学位制度史［M］. 北京：北京理工大学出版社，2001：151-153.

第三章 适应社会主义市场经济，服务社会发展需求

1992年，中共十四大正式提出建立社会主义市场经济体制的目标，对研究生教育提出了更新、更高的要求。然而，该时期的研究生教育在学位类型、学位授权审核、学科结构、教育行政管理、教育资源配置等方面存在着一系列的矛盾。为了促进我国研究生教育能够有效适应社会主义市场经济体制，20世纪90年代我国采取了多项改革措施，包括设立专业学位、调整学科专业目录、建立第三方评估机构、集中资源重点建设等，以更好地服务社会经济发展的需求。

第一节　经济体制改革与教育问题涌现

一、社会主义市场经济体制的提出

自1978年实行改革开放以来，我国从未停止探索社会主义现代化建设的步伐。然而，随着改革开放与经济的快速发展，我国原来的计划经济体制已渐

渐难以适应社会发展需要。为此，我国开始在经济体制改革的道路上进行了深入探索。1984 年，中共十二届三中全会上通过的《中共中央关于改革经济体制的决定》，提出社会主义经济是公有制基础上的商品经济，在社会主义发展商品经济也是可行的，从而以“放权让利”为起点，开始了城市经济体制的改革。1987 年 10 月 25 日，中国共产党第十三次全国代表大会举行，代理中央委员会总书记赵紫阳在《沿着有中国特色的社会主义道路前进》中提出“社会主义有计划商品经济的体制，应该是计划与市场内在统一的体制。计划和市场的作用范围都是覆盖全社会的。新的经济运行机制，总体上来说应当是‘国家调节市场，市场引导企业的机制’”。

1989 年前后东欧剧变和 1991 年的苏联解体，国际经济与政治形势进一步恶化，我国的社会主义现代化之路也处于十字路口，原有的经济体制急需改革。正是在这个关键时刻，邓小平同志开启了南方考察之路，发表了一系列重要讲话。邓小平在南方谈话中指出，“改革开放胆子要大一些，看准了的，就大胆地试、大胆地闯。对的就坚持，不对的就赶快改，新问题出来加紧解决”；“判断改革开放姓‘社’姓‘资’，标准应该主要看是否有利于发展社会主义生产力，是否有利于增强社会主义国家的综合国力，是否有利于提高人民的生活水平”；“计划和市场都是经济手段，不是社会主义与资本主义的本质区别”；“社会主义的本质是解放生产力，发展生产力，消灭剥削、消除两极分化，最终达到共同富裕”。这些论断进一步解放了思想，消除了社会对市场经济的犹豫，为下一步的改革奠定基础。

1992 年 10 月，中共十四大召开，明确指出经济体制改革的目标是建立社会主义市场经济体制，把市场调节和宏观调控结合起来，由计划经济向社会主义市场经济转变，通过市场来配置资源，发展个体经济、私营企业。社会主义市场经济体制的建立，标志着我国改革开放和有中国特色的社会主义建设事业又进入了一个新的历史发展阶段。它既是我国改革开放实践的必然结果，也是十一届三中全会以来理论探索的重要成果，是我国政治、经济、军事、教育等各领域各项事业发展的重大转折点与重要阶段。

二、研究生教育面临新挑战

1992年10月29日，江泽民主持召开中共中央政治局常委会议，对《中国教育改革和发展纲要》进行了认真讨论；1993年2月13日中共中央、国务院正式印发《中国教育改革和发展纲要》。该纲要以邓小平理论为指导，总结了新中国成立40多年来，特别是中共十一届三中全会后教育改革和发展的经验，分析了我国在社会主义初级阶段的国情以及教育工作面临的形式，提出了到20世纪末中国教育改革和发展的方针任务、目标战略、总体思路和重大政策措施，也制定了各级各类教育的发展方针和发展任务。《中国教育改革和发展纲要》中明确指出，高等教育担负着培养高级专门人才、发展科学技术文化和促进现代化建设的重大任务。20世纪90年代，高等教育要适应加快改革开放和现代化建设的需要，积极探索发展的新路子，使规模有较大发展，结构更加合理，质量和效益明显提高。高等教育的发展，要坚持走内涵发展为主的道路，努力提高办学效益。要区别不同的地区、科类和学校，确定发展目标和重点。制订高等学校分类标准和相应的政策措施，使各种类型的学校合理分工，在各自的层次上办出特色。为了迎接世界新技术革命的挑战，要集中中央和地方等各方面的力量办好100所左右重点大学和一批重点学科、专业，力争在21世纪初，有一批高等学校和学科、专业，在教育质量、科学研究和管理方面，达到世界较高水平。

在这样的要求指导下，面临着解放发展生产力、经济增速下的发展机遇，我国研究生教育的发展也同样面临着前所未有的全新挑战。一方面，我国把社会主义市场经济确定为经济体制改革的目标模式，标志着中国特色的社会主义建设，已找到符合经济发展规律的经济体制。然而，当时的高等教育体制仍是计划经济体制基础之上的产物，如何适应经济体制转变的需要，使研究生教育发展与社会发展同步运行，顺利接轨，是需要解决的重要问题。另一方面，随着改革的深入和市场经济的建立，我国经济实力和综合国力不断提升，国家对高水平知识人才、科技人才的要求不断提高，而随着科技兴农、科技兴工、科技兴商观念的树立，人们对生产中的新技术新工艺、新方法以及高新技术的人才需求也更加迫切。同时，伴随着经济水平的不断提升，人民物质生活水平的日益提高，研究生入学热情越发高涨，据统计，我国20世纪80年代末至90年代末的十年间，在校研究生规模已由约9.8万人增长至约19.8万人（图3-1），研究生入学人数的迅速增长，也为研究生教育的发展带来了一些新问题、新矛盾。①

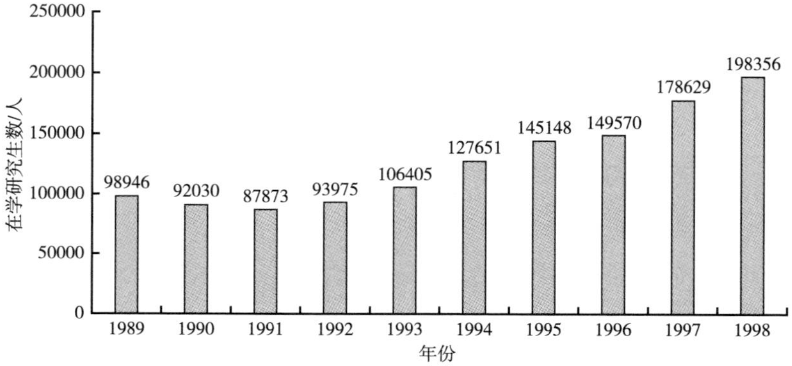

图3-1　1989—1998年全国在学研究生总人数

（一）学位类型单一

自恢复研究生招生、学位制度建立以来，我国研究生教育取得了较为明显的进步。但是，在当时的历史条件下，研究生教育的主要目的是为高等学校或科研机构培养高水平的教职人员与科研人才。在具体的培养过程中，偏重对学生科研能力与理论知识的考察，并没有偏重于社会实践方面。虽然当时的学位条例当中并未明确其分类名称，但从国外的培养经验上来看，当时的这类研究生学位，一般称为“学术型学位”，直至今日，学术型学位仍是我国重要的学位类型。②

然而，自从进入20世纪80年代中后期，包括财经、医药领域、工矿企

① 王廷础. 以经济建设为中心大力发展教育事业［J］. 山东医科大学学报（社会科学版），1993（1）：4-6.

② 黄宝印. 我国专业学位研究生教育发展的新时代［J］. 学位与研究生教育，2010（10）：1-7.

业在内的一系列实际部门则对高层次人才需求呼声日益高涨，社会需求的结构和毕业研究生的就业流向均发生了根本性变化，我国研究生教育的学术型类型已逐渐不能与社会发展的实际需求相适应。因此，20 世纪 80 年代中期开始，国家教委原研究生司和国务院学位委员会办公室就提出了如何解决“生源单一”“类型单一”“流向单一”的问题，另外该时期还提出了“加快转变经济发展方式，改造提升传统产业，发展战略性新兴产业，推动产业结构升级”的要求，[①] 使我国对各行各业的高层次高水平人才需求不断扩大，社会对高层次知识人才的需求不再仅停留于科研、教职人员，而更加关注各行各业的应用型人才。基于此，仅以培养科研人才的学术型学位结构，在一定程度上已难以满足和适应当前的社会需求与现实状况。

（二）行政化倾向过高

学位授权点和博士生指导教师审核制度经历了 20 世纪 80 年代三批次的初创期工作，对我国学位制度的建设与发展起到重要作用，然而其部分方面仍存在问题：过多强调“按条件审核”，强调导师职称，“按资排辈”情况严重，而在按需授权上注意不够，以致我国现有博士生导师中，中青年专家所占比例仍偏低，学科结构也不合理；实行两级审核，即主管部门组织初审，国务院学位委员会学科评议组进行复审，由国务院或国务院学位委员会批准，各部门在审核标准的掌握上不平衡。[②] 这是在新的历史阶段要努力解决的问题。

上述的矛盾与问题也相应体现在了学科结构上。1983 年版的《高等学校和科研机构授予博士和硕士学位学科专业目录》，一直沿用至 90 年代初期。这段时间的实践表明，它是基本可行的，对我国研究生的招生、培养和学位工作起了积极的作用，但同时，学科专业目录也存在着一定问题，有些专业口径宽窄不适当，划分过于细致或者过于宽泛；有的专业按行业划分，使一些内涵基本相同的专业分别设在不同的一级学科之下；一些新兴、边缘学科方面的专业

① 黄宝印，唐继卫，郝彤亮. 我国专业学位研究生教育的发展历程［J］. 中国高等教育，2017（2）：18-24.

② 李均，卜庆芊. 自行审批增列博士生导师工作中的宏观调控与自我约束［J］. 学位与研究生教育，1993（6）：35-37.

未及时补列。[①] 这说明学科结构对市场需求适应得不够，学科结构较不合理。

（三）资源配置不合理

在高校教育资源配置方面，20 世纪 80 年代至 90 年代初的资源配置均属于行政模式，即教育资源的投入完全依赖政府，由政府通过行政手段进行控制。这种模式的主要特点是“集权、封闭、单一”。在这种模式下，高等教育的运行由国家直接控制，国家负责无偿提供教育资源并全部占有人才，资源的配置与高校系统的运行结果没有直接联系，因而无法形成竞争，无法实现教育资源的优化配置。[②] 随着研究生教育规模实现高速发展，我国有限的教育经费等资源与越来越庞大的研究生规模形成巨大矛盾。据统计，1990 年我国在读研究生的规模已达 9 万人，这使本来就很紧张的高等教育投入不足的矛盾更加尖锐。全国已有相当多的高校办学条件处于饱和状态，超负荷运转。1993 年全国普通高校生均校舍已由 1992 年的 42.24 平方米下降到 38.1 平方米，其中生均校舍面积低于国家标准 6 平方米的高校已达 534 所，占全国总数的 51.5%，教学科研仪器设备也严重不足，1992 年低于国家规定生均值的学校有 709 所，占全国高校总数 70%，这种状况严重影响到高校教学质量的提高。[③] 由此可见，高校资源配置的行政模式已越来越不能适应高等教育事业的发展，基于市场机制的合理资源配置模式探索成为必然要求。

综上所述，20 世纪 90 年代初，我国教育事业无论是在经费筹措、目标确立、专业课程设置等宏观方面，还是在管理运行机制等微观方面，都存在着许多与经济建设和社会发展不相适应的情况，而且随着社会主义市场经济体制的逐步建立和改革开放的进步深入，这种矛盾更加突出。江泽民同志在中共十四大报告中指出：“当前国际竞争的实质是以经济和科技实力为基础的综合国力较量。”经济和科技的国际竞争说到底是人才和教育的竞争。学校是人才培养的摇篮，科技的后盾。由此可见，我国研究生教育能否主动满足社会需求，为

---

① 吴镇柔，陆叔云，汪太辅. 中华人民共和国研究生教育和学位制度史［M］. 北京：北京理工大学出版社，2001：108-109.

②③ 江小惠. 试论我国高等教育资源配置在市场经济中的变革及抉择［J］. 江苏理工大学学报，1996（1）：71-77.

社会主义市场经济服务，不仅是直接影响研究生教育发展的关键因素，而且是衡量我国研究生教育能否跟上世界潮流的标志。在这样严峻的形势下，我国研究生教育“立足市场、服务需求”的改革被提上日程。

第二节　立足需求的结构调整

为了更好地适应我国社会主义市场经济体制，解决新形势下的一系列矛盾与问题，我国在学位类型、学位授权审核结构、学科专业目录等方面展开了一系列结构性的调整。

一、专业学位的创立

在学位类型方面，仅以培养科研人才为目标的学术型学位结构已难以满足当时的社会需求与现实状况，为更好地培养各行各业高水平应用型人才，我国专业学位设置应运而生。最早期的应用型人才培养主要是在原有学科下进行的扩充，从而形成专门的培养方案。随着实践的发展，专业学位逐步从原有学科中脱离出来，成为独立体系，基于专业学位的官方文件也趋于规范。1990年，国务院学位委员会第九次会议审议通过了《关于设置和试办工商管理硕士学位的几点意见》，决定开展专业学位研究生教育试点工作，并于1991年开始正式招生。工商管理硕士是我国第一个专业学位，其正式启动标志着我国专业学位研究生教育的正式诞生，[①]高等教育设置专业学位的巨大浪潮也随之开启。

1992年，国务院学位委员会第十一次会议，根据研究小组同意在我国正式设立建筑学专业学位。同时，国务院学位委员会还通过了《关于按专业授予专业学位证书的建议》，这是我国学位制度的重大突破，改变了学位条例

① 黄宝印，唐继卫，郝彤亮. 我国专业学位研究生教育的发展历程［J］. 中国高等教育，2017（2）：18-24.

中只按学科门类授予学位的方式。自此，我国学位授予被正式划分为两种类型，即按照学科门类授予学位的学术学位，和按照专业类别授予学位的专业学位。

1995 年，法律硕士及教育硕士专业学位经国务院学位委员会批准设置和试办，同时为规范专业学位的设置审批流程，国务院学位委员会还通过了《专业学位设置审批暂行办法》，并于 1997 年 7 月正式公布。《暂行办法》对专业学位的设置目的、特点、层次、审批、培养、管理等作了制度化规定。规定“专业学位分为学士、硕士和博士三级，但一般只设硕士一级；各级专业学位对应我国现行各级学位，处于同一层次；专业学位的名称表示为‘××（职业领域）’硕士（学士、博士）专业学位。各种专业学位的设置，应本着积极稳妥的方针进行，经过试点，积累经验，保证质量，逐步推广，健康发展。”该办法对我国专业学位研究生教育的规范化发展，起到了积极的促进作用。

1997 年，国务院学位委员会、国家经济贸易委员会联合下发《关于“九五”期间开展企业管理人员在职攻读工商管理硕士学位工作的通知》，开展了在职攻读硕士专业学位。目标是“配合中央搞活、搞好国有大中型企业改革工作，着重培养一支政治强、业务好，善于在市场经济条件下办好社会主义企业的经营管理者队伍；以服务于企业为目的，在企业、院校互惠互利的基础上开展工作”。在职人员攻读工商管理硕士专业学位的工作通知，开启了我国在职攻读硕士专业学位的新路径。自此之后，我国其他专业学位也相继采取这种方式，进一步扩展了专业学位的招生渠道，[①] 促进了我国专业学位研究生教育的发展。

1998 年，国务院学位委员会第十五次会议又审议通过了工程硕士专业学位，临床医学硕士、博士学位。1999 年，兽医、农业、公共管理与口腔医学也相继设置专业学位。同年，首届全国专业学位教育工作会议召开，发布了《关于加强专业学位教育的若干意见》，开启了我国专业学位发展的深入进程。表 3–1 罗列了 2000 年以前的专业学位的信息。

---

① 黄宝印，唐继卫，郝彤亮．我国专业学位研究生教育的发展历程［J］．中国高等教育，2017（2）：18–24.

表 3-1 2000 年以前的专业学位建立一览

专业类别	培养层次	设置时间
工商管理	硕士	1990 年
建筑学	学士、硕士	1992 年
法律	硕士	1995 年
教育	硕士、博士	1996 年、2008 年
工程	硕士、博士	1997 年、2011 年
临床医学	硕士、博士	1998 年
兽医	硕士、博士	1999 年
农业	硕士	1999 年
公共管理	硕士	1999 年
口腔医学	硕士、博士	1999 年

总体而言，20 世纪 90 年代的专业学位建设，仍处于探索、研究与实践的阶段，通过稳步发展与积极推进，完善其规章制度，对我国专业学位在进入 21 世纪的进一步发展奠定了良好基础。

二、学位授权审核结构的调整

1990—1998 年，我国进行了第四批次的学位授权审核工作，针对前三批次审核过程中存在的结构不合理、实际需求不能较好满足的情况，对审定工作进行深化改革。依据前三批学位授权审核后“我国现有博士生导师中，中青年专家所占比例仍偏低，年龄结构需要调整”的实际，1990 年，国务院学位委员会学科评议组第四次会议对学位授权点和博士生导师进行了审核，每个博士点一般增列一名导师，以增列中青年导师为主。[①]1991 年 12 月，国务院学位委员会第十次会议通过的《关于巩固加强现有博士点、增列博士生导师和改

① 朱开轩．在国务院学位委员会学科评议组第四次会议开幕式上的报告［J］．学位与研究生教育，1990（4）：1-9.

进学位授权审核工作的意见》中指出，“1992年至1993年要审核增列一批博士生导师，以55岁以下的中青年为重点。”另外，针对前三批学位授权审核中学科结构不合理、较难适应社会需求的状况，1993年，在《国务院学位委员会关于做好博士、硕士学位授权点审核工作的通知》中，提出了贯彻“积极合理调整授权点的学科结构，贯彻按层次办学”的方针；根据国务院学位委员会第十一次会议精神，将审核增列少量博士、硕士学位授权点和增列一批博士生指导教师，原则上不再增列新的博士、硕士学位授予单位，仅拟将个别确需发展与布局急的高校增列为新的博士或硕士学位授予单位。

1995年，国务院学位委员会第十三次会议通过了《关于1995年博士和硕士学位授权审核工作的几点意见》，指出1995年博士和硕士学位授权工作，要贯彻“深化改革、调整结构、提高质量”的原则。1997年，国务院学位委员会第十五次会议通过了《关于一九九七年博士和硕士学位授权单位审核工作的意见》，指出“第七次博士和硕士学位授权审核工作，要贯彻立足国内、适度发展优化结构、相对集中、推进改革、提高质量”的基本方针，明确新增博士、硕士学位授予单位及其学科、专业必须确属我国经济建设、科技教育、社会发展和国防建设所急需，是对我国学位授予单位审定的进一步要求。

三、学科专业目录的调整

在学科设置上，针对1983年版的《高等学校和科研机构授予博士和硕士学位学科专业目录》部分专业口径宽窄不适当、附属结构不合理、一些新兴及边缘学科方面的专业未及时补列等问题，着手进行新一版的修订。1990年，国务院学位委员会第九次会议正式批准新版《授予博士、硕士学位和培养研究生的学科、专业目录》。新版学科专业目录共设置专业591种，比试行草案减少47种，共设一级学科72个，专业620种，专业范围大体相当于二级学科；较1983年版拓宽了部分专业的专业面，充实了专业内涵，删掉或归并了一些划分过细、偏窄的专业，增加了一批新专业；适当调整了过去一些按行业或部门划分的旧专业；对于有些属于国家急需发展，但培养条件暂时不十分成熟，或虽未招过研究生，但从长远考虑应以扶持的学科、专业，专业目录作为试办专业列入，共34种。[①]1995年4月，为进一步规范学科设置，减少学科划分过细、学科面偏窄等问题，国务院第十三次会议提出，“要选择适当时机，对现行专业目录进行调整，主要出发点是拓宽学科面，为学位授权审核方式的改革打基础”。经过认真论证与修订，1997年6月，国务院学位委员会召开第十五次会议审议通过了《授予博士、硕士学位和培养研究生的学科、专业目录》。新版目录与旧版相比，增加了管理学学科门类，授予学位的学科门类增加到12个；一级学科由原来的72个增加到88个，二级学科（学科、专业）由原来的654种（包括试办专业）调整为381种。[②]各版本博士、硕士学科专业目录的学科门类、部分一级学科设置对比表见附录五。

第三节　逐步下移的管理重心

为逐步适应市场需求，促进各部门、机构行政能力和管理服务水平更加适应社会主义市场经济发展和社会管理与公共服务的需要，从体制机制上最大限度地给高校松绑，充分激发市场和社会的活力与创新积极性，20世纪90年代的教育改革亦围绕在教育各行政部门的简政放权、转变职能上展开。

一、学位授权审核主体的权力下放

首先，在学位授权审核方面实现了审核主体的权力下放。20世纪80年代早期我国学位授权实行两级审核，即主管部门组织初审，国务院学位委员会学

① 国务院学位委员会、国家教委关于施行《授予博士、硕士学位和培养研究生的学科、专业目录》的通知［EB/OL］.（1990-11-28）［2019-04-02］. http://www.lawxp.com/statute/s572168.html.

② 国务院学位委员会、国家教育委员会《授予博士、硕士学位和培养研究生的学科、专业目录（97版）》［EB/OL］.（1997-06-10）［2019-04-02］. http://www.cdgdc.edu.cn/xwyyjsjyxx/sy/glmd/267001.shtml.

科评议组进行复审，再由国务院或国务院学位委员会批准。① 审批过程中，各部门在审核标准的掌握上不平衡，易出现低效现象。1993 年 12 月 10—11 日国务院学位委员会第十二次会议在北京举行，会议决定新增博士、硕士授权单位和博士点，由国务院学位委员会统一组织审核和批准；硕士点的审核，由国家授权地方、部门学位委员会或学位授权单位根据国务院学位委员会统一规定的办法组织审核和批准。② 同年，国务院学位委员会发出通知，批准北京大学等 17 个博士学位授予单位在一定学科范围内开展自行审批增列博士生指导教师工作。1993 年 9 月 10 日又批准了北京理工大学等 17 个博士学位授予单位在一定学科范围内开展自行审批增列博士生指导教师工作。两批 34 个博士学位授予单位自行审批增列 670 名博士生指导教师的实践证明，自行审批增列博士生指导教师，扩大了学位授予单位的办学自主权，促进了学科发展和梯队建设。基于此，博士生指导教师的审核形成了由国家统一组织审核改为由学位授予单位自行审核的新形式，在审核招收培养博士生计划的同时，遴选确定指导教师。

此外，为了进一步扩大学位授予单位的办学自主权，使研究生教育更好地适应社会主义现代化建设的需要，根据国务院学位委员会第十三次会议的有关精神，1995 年在数学、化学、力学、电工、计算机科学与技术 5 个一级学科选优评估的基础上开展了按一级学科行使博士学位授予权的审核试点工作。按一级学科行使博士学位授予权，是指通过一级学科选优评估，在博士学位授予单位中，确定部分学术水平高、整体力量强、培养研究生质量好的一级学科，在本学科范围内可以招收培养研究生并授予博士、硕士学位，其博士、硕士学位授权范围由原来的若干二级学科点扩大到整个一级学科，形成相关学科领域。1996 年，国家教育委员会分两批批准了 33 所高等学校正式建立研究生院（第一批 11 所、第二批 22 所）。硕士学位点的调整等权力下放至研究生院。③

---

① 罗建国. 我国学位授权政策特性分析［J］. 理工高教研究，2009，28（6）：84-87+96.

② 谷学攀. 学位工作必须适应经济社会发展需要——国务院学位委员会第十二次会议在京召开［J］. 学位与研究生教育，1994（1）：1+53.

③ 吴镇柔，陆叔云，汪太辅. 中华人民共和国研究生教育和学位制度史［M］. 北京：北京理工大学出版社，2001：159.

二、第三方评估机构的建立

在评估机构方面，实现评估机构主体的权力下放，促使社会型的高等教育评估机构出现，非官方或半官方社会群体的力量与价值逐渐体现。社会型的高等教育评估机构特点鲜明，可以广泛发动社会各领域群众与学者的力量，根据不同的市场需求满足基于不同市场主体的需要，从而能够更加有效地服务于国家、服务于高校、服务于人民。1993 年，中共中央、国务院印发《中国教育改革和发展纲要》。文件第 32 条指出，“对高等教育，要采取领导、专家和社会用人部门相结合的办法，通过多种形式进行质量评估和检查。各类学校都要重视了解用人单位对毕业生质量的评估。”文件明确指出，高等教育要采取领导、专家、社会用人单位相结合的方式对高校的教学质量开展评估与检查。此外，文件还明确提出了“第三方评估”的职能与要求，“政府要转变职能，由对学校的直接行政管理，转变为运用立法、拨款、规划、信息服务、政策指导和必要的行政手段，进行宏观管理。要重视和加强决策研究工作，建立由教育和社会各界专家参加的咨询、审议、评估等机构，对高等教育方针政策、发展战略和规划等提出咨询建议，形成民主的、科学的决策程序。”通过该文件描述，可初见“第三方评估”的雏形。

1994 年 7 月 29 日，受国务院学位委员会委托，高等学校与科研院所学位与研究生教育评估所成立。这是我国第一家专门从事学位与研究生教育评估及有关咨询服务的社会中介性质的机构。① 它的建立，标志着我国高校第三方评估机构正式诞生。1996 年，上海市成立高等教育评估事务所，后于 2000 年改名为“上海市教育评估院”。其评估业务主要来源于教育部、上海市教育委员会以及社会各界的委托与授权，是我国业务范围较广、学术活动较为活跃的专业性教育评估机构之一。该评估院下设办公室、教育评估研究所、高教评估所、基教评估所、职成教评估所、教育综合事务评估所、医学教育评估所 7 个

① 高等学校与科研院所学位与研究生教育评估所在京成立［J］. 学位与研究生教育，1994（5）：6.

部门。在人员构成上，其主要由社会各学术领域的专家学者组成理事会，同时聘请德高望重的教育专家为顾问，拥有一批丰富评估经验的专职人员以及高校硕士生、博士生。该评估事务所于1997年组织的上海普通高校旅游管理专业的评估，开辟了社会评估机构评估高校的先河。①

1997年，江苏省教育厅设立的江苏教育评估院是专门从事教育评估的机构，具有独立法人资格，主要工作职责与上海市教育评估院相似。1999年11月8日，辽宁省教育评估事务所成立。该所作为咨询服务机构，专职从事各类教育评价。2000年6月20日，广东省教育发展研究与评估中心成立。该中心是广东省教育厅直属的事业单位，是具有独立法人资格的专门教育评估机构。2000年，云南省高等教育评估事务所成立。该所具有专业教育评估资质，专职从事高等教育评估及中介咨询服务，享有独立企业法人地位。2001年9月，相关机构召开了第一次教育评估机构协作会议，决定筹建全国高等教育评估机构协作网。2002年，江西省高等教育评估所成立。该所是一个民办非企业的、从事非营利性社会服务活动的中介机构。② 表3-2为我国主要高等教育评估组织统计表。

3-2　我国主要高等教育评估组织统计

时间	组　织　名　称
1994年	高等学校科研院所学位与研究生教育评估所
1996年	上海高等教育评估事务所。2000年，更名为上海市教育评估院
1997年	江苏省教育评估院
1998年	教育部学位与研究生教育发展中心（高等学校科研院所学位与研究生教育评估所并入该中心）
1999年	辽宁省教育评估事务所（挂靠于辽宁教育研究院）
2000年	云南高等教育评估事务所
2001年	广东省教育发展研究与评估中心

① 章鸣. 高等教育评估中“第三方评估”的历史与发展模式分析［J］. 科技与管理，2008（3）：126-128.

② 章建石. 创建规范的教学评估体系［N］. 科学时报，2007-05-29（3）.

续表

时间	组　织　名　称
2002 年	江西省高等教育评估所
2003 年	陕西省高等教育研究与评估中心
2004 年	上海市教育评估协会（下设 20 多家教育评估事务所会员单位）
2006 年	云南省高等教育评估中
2006 年	重庆市教科院教育政策与评价研究中心（挂靠于重庆市教育科学院）
2006 年	北京市教育评估院
2008 年	天津市教育发展与办学水平评估中心（挂靠于天津市教育研究院）
2009 年	重庆市教育评估院
2009 年	福建省教育评估研究中心
2010 年	安徽省教育评估中心
2011 年	山东省高等教育评估所
2012 年	浙江省教育评估院
2013 年	湖南省高等教育教学评估专业委员会
2014 年	宁波教育评估院
2014 年	温州市教育评估院
2014 年	河南省教育评估中心
2014 年	广东省教育评估协会
2014 年	湖北省教育评估院
2015 年	无锡市教育评估院
2015 年	黑龙江省教育评估院
2015 年	中国工程教育专业认证协会（负责我国工程教育专业认证工作）
2016 年	甘肃省高等教育教学评估中心（挂靠于西北师范大学）
1975 年	香港工程师学会
1990 年	香港学术评审局（2007 年改制为香港学术及职业资历评审局）
2003 年	台湾，中华工程师教育学会（负责台湾地区工程教育认证）
2005 年	台湾，财团法人高等教育评鉴中心基金会（负责台湾地区高校评鉴）
2005 年	社团法人台湾评鉴中心（负责评鉴技术的研究和推广）

注：表格内容据各省市民政厅、社会组织信息网、教育厅等网站资料整理而成。

除了以上省市级事业单位的第三方评估机构，一些高校的课题组也成立了第三方评估小组，专注于高校评估排名。最初开先河并具有代表性的，是1993年广东管理科学研究院以武书连为负责人的课题组。该课题组发表了《中国大学评价》，对中国大学及学科进行了排名，形成排行榜。该课题组作为民间学术排行机构，也在社会上一度引起重大反响。随着我国高等教育不断发展，研究生扩招等一系列政策的推行，越来越多的人开始关注大学与学科的排名，在需求与关注的推动下，也有越来越多的学会、企事业单位成立了大学第三方评估机构。

随着20世纪末互联网技术的发展，一些与高校无任何关系的某些民间机构、媒体网站等，也逐渐开始利用互联网中的教育资源，开拓起中介性质的非官方教育评估的工作。1999年成立的网大（NETBIG），作为大中华区最大的教育服务提供商，也是在大中华区域发展教育产品及相关教育技术产品的专业化集团公司。该公司借助互联网技术，在资源共享、高速传播的互联网大平台上，聚集各国各领域的高端教育资源与知识技术，为大中华区域学子提供了性价比较高的教育产品和服务。[①]中国校友会网作为一家专业为校友会组织提供网络服务的网站，利用互联网高校校友的教育资源，也多次进行了大学各方面评估，包括校友影响力评估、高考状元职业发展评估等。[②]表3-3是我国民间高等教育评估组织统计表。

表3-3　我国民间高等教育评估组织统计

区域	名　　称	时间/年
北京市	21世纪教育研究院	2002
	北京教育评估院	2005
	麦可思	2006

① 网大百科.［EB/OL］.（2013-04-30）［2019-04-02］. https://baike.baidu.com/item/%E7%BD%91%E5%A4%A7/11058500?fr=aladdin.

② 中国校友网.［EB/OL］.（2009-12-30）［2019-04-02］. https://baike.baidu.com/item/%E4%B8%AD%E5%9B%BD%E6%A0%A1%E5%8F%8B%E4%BC%9A%E7%BD%91/10662070?fr=aladdin.

续表

区域	名称	时间 / 年
上海市	世界一流大学研究中心（上海交通大学）	2005
	上海闵行区教育评估事务所	2000
	上海东方教育评估事务所	2001
	上海卢湾教育评估事务所	2001
	上海静安教育评估中心	2002
	上海市闸北区教育评估中心	2002
	上海市黄埔教育评估事务所	2002
	上海市松江教育评估中心	2002
	上海徐汇教育评估事务所	2003
	上海市嘉定教育评估事务所	2004
	上海崇明教育评估中心	2004
	上海市长宁教育评估中心	2004
	上海新时代教育研发与评估中心	2004
	上海浦发教育评估中心	2005
	上海金山区教育评估审计服务中心	2005
	上海市虹口区教育评估所	2006
	上海市宝山区教育评估中心	2008
	上海杨浦区师源教育评估事务所	2011
	上海青浦区现代教育评估中心	2011
	上海宏教教育评估所	2012
	上海徐汇文光教育评估事务所	2012
	上海公信教育研究与评估中心	2016
	上海平协教育研究与评估事务所	2016
云南省	云南高等教育评估事务所	2000
	云南省现代教育评估中心	2002
	云南新世纪教育研究与评估中心	2011
	云南省西南教育评估认证事务所	2011

续表

区域	名　　称	时间 / 年
四川省	成都西部教育评估事务所	2008
浙江省	浙江新时代教育评估中心	2003
	宁波教育评估院	2014
江苏省	无锡市教育评估院	2014
	镇江新视界教育评估咨询服务中心	2016
	江苏诺恩教育评估有限公司	2016
	江苏微远风教育评估有限公司	2016
	南京中城汇康汇丰教育评估有限公司	2016
	江苏高擎教育评估有限公司	2015
湖北省	中国科学评价研究中心（武汉大学）	2002
广东省	《中国大学评价》课题组（武书连）	1991
	广东教育督导学会	2009
	广东省教育评估协会	2014
深圳市	艾瑞深研究院（中国校友会网）	1989
	网大公司	1999
陕西省	陕西鼎力教育评估中心	2014
重庆市	重庆市教育评估研究会	2012
	重庆天正教育评估监测咨询服务中心	2015
安徽省	安徽省新世纪教育评估服务有限公司	2016
	安徽正公达教育评估有限公司	2016
	安徽省天诺教育评估有限公司	2016
山东省	山东天平教育评估有限公司	2015
黑龙江省	黑龙江省教育评估学会	2010

注：表格内容据各省、直辖市工商行政管理局、民政厅、社会组织信息网、教育厅等网站资料整理而成。

第四节 集中资源与重点建设

改革开放以来，我国社会经济实现了高速发展，研究生教育已逐步走上高速发展的轨道。高等教育提前实现了大众化的发展目标，规模不断扩大，质量问题日益引起社会各界乃至中央政府的高度重视。如何尽快建成能够在国际水平上占有一定位置的高水平大学与学科，从而提升竞争力，是当务之急。与此同时，随着研究生规模的不断扩大，有限教育资源的配置冲突也在不断显现。

在已经进入高等教育大众化乃至普及化阶段的国家中，既有大众型、普及型的高等教育机构，也有精英型的高等教育机构。在这样的背景下，我国高等教育在发展大众型高等教育机构的同时，还应当重视发展精英高等教育。因此，我国高等教育采取了“重点建设、带动全局”的建设方式，集中资源建设重点大学与学科，改变当时实行的以学生在校人数为唯一依据的拨款方式，① 建立监测系统，综合考察各高校办学的水平、社会效益及对资源的利用率等各项指标，使资源合理地流向那些最需要、资源利用率最高的学校，希望能够通过“重点”扶持与建设，快速提高部分学科水平，以优势学科带动整体发展。

一、高校重点学科的评选

我国高校的重点学科评选于1986年展开。1986年上半年，国家教委成立了由研究生司、科技司、计财局、高教一司、高教二司有关领导参加的重点学科规划工作小组。经过近3个月的论证研究，在1986年7月提出全国高等学校重点学科规划设想和按学科的布点预测方案，经国家教委领导批准后，于1987年制定了《关于评选高等学校重点学科的暂行规定》《关于高等学校重点学科评选工作的几点意见》。暂行规定中明确了重点学科的评选指导思想与任务：“①重

① 梁万生. 基于教育评价的大学拨款制度［J］. 中国电力教育，2011（34）：8-9.

点学科的评选和建设必须根据国家四化建设对培养高级专门人才的需求、科技发展的趋势和国家财力的可能，综合考虑后确定。重点学科的门类要比较齐全，科类结构比例和布局应力求合理，要有利于促进学科间的横向联合，逐步形成高校科研优势。'七五'期间，国家教委拟会同有关部门在全国高等学校中教学科研基础好、对四化建设和科技、社会发展具有重要意义的学科中择优确定一批重点学科点。②重点学科点应从符合条件的博士点中选定。重点学科点应承担教学、科研双重任务，要逐步做到能够自主地、持续地培养和国际水平大体相当的博士、硕士、学士；能够接受国内外学术骨干人员进修深造，进行较高水平的科学研究；能够解决四化建设中重要的科学技术问题、理论问题和实际问题；能为国家重大决策提供科学根据，为开拓新的学术领域、促进学科发展作出较大贡献。③建设资金可采取国家扶植、学校主管部门投资以及学校自筹等多种渠道共同扶植的办法，根据需要和可能分批建设。"

《关于评选高等学校重点学科的暂行规定》《关于高等学校重点学科评选工作的几点意见》还进一步明确了重点学科应当具备的条件与申报流程，"条件：①已形成意义重大、具有特色的学科发展研究方向，其中至少有一个研究方向已处于本学科发展前沿，并对我国当前及长远经济发展、社会发展、科技发展和学科建设具有重要意义，有较强的相关学科相配合，有组织发挥跨学科合作研究的优势。②应有学术造诣深、治学严谨、坚持社会主义方向、善于教书育人、具有创新的学术思想、组织能力强、办事公正的学术带头人（一般为博士导师），有较强的学术骨干，学术梯队结构合理，能坚持四项基本原则，坚持改革、开放、搞活的总方针、总政策，坚持理论联系实际，有良好的素质、学风与较大的潜力，能形成国家水平的研究队伍。③已有良好的教学、科研工作基础，已培养了高质量的博士生、硕士生，得到社会公认和好评；科研成果显著，近期已发表在国内外一级杂志的学术论文、专著以及获得省（市）、部门级以上奖励的科研成果多，其学术水平在国内处于领先地位，在国际上也有一定影响；或已取得了重大的经济、社会效益，为四化建设作出了重要贡献，目前正承担着对国家的社会、经济、科技发展和学科建设有重要意义的重大科研项目或课题，科研经费较充足。④已有一定的科研实验设备与图书资料基础，科研后勤条件良好，管理制度健全，能为持续、稳定地进行高水平的教学、科研工作提供必要的物质条件。有良好的国内外学术交流与合作的基础。”“采取学校申报、主管部门推荐、同行专家评选、国家教委审核批准的办法择优确定。主要流程为：申报——通讯评选——初步汇总——专家小审核——国家教委审核批准。”

为稳步推进重点学科的评选工作，学习经验，平稳高校布局，提出拟评选500个重点学科点，分别定出各一级学科的限额，后选择其中的4个一级学科进行试评，在完成全部流程后吸取经验，并后续有序推进。1987年上半年，研究生司先选取在经济学、化学、电子学与通信、动力机械及工程热物理这4个一级学科进行试评，1987年2月开始至1987年7月试点工作结束，试点基本成功。其后，国家教委党组又决定在1987年下半年进行文、理、工科的重点学科试评，1988年又在农、林、医科全面展开，并决定根据“从严掌握、由少到多”的原则，第一批按450个限额（文科85个、理科86个、工科180个、农科36个、医科63个）进行评选，以后根据需要和可能，再增补到500个重点学科点。在整个重点学科评选的过程中，建立了合适的评选指标体系，采取定性和定量相结合的评选办法，较为科学地评选出众多重点学科与专业，最终经国家教委批准，于1988年和1989年分别下达了高等学校文、理、工、农、医等学科的重点学科点名单。[①] 全国共选评出高等学校重点学科点416个，其中文科78个、理科86个、工科163个、农科36个、医科53个，涉及107所高等学校和36个主管部门。它们能够得到国家的重点扶持，是因为代表着国家在该领域的最高发展水平。在以后的一段时间里，我国又分别针对高校重点学科进行了第二、第三次评选工作。第二次评选工作是在2001—2002年，共评选出964个高等学校重点学科。第三次评选工作是在2006年，共评选出286个一级学科国家重点学科，677个二级学科，217个国家重点（培育）学科。[②]

---

① 吴镇柔，陆叔云，汪太辅．中华人民共和国研究生教育和学位制度史［M］．北京：北京理工大学出版社，2001：308．

② 高校情报：高等学校重点学科点详细列表［DB/OL］．（2001-01-01）［2019-04-02］．http://www.edu.cn/20010101/5870.shtml．

二、“211 工程”与重点学科建设

“211 工程”，即面向 21 世纪、重点建设 100 所左右的高等学校和一批重点学科的建设工程。“211 工程”是共和国建立一直到 20 世纪 90 年代期间，由国家立项在高等教育领域进行的规模最大、层次最高的重点建设工作，是中国政府实施“科教兴国”战略的重大举措、中华民族面对世纪之交的中国国内外形势而作出的发展高等教育的重大决策。①

其实，早在 1983 年教育部于武汉东湖召开的高教工作会议中，就已探讨并提出了“国家要拿出 50 个亿，重点资助 50 所高等学校，使之成为我国在科技文化领域中赶超世界水平、加速社会主义高度物质文明和精神文明建设的骨干力量”的建议。② 然而，当时的重点建设仅仅是国家在办学上有某些政策倾斜，以发挥示范带头作用，政府并未给予重点建设投入。而“211 工程”的提出，则是将项目管理的思路引入高等教育管理，必须经过严格程序，将资金投入与项目建设直接挂钩，使项目建设更有效地开展。

1991 年 4 月 9 日，全国人大七届四次会议批准的《中华人民共和国国民经济十年规划和第八个五年计划纲要》明确提出：“有重点地办好一批大学，加强一批重点学科点的建设，使其在科学技术水平上达到或接近发达国家同类学科的水平。”为了落实国家的规划，1991 年 7 月，国家教委向国务院正式上报了《关于重点建设好一批重点大学和重点学科的报告》。该报告中提出：“建议由国家教委设置重点大学和重点学科建设项目，该项目简称为‘211’计划”。1991 年 12 月，国家教委、国家计委和财政部经过充分协商，共同向国务院有关领导报送了《关于落实建设好一批重点大学和重点学科的实施方案的报告》。文件明确表述，两委一部经过认真讨论，“一致同意国家设置与国家经

---

① 211 工程 [EB/OL].（2016-01-16）[2019-04-02].https://baike.baidu.com/item/211%E5%B7%A5%E7%A8%8B/203547?fromtitle=211&fromid=15285910.

② 庆祝改革开放 40 周年教育改革纪事 · 高教改革提升高等教育质量的国家行动 [EB/OL].（2018-12-05）[2019-04-02].http://www.moe.gov.cn/jyb_xwfb/moe_2082/zl_2018n/2018_zl89/201812/t20181205_362450.html.

济、社会发展相适应的重点大学和重点学科建设项目”。至此，“211 工程”正式提出。1992 年 8 月，国务院常务会议原则同意“211 工程”规划意见。

1993 年 1 月，国务院在《国务院批转国家教委关于加快改革和积极发展普通高等教育意见的通知》中提出：“发展高等教育必须把提高教育质量放在突出的地位，有条件的省、自治区、直辖市和国务院有关部门着重办好一二所代表本地区、本行业先进水平的高等学校和一批重点学科、专业。在此基础上，国家教委会同国务院有关综合部门有计划地选择其中一批代表国家水平的高等学校和学科、专业，列入国务院已原则批准的‘211 工程’计划（面向 21 世纪，在全国重点办好 100 所大学），分期滚动实施……力争到 21 世纪初，我国有一批高等学校和学科、专业进入世界先进行列，在教育质量、科研水平和学校管理等方面能与国际著名大学相比拟。”1993 年 2 月，党中央、国务院颁布的《中国教育改革和发展纲要》提出“要集中中央和地方等各方面的力量办好 100 所左右的重点大学和一批重点学科、专业。”

1993 年 7 月，国家教育委员会下发《关于印发〈关于重点建设一批高等学校和重点学科点的若干意见〉的通知》。这是国家教育委员会为实施“211 工程”所发布的第一个指导性文件。《关于重点建设一批高等学校和重点学科点的若干意见》指出，“211 工程”建设的目标是：“经过十年或者更长一点时间的努力，使相当一批高等学校和重点学科点能够成为培养高层次专门人才和解决国家经济建设、科技和社会发展重大科技问题的基地，在教育质量、科学研究和管理等方面处于国内先进水平，并有一定的国际影响。其中若干所高等学校和部分重点学科点达到或接近世界先进水平。基本形成适应社会主义现代化建设需要、结构布局合理、水平较高、各具特色的重点学科点和示范带头学校，建立适应社会主义市场经济体制和政治、科技体制改革需要的高等教育新体制。”工程建设的中心任务是：“提高高等学校的教育质量、科研水平和办学效益。为此，有关高等学校要努力建设一支有良好政治业务素质、结构合理、相对稳定的教师队伍，造就一大批学术造诣较深、在国内外有一定影响的学术带头人和骨干教师；要加强思想政治教育工作，提高学生的全面素质；要调整学科、专业结构，加强学科建设，深入进行教学改革，更好地适应经济建设和社会发展需要；要较大幅度地改善仪器设备、图书情报和通信等办学物质条件，加强实验室建设，明显增强科研实力；要吸取国外先进经验，增强国际交流，扩大国际影响。有关部门要为重点建设的高等学校提供优惠政策，进一步扩大学校的办学自主权，加速形成学校主动适应社会需要，自我激励、自我发展、自我约束的运行机制。”

1994 年 7 月 3 日，在国务院《关于中国教育改革和发展纲要的实施意见》中，对“211 工程”的表述为：“面向 21 世纪，分期分批重点建设 100 所左右的高等学校和一批重点学科，使其到 2000 年在教育质量、科学研究管理水平及办学效益等方面有较大提高，在教育改革方面有明显进展。争取有若干所高等学校在 21 世纪初接近或达到国际一流大学的学术水平。”这里将《中国教育改革和发展纲要》中出的“建设 100 所重点大学”调整为“重点建设 100 所大学”，这是“211 工程”建设指导思想的一个重大变化。

1995 年 11 月，经国务院批准，国家计委、国家教委和财政部联合下发了《“211 工程”总体建设规划》，“211 工程”正式启动。在《“211 工程”总体建设规划》中，文件明确了“211 工程”是一项跨世纪的战略工程，是我国高等教育面向现代化、面向世界、面向未来，上水平、上质量、促改革、增效益的工程。同时，文件还明确了“211 工程”建设的主要内容，“主要包括学校整体条件、重点学科和高等教育公共服务体系建设三大部分。学校整体条件建设是基础。重点学科建设是核心，是体现教学科研水平的重要标志，是带动学校整体水平提高的有效途径。高等教育公共服务体系以重点建设的学校为依托，按照资源共享、服务全国的原则，从整体上加强我国高等教育基础设施建设，提高高等学校的办学水平和办学效益”。

此外，文件还明确了“九五”期间“211 工程”建设规划任务：“九五”期间“211 工程”建设规划任务为：①首先重点建设 2 所高等学校，使其在教学、科研和人才培养的整体水平上，接近和达到国际先进水平，并在国际上确立较高的声誉和地位。②着重提高和改善 25 所左右与我国社会主义建设密切相关、重点学科比较集中、承担较多公共服务体系建设任务的高等学校的教学和科研基础设施条件，使其在人才培养质量上有显著提高，一些重点学科接近或达到国际水平，并在高等学校中起到骨干和示范作用。要注重支持与基础产业、支柱产业密切相关院校和重点学科点的建设，加大国家急需的高级专门人才和应用技术人才的培养力度，以体现“211 工程”建设面向经济建设主战场。③加强 300 个左右与经济社会发展、科技进步和国防建设密切相关的重点学科点，增强持续培养适应社会主义市场经济需要的相关领域高水平人才的能力。④完成高等教育公共服务体系的基本框架建设。

同时，文件还对建设资金、建设程序与组织管理进行了明确。“211 工程所需建设资金，采取国家、部门、地方和高等学校共同筹集的方式解决。部门和地方政府的专项资金，要优先保证国家重点学科、高等教育公共服务体系建设的需要，并安排好有关高等学校所必需的基础设施建设。中央专项资金主要用于补助国家重点学科的高等教育公共服务体系的建设，补助少数高等学校整体水平提高所需基础设施的建设。”“211 工程”入选高校名单见表 3-4。

表 3-4 “211 工程”入选高校名单

入选批次	高校名单
第一批（27 所）	北京大学、清华大学、北京师范大学、北京理工大学、北京航空航天大学、中国农业大学、复旦大学、上海交通大学、西安交通大学、哈尔滨工业大学、中国科技大学、南开大学、天津大学、南京大学、浙江大学、西北工业大学、中国人民大学、大连理工大学、吉林大学、哈尔滨工程大学、同济大学、东南大学、武汉大学、华中科技大学、中南大学、国防科技大学、中山大学
第二批（68 所）	中国石油大学、北京中医药大学、北京邮电大学、北京林业大学、北京科技大学、北京交通大学、北京化工大学、北京外国语大学、对外经济贸易大学、中央音乐学院、北京工业大学、中央民族大学、天津医科大学、河北工业大学、太原理工大学、内蒙古大学、东北大学、辽宁大学、大连海事大学、东北师范大学、延边大学、东北农业大学、华东师范大学、华东理工大学、东华大学、上海财经大学、上海外国语大学、上海大学、上海医科大学、第二军医大学、中国矿业大学、中国药科大学、南京农业大学、江南大学、河海大学、南京航空航天大学、南京理工大学、南京师范大学、苏州大学、南昌大学、安徽大学、厦门大学、福州大学、山东大学、中国海洋大学、郑州大学、中国地质大学、武汉理工大学、湖南大学、湖南师范大学、华南理工大学、暨南大学、华南师范大学、广西大学、重庆大学、四川大学、电子科技大学、西南交通大学、西南财经大学、四川农业大学、云南大学、兰州大学、西安电子科技大学、长安大学、西北大学、第四军医大学、新疆大学、中国传媒大学
第三批（13 所）	西南大学、中国政法大学、中央财经大学、华北电力大学、中国协和医科大学、东北林业大学、合肥工业大学、华中农业大学、华中师范大学、中南财经政法大学、贵州大学、西北农林科技大学、北京体育大学
第四批（1 所）	陕西师范大学
第五批（5 所）	宁夏大学、海南大学、青海大学、石河子大学、西藏大学

第四章

建设研究生教育大国服务国家转型发展

进入 21 世纪，经济全球化迅猛发展，知识经济、信息社会时代加速来临。我国作为世界上最大的发展中国家，社会主义市场经济体制逐渐建立。随着科教兴国战略、人才强国战略、创新型国家战略的实施，国家社会发展、经济增长走向战略转型之路，与此相适应，研究生教育发挥着服务支撑作用，并迈向世界研究生教育大国行列。

第一节　大国战略与人才迅增

随着国家发展战略转型，研究生教育作为高层次人才培养、高水平科学研究、创新型社会服务的聚合点和策源地，其功能日益彰显、任务越发严峻、使命更为宏伟。21 世纪第一个十年，积极发展成为我国研究生教育事业的主旋律，规模上实现跨越式增长，高层次人才迅速增加。

一、国家发展战略转型

世纪之交，中国特色社会主义发展道路牢固确立。面向21世纪，国家发展面临着新的机遇和挑战，相继制定并实施科教兴国战略、人才强国战略、创新型国家战略。

科教兴国战略是我国加速现代化建设中具有决定性、长期性的核心发展战略。1996年,《中华人民共和国国民经济和社会发展“九五”计划和2010年远景目标纲要》首次提出“实施科教兴国战略”，作为1996—2010年国家经济社会发展贯彻的九条重要方针之一，主要涵盖“加速科学技术进步”“优先发展教育”两大方面。1998年，中共十五大报告提出“第一个十年实现国民生产总值比2000年翻一番，使人民的小康生活更加宽裕，形成比较完善的社会主义市场经济体制”，做出“从现在起到下世纪的前十年，是我国实现第二步战略目标、向第三步战略目标迈进的关键时期”的论断，郑重宣告实施“科教兴国战略”，指出“科学技术是第一生产力，科技进步是经济发展的决定性因素。把加速科技进步放在经济社会发展的关键地位，使经济建设真正转到依靠科技进步和提高劳动者素质的轨道上来”。2000年，国内生产总值（GDP）为100280.1亿元、人均GDP仅有7942元；2010年国内生产总值达到412119.3亿元、人均GDP达到30808元[①]，2010年比2000年GDP翻了两番多、人均GDP接近两番，完全实现了第二步战略目标。

人才强国战略为提升国家综合实力、国际竞争力“保驾护航”，是基础性发展战略。为应对加入世界贸易组织的诸多挑战，提高人才全球竞争力，2002年中共中央办公厅、国务院办公厅联合下发《2002—2005年全国人才队伍建设规划纲要》，首次提出实施人才强国战略。2003年中共中央、国务院《关于进一步加强人才工作的决定》指出“实施人才强国战略是党和国家一项重大而紧迫的任务”，提出实施人才强国战略的基本要求、重点任务。

① 国家统计局. 国内生产总值［EB/OL］.（2011-07-10）［2019-08-11］. http://data.stats.gov.cn/easyquery.htm?cn=C01.

创新型国家战略擎起自主创新的鲜明旗帜。2007年，中共十七大报告再次强调“更好实施科教兴国战略、人才强国战略”，首次提出“建设创新型国家，是国家发展战略的核心，是提高综合国力的关键，坚持走中国特色自主创新道路”。

研究生教育作为高端人才和创新研究的交叉融合点，成为服务国家转型发展、战略实施的推动力量。1995年，时任国家教委主任朱开轩在全国研究生工作座谈会上讲道“实施科教兴国宏伟战略中，研究生教育担负着十分重要的历史责任”。[①]2000年，时任教育部部长陈至立在全国研究生培养工作会议上讲道“研究生教育具有很强的辐射性、带动性和示范性，对经济发展、国防建设、国家安全以及社会进步等具有战略性的影响”。[②]我国研究生培养机构主要包括普通高校和科研机构两类，2002—2010年，培养机构从728家扩至797家，增长9.5%，其中普通高校从408家增加到481家[③]。这一时期研究生培养机构的稳定增长，即反映出研究生教育积极服务国家发展战略。

二、实施“积极发展”战略

在国家发展战略主导和国际经济局势下，研究生教育坚持“积极发展”的战略定位，达到了跨越式增长的跨世纪目标。受到亚洲金融危机波及，1997年下半年经济增幅出现全面下滑，需求不足成为经济发展的主要矛盾，政府则将高等教育扩招作为解决当前经济困境的措施之一[④]。时任国务院总理朱镕基在第三次全国教育工作会议上讲到，教育必须有一个较大的发展，加

① 朱开轩. 在全国研究生教育工作座谈会上的讲话［J］. 学位与研究生教育，1995（6）：1-7.
② 陈至立. 在全国研究生培养工作会议上的讲话［J］. 学位与研究生教育，2000（1）：1-3.
③ 中华人民共和国教育部政府门户网. 高等教育学校（机构）数. 2002年数据来自：[EB/OL].（2010-02-26）[2019-08-11]. http://www.moe.gov.cn/s78/A03/moe_560/moe_568/moe_581/201002/t20100226_10559.html. 2010年数据来自：[EB/OL].（2012-01-27）[2019-08-11]. http://www.moe.gov.cn/s78/A03/moe_560/s6200/201201/t20120117_129606.html.
④ 康宁. 论教育决策与制度创新——以1999高校扩招政策为案例的研究［J］. 高等教育研究，2000（2）：31-38.

快发展教育可以扩大教育消费，拉动内需，促进经济持续增长[①]。迎来21世纪之际，为贯彻中共十五大精神和部署，实施科教兴国战略，1999年国务院批转教育部《面向21世纪教育振兴行动计划》，指出“研究生在校生规模应有较大的增长”。2000年，为建立高层次人才支撑科教兴国战略的研究生教育体系，落实《面向21世纪教育振兴行动计划》，教育部制订了《关于加强和改进研究生培养工作的几点意见》，明确指出研究生培养工作的突出问题：适应社会主义市场经济体制的研究生教育发展的调节机制尚未完全建立；研究生培养规模还不能很好满足社会发展对高层次人才的需要，对此提出了研究生工作的基本方针，即“深化改革、积极发展；分类指导、按需建设；注重创新、提高质量”。

正是在“积极发展”的方针指引下，研究生教育规模高速增长，研究生招生逐年扩增；研究生人才持续高位产出。总体上，2000—2010年，研究生在校生、招生、学位授予规模均翻了两番多，年均增长率分别达到19.91%、18.78%、21.64%（表4–1）。学位授予代表着研究生教育的人才产出量，随着逐年扩招，2008年超过了研究生教育入口量，即招生数。分层次计，博士生在校生、招生、学位授予规模分别增长了4.4倍、2.6倍、4.0倍，年均增长率分别达到17.19%、13.06%、16.09%。硕士研究生在校生、招生、学位授予规模分别增长了4.5倍、3.6倍、6.7倍，年均增长率分别达到20.57%、19.92%、22.50%。

表4–1 2000—2010年全国研究生基本情况

单位：人

年份	在校生			招生			学位授予		
	硕士生	博士生	研究生	硕士生	博士生	研究生	硕士生	博士生	研究生
2000	233144	67293	300437	102923	25142	128065	59435	11318	70753
2001	306479	85885	392364	132762	32093	164855	72517	12404	84921
2002	392136	108737	500873	164162	38342	202504	87648	14615	102263
2003	514115	136687	650802	220007	48740	268747	118633	18527	137160

① 中国教育年鉴编辑部. 中国教育年鉴2000［M］. 北京：人民教育出版社，2000：12.

续表

年份	在校生			招生			学位授予		
	硕士生	博士生	研究生	硕士生	博士生	研究生	硕士生	博士生	研究生
2004	654286	165610	819896	273002	53284	326286	165834	22775	188609
2005	787293	191317	978610	310037	54794	364831	216827	28090	244917
2006	896615	208038	1104653	341970	55955	397925	288274	35361	323635
2007	972539	222508	1195047	360590	58022	418612	367894	42671	410565
2008	1046429	236617	1283046	386658	59764	446422	409668	45338	455006
2009	1158623	246319	1404942	449042	61911	510953	439253	49278	488531
2010	1279466	258950	1538416	474415	63762	538177	458214	50735	508949

数据来源:《中国教育统计年鉴（2000—2010）》[M]. 北京：人民教育出版社，2001—2011.

同期，美国研究生注册人数从2001年2156896人增长至2010年2862391人①。比较看，我国研究生在校生相当于美国的比例则从2001年18.19%提升至53.75%。美国研究生学位授予人数从2001年593087人增长至2010年851903人②，我国研究生学位授予规模相当于美国的比例则从14.32%升至2010年59.74%。由此可见，这一时期我国研究生培养规模基本步入大国行列。

从总体增长率看，我国研究生招生和在校生规模扩张速度均在2000年达到顶峰，随之走低，直到2005年，依然保持在20%以上，但从2006年进入相对稳定阶段。由于人才培养的周期性、滞后性，学位授予规模则从2001—2007年维持在20%以上，顶峰出现在2004年，接近40%（图4-1）。

博士研究生招生和在校生规模在2000—2003年同期保持20%以上的高速增长率，之后逐年回落，进入平稳发展期。学位授予规模从2002年起，开启高速增长，直到2008年，开始低速稳定发展（图4-2）。

① 美国教育数据中心. 研究生注册人数[EB/OL].（2011-09-01）[2019-08-08]. https://nces.ed.gov/programs/digest/d11/tables/dt11_215.asp? from=singlemessage.

② 美国教育数据中心. 研究生学位授予数[EB/OL].（2011-09-01）[2019-08-08]. https://nces. ed. gov/programs/digest/d17/tables/dt17_318.10.asp? from=singlemessage.

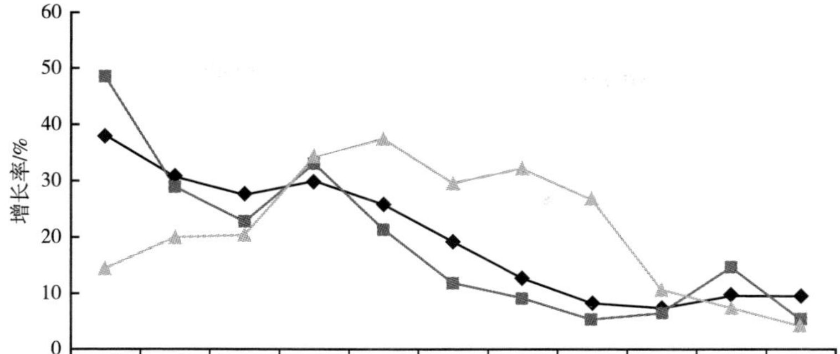

	2000年	2001年	2002年	2003年	2004年	2005年	2006年	2007年	2008年	2009年	2010年
在校生	38.01	30.60	27.66	29.93	25.98	19.36	12.88	8.18	7.36	9.50	9.50
招生	48.37	28.73	22.84	32.71	21.41	11.81	9.07	5.20	6.64	14.46	5.33
学位授予	14.76	20.02	20.42	34.12	37.51	29.85	32.14	26.86	10.82	7.37	4.18

图 4–1 2000—2010 年全国研究生规模增长率

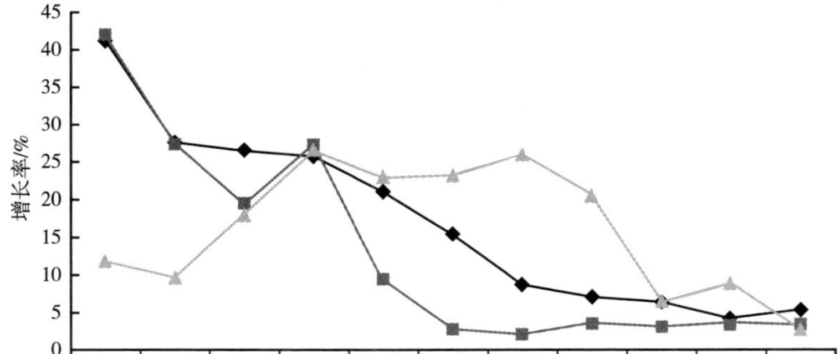

	2000年	2001年	2002年	2003年	2004年	2005年	2006年	2007年	2008年	2009年	2010年
在校生	41.23	27.63	26.61	25.70	21.16	15.52	8.74	6.96	6.34	4.10	5.13
招生	41.85	27.65	19.47	27.12	9.32	2.83	2.12	3.69	3.00	3.59	2.99
学位授予	12.08	9.60	17.82	26.77	22.93	23.34	25.88	20.67	6.25	8.69	2.96

图 4–2 2000—2010 年全国博士研究生规模增长率

硕士研究生招生和在校生规模基本从 2000—2005 年保持 20% 以上的增长率，处于高速发展阶段；2006 年之后基本回落到 10% 以内，开始平稳发展。学位授予规模增长走势与研究生总体趋向一致（图 4–3）。

从层次结构上看，硕士生招生、在校生、学位授予占比呈现缓慢上升趋势。与之相反，博士生招生、在校生、学位授予占比则缓慢下降，突显博士生

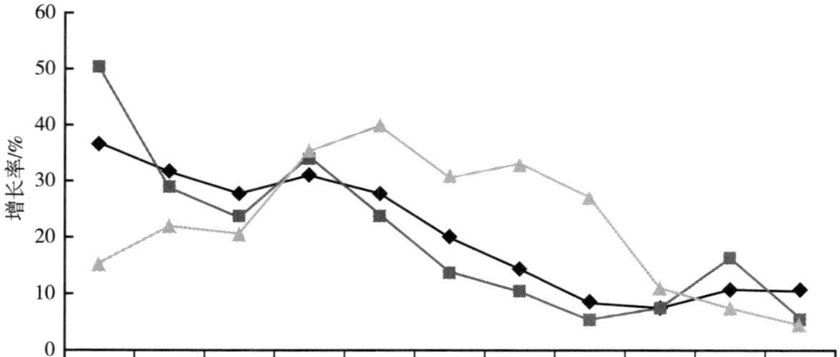

	2000年	2001年	2002年	2003年	2004年	2005年	2006年	2007年	2008年	2009年	2010年
在校生	37.10	31.45	27.95	31.11	27.26	20.33	13.89	8.47	7.60	10.72	10.43
招生	50.05	28.99	23.65	34.02	24.09	13.57	10.30	5.44	7.23	16.13	5.65
学位授予	15.29	22.01	20.87	35.35	39.79	30.75	32.95	27.62	11.35	7.22	4.32

图 4-3　2000—2010 年全国硕士研究生规模增长率

教育“塔尖”效应。相比 2000 年，2010 年博士生招生、在校生、学位授予占比分别降低 7.78%、5.57%、6.03%（图 4-4）。

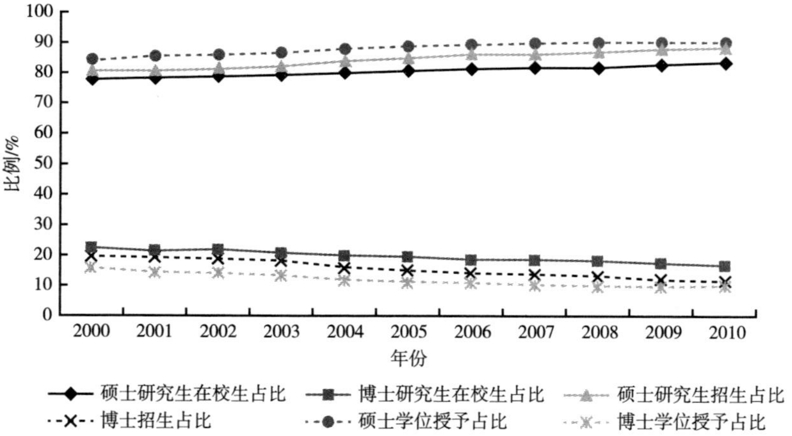

图 4-4　2000—2010 年不同层次研究生招生、在校生、学位授予占比

表 4-2 显示，2000—2003 年，跨越式增长时期，研究生、硕士生、博士生均超额完成招生计划，尤其是 2000 年硕士生实际招生比计划招生增长 8.06%。2004—2008 年研究生招生处于平稳发展阶段，硕士生、博士生招生均

有未完成计划额度，但差距较小。2009—2010 年，由于全日制专业学位研究生政策的实施，研究生招生再次超额完成计划。

表 4-2　2000—2010 年研究生计划招生与实际招生比较

单位：%

年份	博士生	硕士生	研究生
2000	1.58	8.06	6.72
2001	0.49	4.03	3.32
2002	2.72	3.10	3.03
2003	–0.94	1.01	0.65
2004	0.35	–0.04	0.02
2005	–0.18	–0.72	–0.64
2006	–0.16	–0.05	–0.07
2007	0.83	–1.13	–0.86
2008	1.29	–0.47	–0.24
2009	3.19	8.20	7.57
2010	2.84	0.51	0.78

数据来源：① 2000—2003 年招生计划数来源于教育部高校学生司编 .1977—2003 年全国研究生招生工作文件选编［M］. 北京：北京航空航天大学出版社，2004：2. ② 2003—2010 年数据源于教育部、国家发展改革委员会等联合下达的年度全国研究生招生计划的通知文件；教育部、国家发展计划委员会、人事部关于编制 2000 年全国研究生招生计划的通知;《中国考试》2000 年第十期《2001 年研究生招生规模增幅 30%》；教育部国家计委关于编制 2002 年全国研究生招生计划的通知；教育部、国家计委关于下达 2003 年全国研究生招生计划的通知；教育部、国家发展改革委关于下达全国研究生招生计划的通知（2004—2010 年）。

这一时期研究生教育“积极发展”战略带有补偿性特征、跨越式或超常规特征、外力引发，是现实与历史交互的作用，是对社会需求的积极适应[①]。研究生教育跨越式增长推动我国成为研究生教育大国，为建设研究生教育强国奠定了坚实基础。

---

① 王战军，廖湘阳. 关于我国研究生教育“积极发展”战略的思考［J］. 学位与研究生教育，2001（4）：3-7.

三、扩大应用型人才规模

随着研究生教育规模跨越式增长，研究生培养类型趋向多样化。《面向21世纪教育振兴行动计划》提出“积极稳步发展专业学位研究生教育，进一步完善专业学位体系，培养大批高层次应用性人才”。《关于加强和改进研究生培养工作的几点意见》指出“加大应用性人才培养的比重，积极发展专业学位研究生教育”。2001年，国务院学位委员会、教育部召开了首次全国专业学位教育工作会议，回顾了各专业学位的发展历史，讨论了加强和改进专业学位教育工作的诸多问题①。2002年，国务院学位委员会、教育部联合下发《关于加强和改进专业学位教育工作的若干意见》，提出“基本形成了以硕士学位为主，博士、硕士、学士三个层次并存的专业学位教育体系，初步建立了具有我国特色的专业学位教育制度”，但还存在“专业学位教育规模偏小”等问题，要求“适应社会、经济发展需要，提高专业学位人才在高层次人才中所占比例，不断扩大专业学位人才的培养规模”。至此，专业学位研究生教育越发受到国家、培养单位、社会的关注。2009年，教育部出台《关于做好全日制硕士专业学位研究生培养工作的若干意见》，决定自2009年起扩大招收以应届本科毕业生为主的全日制硕士专业学位范围。同年，教育部《关于做好2010年招收攻读硕士学位研究生工作的通知》提出“调整优化研究生教育结构，扩大全日制专业学位研究生招生范围；2010年起实行推荐优秀应届本科毕业生攻读专业学位研究生的制度”。2010年专业学位研究生招生达到23万多人，比2009年增长31.3%。2010年，国务院学位委员会《硕士、博士专业学位研究生教育发展总体方案》指出面向2020年专业学位研究生教育发展的指导思想、原则、目标，并就创造宏观环境、创新培养模式、开展综合改革试点等做了部署。同年，教育部出台《关于实施专业学位研究生教育综合改革试点工作的指导意见》，提出综合改革试点的指导思想、主要任务、基本要求、组织实施等，批准64所高校开展改革试点。

① 蔡婷婷. 全国专业学位教育工作会议在京召开［J］. 学位与研究生教育，2001（12）：4.

相比 2000 年，2010 年博士、硕士专业学位授予规模分别增长了 35 倍多、27 倍多，达到 2321 人、123502 人。2001—2010 年博士专业学位授予规模显现跳跃式波动。其中，2001 年、2004 年、2008 年出现负增长，2007 年规模则翻两番。相较之下，硕士专业学位授予规模高速稳定增长。其中，2001 年、2004 年增幅在 80% 以上，较为突出（图 4–5）。

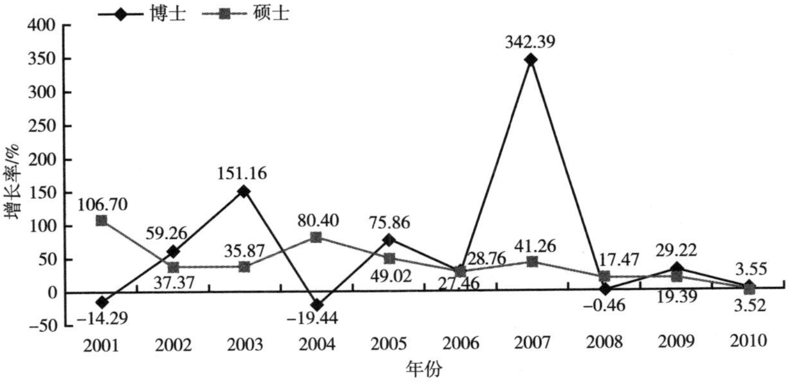

图 4–5　2001—2010 年博士、硕士专业学位授予规模增长率

2000—2010 年，专业学位授予中硕士学位占有绝对比例，基本保持在 98% 以上。博士专业学位授予占比虽有波动，但幅度较小，从 2007 年起出现稳定的态势（图 4–6）。

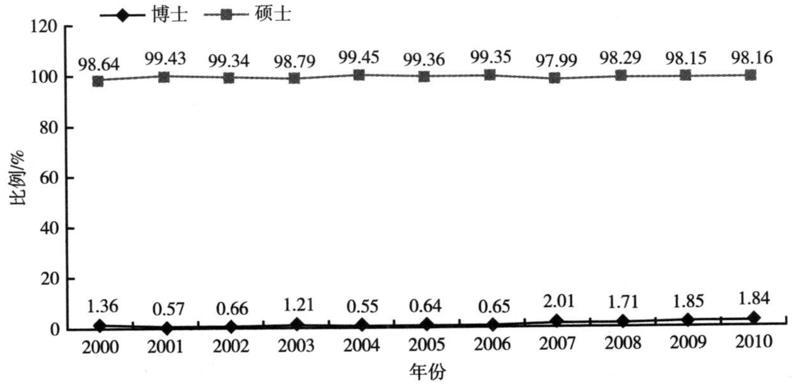

图 4–6　2000—2010 年博士、硕士专业学位授予占比

专业学位研究生教育类型逐渐增多。1996年颁布的《专业学位设置审批暂行办法》详细规定了专业学位的性质、设置、批准、授予等事项。自1990年设立工商管理硕士学位以来，截至2010年，专业学位共计42种类型，以2000年为界，之前有11种、之后有31种（含2000年）。2000—2010年专业学位获批情况见表4-3。

表4-3 2000—2010年专业学位获批一览

获批年份	专业学位名称
2000	口腔医学硕士/博士
2001	公共卫生硕士
2002	军事硕士
2004	会计硕士
2005	体育硕士、风景园林硕士、艺术硕士
2007	汉语国际教育硕士、翻译硕士
2008	教育博士、社会工作硕士
2010	金融、应用统计、税务、国际商务、保险、资产评估、警务、应用心理、新闻与传播、出版、文物与博物馆、城市规划、林业、护理、药学、中药学、旅游管理、图书情报、工程管理

注：数据整理自研究生专业学位总体设计研究课题组．开创我国研究生专业学位教育发展的新时代——研究生专业学位总体设计研究报告［M］．北京：中国人民大学出版社，2010：34-35.

第二节 放权变革与政策保障

为了支撑研究生教育“积极发展”战略实施，学位授权审核主动放权变革、扩大授权点布局，努力满足高层次人才培养的社会需求。保证和提高人才培养质量，授权点水平显得尤为重要，由此采取了质量评估、培养创新机制等政策保障举措。

一、学位授权审慎放权

我国学位授权审核于20世纪80年代初创立，至90年代末已基本制度化。

21世纪第一个10年的主基调是深化改革、积极发展，共开展了四批审核，即第八批、第九批、第十批、第十一批（表4-4）。学位授权审核制度深化改革内容涵盖体制重心下移、授权层级上移。

第一，学位授权审核权力从国家审慎下放至省级和学位授予单位。1999年，国务院学位委员会第十七次会议通过《关于进行第八次博士、硕士学位授权审核工作的意见》，决定扩大省级学位委员会和部分学位授予单位自审硕士点的试点范围，在增列的硕士点中，国家、省级、授予单位审核分别占8.81%、67.94%、23.25%[①]。2002年，国务院学位委员会第十九次会议通过《关于进行第九次博士、硕士学位授权审核工作的几点意见》，鲜明提出指导思想"积极发展、深化改革、坚持标准、公正合理"，深化审核体制改革，加强省级人民政府统筹，扩大高等学校办学自主权。国务院学位委员会在《关于第九次博士、硕士学位授权审核中省级学位委员会和军队学位委员会审批硕士点工作的通知》《关于第九次博士、硕士学位授权审核中部分学位授予单位自行审批硕士点工作的通知》再次明确省级学位委员会、军队学位委员会、设置研究生院的授予单位受托审核硕士学位授权点；省级学位委员会或军队学位委员会初审并推荐学位授予单位的申请。2005年，国务院学位委员会第二十一次会议批准《关于进行第十次博士、硕士学位授权审核工作的意见》，提出"进一步深化审核制度改革，加大省级人民政府统筹新增博士、硕士学位授予单位和博士、硕士学位授权学科的审核力度，进一步扩大高等学校的办学自主权"。委托北京大学和清华大学审核已有博士点所在一级学科博士学位授权；委托省级学位委员会、军队学位委员会、设置研究生院的授予单位和中国社会科学院研究生院审核已有硕士点的一级学科硕士学位授权点，国务院学位委员会审批审核结果。2008年，国务院学位委员会第二十五次会议原则通过《博士、硕士学位授权审核办法改革方案》，提出"进一步发挥省级政府在优化授予单位布局、促进授权审核工作与国家经济建设及社会发展相协调等方面的指导、规

① 中国教育和科研计算机网. 第八次博士、硕士学位授权审核工作[EB/OL].（2005-12-31）[2019-06-28]. http://www.edu.cn/zhong_guo_jiao_yu/jiao_yu_zi_xun/nian_jian/nj2001/list7/200603/t20060323_157081.shtml.

划作用；进一步扩大学位授予单位授权审核工作自主权，委托部分学位授予单位开展自行审核本单位博士学位授权学科的试点”。2010年第十一批学位授权审核，设置研究生院的授予单位审核新增一级学科博士、硕士点；省级学位委员会、军队学位委员会初审新增一级学科博士点，国务院学位委员会学科评议组复审；省级学位委员会、军队学位委员会审核新增一级学科硕士学位授权点。

第二，学位授权层级上移，逐步过渡到按一级学科审核学位授权。最初在1996年第六批学位授权时，国务院学位委员会审核了首批一级学科博士学位授权。1997年第七批学位授权制定了《博士学位授权一级学科点基本条件》。1998年，国务院学位委员会第十六次会议批准304个一级学科授权点。1999年，第八批学位授权较大幅度扩大一级学科审核博士学位授权的学科范围，并增加了答辩程序。2002年，第九批学位授权继续推行一级学科审核博士学位授权，保留按二级学科审核博士、硕士学位授权。2005年，第十批学位授权在第九批的基础上，增加了试行按一级学科审核硕士学位授权。2010年，第十一批学位授权基本按一级学科审核博士、硕士学位授权。

这一时期学位授权坚持“积极发展”的战略导向，一方面学位授权点增列保持积极态势（表4-4），另一方面调整学位授权点的结构和布局。1999年第八批学位授权较大幅度增列急需和优先发展的学科，新增博士学位授予单位9所高校。2002年第九批学位授权，调整学位授权的学科结构，重点推动11个领域的学科布局，主动服务国家现代化战略目标；贯彻落实西部大开发战略思想，积极促进西部地区高层次人才培养基地的建设；新增博士、硕士学位授予单位31个和59个[①]。2005年，第十批学位授权以科学发展观为指导，着力调整学位授权的学科结构和层次结构，积极推动新兴学科、交叉学科发展，优先发展7个行业的相关学科；优化学位授权的地区布局，积极促进西部地区授权点的建设，并新增博士、硕士学位授予单位19个和36个[②]。

---

① 中国学位与研究生教育信息网. 中国学位与研究生教育大事记 [EB/OL].（2016-12-30）[2019-06-28].http://www.cdgdc.edu.cn/xwyyjsjyxx/xwbl/dsj/260224_4.shtml.

② 中国学位与研究生教育信息网. 中国学位与研究生教育大事记 [EB/OL].（2016-12-30）[2019-06-28].http://www.cdgdc.edu.cn/xwyyjsjyxx/xwbl/dsj/259598.shtml.

表 4-4　2000—2010 年学位授权审核增列结果一览

年份	批次	博士学位授权一级学科点	博士点	硕士学位授权一级学科点	硕士点
1999	第八批	310 个	442 个	—	2598 个
2002	第九批	290 个	725 个	—	—
2005	第十批	390 个	678 个	2163 个	4099 个
2010	第十一批	1004 个	—	3806 个	—

注：①第九批新增博士、硕士学位授权一级学科点共 290 个整理自中国学位与研究生教育大事记（2003 年）[J]. 学位与研究生教育，2004（8）：55-60. ②第八批数据源于中国教育和科研计算机网. 第八次博士、硕士学位授权审核工作 [EB/OL].（2005-12-31）[2019-06-28]. http://www.edu.cn/zhong_guo_jiao_yu/jiao_yu_zi_xun/nian_jian/nj2001/list7/200603/t20060323_157081.shtml. ③第十批数据源于中华人民共和国教育部. 中国教育年鉴 2006 [EB/OL].（2019-04-12）[2019-06-28]. http：//www.moe.edu.cn/jyb_sjzl/moe_364/moe_1588/. ④第十一批数据源于王战军. 中国学位与研究生教育 40 年（1978—2018）[M]. 北京：中国科学技术出版社，2018：167.

随着专业学位类别增加和发展，专业学位授权经由分散试点过渡到集中审核。最初设立的专业学位，符合相应专业学位研究生培养基本条件的高校可向国务院学位委员会办公室申请，征求专家组织意见并待其评估后，方由国务院学位委员会批准试办试点。《专业学位设置审批暂行办法》第六条、第七条分别规定了审批专业学位教育试点的条件和程序。各专业学位领域专家组织逐步健全，国务院学位委员会办公室在审批试点之前委托专业学位教育指导委员会开展审核评估。2010 年，国务院学位委员会第 27 次会议审议通过了 19 种新增硕士专业学位类别，随即展开学位授权点审核工作，开创了专业学位授权集中审核的先例。国务院学位委员会委托省级学位委员会或部属高校审核新增授权点，按审核流程进行现场答辩、实地考察、会议评审、结果公示等，而后上报国家审批。2010 年颁布的《硕士、博士专业学位设置与授权审核办法》提出专业学位授权的组织、条件、程序等意见，专业学位授权与学术型学位授权审核工作同步，新增博士专业学位授权由国家评审和审批；新增硕士专业学位授权由各省组织评审，报国家审批。截至 2010 年，博士、硕士专业学位授权单位分别为 66 家、509 家，博士、硕士专业学位授权点分别有 83 个、2679 个，其中布局最多的是兽医博士点，为 71 个；超过 100 个硕士点的依次为工程硕士（314 个）、工商管理硕士（233 个）、翻译硕士（158 个）、公共管理硕士（146个）、艺术硕士（137个）、法律硕士（116个）、会计硕士（102个）、临床医学硕士（101个）[①]。

二、质量评估谱系化

质量评估作为研究生教育政策保障的重要组成部分，这一时期提上政策议程已正逢其时，并发展成谱系化。主要原因在于，一方面，研究生教育规模跨越式增长导致人才培养质量堪忧；另一方面，学位授权审核积极发展导致授权点规模基数庞大，保证其水平和质量迫在眉睫，比如第九批学位授权审核后，博士、硕士学位授权单位341个和775个；博士、硕士学位授权一级学科点974个，博士点、硕士点1707个和12590个。2000年，《关于加强和改进研究生培养工作的几点建议》提出“建立健全研究生教育评估制度，完善质量保证体系，包括建立学位授权点定期评估制度；培养单位开展经常性的自我评估工作；国家开展全国优秀博士论文评选工作”。2002年，《关于加强和改进专业学位教育工作的若干意见》提出“建立和完善专业学位教育评估制度”。整体而言，研究生教育评估分为合格评估和水平评估两种类型，覆盖学位授权点定期评估、专业学位教学合格评估、博士学位论文抽查、一级学科水平评估、优秀博士学位论文评选等项目。

学位授权点定期评估属于合格评估，开启了建设周期化的研究生教育评估制度。20世纪80—90年代，研究生教育领域一方面陆续实施了针对部分学科、专业学位点零散的检查性评价及试点评估，另一方面首次开展学位授权点基本条件合格评估。2005年，国务院学位委员会出台《关于开展对博士、硕士学位授权点定期评估工作的几点意见》，评估内容包括学位点授权以来学术队伍、人才培养质量、科研项目及成果等，周期为6年；博士点由国务院学位委员会办公室组织、硕士点评估委托省级及军队学位委员会实施。国务院学位委员会于2005年和2006年分别下发《关于2005年博士学位授权点评估工作

① 研究生专业学位总体设计研究课题组. 开创我国研究生专业学位教育发展的新时代——研究生专业学位总体设计研究报告［M］. 北京：中国人民大学出版社，2010：239-240.

的通知》《关于委托省级学位委员会和军队学位委员会开展硕士学位授权点的定期评估工作的通知》，决定首期评估1998年及以前获得授权的一级学科博士学位授权点、博士点、硕士学位授权点。定期评估采取授权点自我评估、基本状态评价和学位论文抽查等环节。国务院学位委员会《关于对定期评估博士学位授权点的学位论文进行抽查的通知》委托教育部学位与研究生教育发展中心组织；军事学门类学位论文委托军队学位委员会办公室组织。评估结果为“合格”，继续授权；存在一定问题须经整改才能合格，两年后再次申请评估；自评不合格申请自动放弃，终止授权。首期评估存在部分博士、硕士学位授权点整改后再评估仍被撤销的情况。通过合格评估，推动授权点建立自我评估机制、质量保障机制，达到了授权点动态管理的政策目标。另外，专业学位研究生教育开始探索合格评估制度，起源于工商管理专业学位教学评估。2000年，国务院学位委员会办公室《关于开展中国高校工商管理硕士学位教学合格评估工作的通知》是专业学位研究生教育领域的首次正式评估。2002年国务院学位委员会办公室下发《关于公布工商管理硕士学位教学合格评估通过单位名单的通知》，公布了前三批试点单位的评估结果[①]。2005年、2009年，国务院学位委员会办公室分别实施了第四批、第五批、第六批工商管理硕士学位试办单位的教学合格评估。高级管理人员工商管理硕士专业学位教育试点单位（2005年首批）、公共管理硕士专业学位教育试点单位（2006年首批）、教育硕士专业学位教育试点单位（2006年第一批和第二批；2009年第三批）等陆续开展合格评估。专业学位研究生教育评估由国务院学位委员会办公室委托教育部学位与研究生教育发展中心（前身是全国学位与研究生教育发展中心）组织，并由相应领域专业学位教育指导委员会具体实施，评估环节包括试办单位提交建设报告、专家实地考察并打分等，评估内容大致涵盖项目设计、制度建设、招生管理、过程管理、师资队伍、教学效果、教育条件、办学特色等方面。

博士学位论文抽查评价属于合格评估，目的是衡量研究生培养单位博士学位授予质量。博士学位论文抽查是指对已经获得博士学位作者的学位论文进

① 中国学位与研究生教育大事记［J］．学位与研究生教育，2002（12）：39-40.

行随机抽样，并进行合格性质量评价的过程[①]。博士学位论文抽查重在加强博士培养产出的监督，促进研究生培养单位质量保障机制的建设，提高博士生培养质量意识和观念，推动研究生培养单位质量文化的形成。1999年，时任教育部部长陈至立在第一次全国优秀博士学位论文评选专家会上明确要求，“不仅要评选优秀博士学位论文，还要抽查部分其他学位论文，以保证我国博士学位整体质量不断提高[②]”。博士学位论文抽查自2000年开始，每年度开展一次，此项工作由教育部学位管理与研究生教育司（教育部研究生工作办公室）负责，委托教育部学位与研究生教育发展中心组织（前身是全国学位与研究生教育发展中心）；军事学学位论文抽查委托军队学位委员会办公室组织。抽查评价内容包括论文选题与综述、论文创新性、论文体现的理论基础和专门知识，以及科学研究能力等方面进行评价，按照人文社会科学类和自然科学类分类评价，评价结论按质量高低分为“A、B、C、D”四档[③]。2004年，教育部学位管理与研究生教育司《关于开展2004年博士学位论文抽查工作的通知》要求各学位授予单位报送学位论文材料。教育部学位与研究生教育发展中心《关于报送2004年抽查博士学位论文有关材料的通知》作了详细规定。2010年，博士学位论文抽检政策做了调整[④]：一是适当提高抽检数量，并实现抽检工作常态化；二是改革抽检方式，实现对被查单位“零干扰”。主要是指不再要求学位授予单位上报论文材料，而是按相应规则抽取后直接从国家图书馆调取；三是加大对抽检结果的使用，形成良性的质量监督机制。

一级学科评估，也称学科排名，属于水平评估，直观反映学位授权点发展的水平和实力，成为有效的外部质量保障机制。学科评估是由教育部学位与研究生教育发展中心创立的评估项目，按照《授予博士、硕士学位和培养研究

---

① 中国学位与研究生教育信息网. 博士学位论文抽查项目简介［EB/OL］.（2004-03-10）［2019-06-28］. http://www.cdgdc.edu.cn/xwyyjsjyxx/zlpj/bslwccps/257696.shtml.

② 中华人民共和国教育部官网. 陈至立在全国优秀博士学位论文评选专家会上的讲话［EB/OL］.（1999-03-01）［2019-06-28］. http://www.moe.gov.cn/publicfiles/business/htmlfiles/moe/moe_176/200409/1306.html.

③ 王战军. 学位与研究生教育评价理论与方法［M］. 北京：高等教育出版社，2012：99.

④ 教育部加大博士学位论文抽检力度　进一步保障学位授予质量［EB/OL］.（2010-11-15）［2019-06-28］. http://www.cdgdc.edu.cn/xwyyjsjyxx/zlpj/pgpsdtxx/268038.shtml.

生的学科、专业目录》，整体评估除军事学门类外的全部一级学科，并根据评估结果进行排名。评估目的是通过科学、客观的评估，使各学科点找准优势和不足，推动学科建设，提高研究生培养和学位授予质量；为社会人才流动和学生选报学科专业提供可靠信息；为政府教育主管部门提供决策参考。学科评估采取“自愿申请参加、免收评估费用”的模式开展，研究生培养单位只要有博士、硕士学位授权点，均可参加。学科评估指标体系是以“主观评价与客观评价相结合、以客观评价为主”，涵盖学术队伍、科学研究、人才培养、学术声誉四个一级指标①，综合反映学科发展水平、发展成就、学术影响力，同时按照人文社科、理学、工学、农学、医学、管理学六大学科领域进行分类评估。评估程序包括数据采集、数据公示、数据核查、声誉调查、结果计算、结果发布等②。21 世纪 10 年代，学科评估开展了两轮，第一轮是 2002—2004 年，229 家研究生培养单位的 1366 个学科；第二轮是 2006—2008 年，331 家研究生培养单位的 2369 个学科，参评单位和学科逐轮增多（表 4-5）。评估结果分高校和科研院所两类培养单位展示，并以百分制计分排名。

表 4-5 第二轮学科评估中高等学校参评学科点统计

单位：个

学科类别	一级学科博士点		博士点		一级学科硕士点参评	硕士点参评
	参评	共有	参评	共有		
人文社科类	174	202	160	370	88	198
理　　学	148	183	82	188	32	65
工　　学	462	558	181	465	96	157
农　　学	64	91	31	69	14	27
医　　学	67	124	40	116	16	18
管 理 学	64	91	31	69	14	27
合　　计	979	1249	525	1277	260	492

注：数据整理自中国学位与研究生教育网［EB/OL］.（2019-06-20）［2019-06-28］. http://www.chinadegrees.cn/xwyyjsjyxx/zlpj/xksppm/.

① 中国学位与研究生教育信息网. 学科评估指标体系［EB/OL］.（2010-06-23）［2019-06-28］. http://www.chinadegrees.cn/xwyyjsjyxx/zlpj/xksppm/xkxgwj/265891.shtml.

② 中国学位与研究生教育信息网. 学科评估工作简介［EB/OL］.（2009-12-16）［2019-06-28］. http://www.chinadegrees.cn/xwyyjsjyxx/zlpj/xksppm/xkxgwj/264097.shtml.

全国优秀博士论文评选属于水平评估，旨在通过评估博士学位论文学术水平达到培养高层次创造型人才、激发博士研究生创新精神、提高博士研究生培养质量、完善质量保障机制的目标。《面向21世纪教育振兴行动计划》提出实施“高层次创造性人才工程”，积极参与国家创新体系建设；从1999年开始，每年评选百篇具有创新水平的优秀博士论文；对于获奖后留在高等学校工作的博士，连续5年支持其科研、教学工作。1999年，教育部、国务院学位委员会发布了《关于印发〈全国优秀博士学位论文评选办法〉的通知》，规范了评选实施细则，包括评选目的、评选原则、评选组织、评选标准、评选结果公开和使用等。同年，教育部下发《关于印发〈高等学校全国优秀博士学位论文作者专项资金资助办法〉的通知》，提出资金资助的目的、基本条件、管理、时限和金额等。《2003—2007年教育振兴行动计划》提出推进“研究生教育创新计划”，采取评选优秀博士学位论文等措施，促使拔尖创新人才脱颖而出。优秀博士论文评选由教育部学位管理与研究生教育司（教育部研究生工作办公室）负责，委托教育部学位与研究生教育发展中心组织，每年评选一次，每次评选不超过100篇（表4-6）。评选一直持续到2013年。评选经过推荐、初选和复评阶段，参评论文由学位授予单位向其所在省、自治区、直辖市的学位委员会、研究生教育主管部门或教育部研究生工作办公室指定的其他部门推荐；省级学位委员会、研究生教育主管部门或教育部研究生工作办公室指定的其他部门，根据教育部研究生工作办公室下达的初选名额对推荐论文进行初选；教育部研究生工作办公室负责组织对初选的论文进行复评，复评工作包括同行专家通信评议和专家审定会审定。2003年，全军首届优秀博士、硕士学位论文评选，共评选出30篇优秀博士学位论文、70篇优秀硕士学位论文，在我军研究生教育史上尚属首次[①]。

表4-6 1999—2010年全国优秀博士学位论文篇数

年份	1999	2000	2001	2002	2003	2004
篇数	100	100	100	97	97	97
年份	2005	2006	2007	2008	2009	2010
篇数	96	99	98	100	98	100

① 中国学位与研究生教育大事记（2003）[J]. 学位与研究生教育，2004（8）：55-60.

1999—2010 年优秀博士学位论文共计评选 1182 篇，按学位授予单位类型分布统计，高等学校和中国科学院分别占 82.3% 和 15.5%，其中清华大学和北京大学占 15.1%；按区域分布统计，北京市、上海市分别占 37.2%、14.8%；按学科统计，工学、理学学科分别占 37.1%、29%①。

三、培养创新政策多管齐下

研究生创新能力培养始终是研究生教育政策的核心目标，尤其是在研究生教育规模持续扩增的阶段更凸显紧迫性、艰巨性。这一时期研究生培养创新政策可谓层出不穷、多管齐下，影响力较大的有研究生教育创新计划、研究生教学教材建设、研究生培养机制改革等。

研究生教育创新计划主要围绕培养创新能力、提升培养质量、构建创新体系的政策目标实施。《关于加强和改进研究生培养工作的几点意见》提出“推进素质教育，突出对研究生创新能力、实践能力、创业精神的培养，增进研究生的人文素养和科学素质”。《2003—2007 年教育振兴行动计划》提出推进“研究生教育创新计划”，采取举办博士研究生学术论坛等措施，鼓励并资助研究生科研创新，促进研究生教育与生产劳动和社会实践紧密结合。2005 年，教育部出台《关于实施研究生教育创新计划，加强研究生创新能力培养，进一步提高培养质量的若干意见》，明确创新计划的指导思想、主要任务、组织实施等。教育部学位管理与研究生教育司发出《关于加强研究生教育创新计划项目管理的通知》，详细说明了创新计划项目的管理组织、申报与审批、实施要求、检查与评价、信息管理等事项，国务院学位委员会办公室、教育部学位管理与研究生教育司负责项目领导和组织；研究生教育创新计划项目管理专家工作小组负责项目实施的指导、咨询和建议。2003—2004 年，教育部每年投入 1000 万元；2005—2008 年每年提高到 2000 万元②。2006 年，教育部学位

① 王战军. 学位与研究生教育评价理论与方法［M］. 北京：高等教育出版社，2012：113-115.

② 中国研究生院院长联席会. 中国研究生教育年度报告 2009［M］. 北京：高等教育出版社，2009：80-81.

管理与研究生教育司出台《关于加强研究生教育创新计划区域合作的意见》，指出创新计划区域合作的具体意见和要求，将创新计划推向省级和培养单位层面。2007 年地方创新实践项目 31 个、区域合作项目 3 个[①]。

研究生创新计划实施以来，承担单位逐年增多，实施项目也在增加（表 4–7）。研究生教育创新计划覆盖博士研究生学术论坛、研究生创新中心、研究生暑期学校、研究生国内访学、博士研究生学术会议、研究生培养改革、研究生培养机制改革等多个项目。由表 4–8 可知，最先实施且范围较广的是博士研究生学术论坛、研究生创新中心、研究生培养及课程改革等项目，其次为研究生暑期学校、国内访学等项目。

表 4–7　2003—2010 年创新计划承办单位及实施项目统计

年份	承办单位数 / 个	实施项目数 / 个
2003	11	13
2004	20	22
2005	42	50
2006	61	85
2007	77	113
2008	62	92
2009	130	259

注：① 2003—2008 年数据源于中国研究生院院长联席会. 中国研究生教育年度报告（2009）[M]. 北京：高等教育出版社，2010：80–86. ② 2009 年数据源于中国学位与研究生教育信息网 [EB/OL].（2010–04–30）[2019–07–24]. http://www.cdgdc.edu.cn/xwyyjsjyxx/xwbl/dsj/266244.shtml.

表 4–8　2003—2008 年各类创新计划项目统计

单位：个

年份	博士生学术论坛	研究生创新中心	研究生暑期学校	研究生国内访学	博士生学术会议	研究生培养及课程改革	研究生培养机制改革	其他
2003	1	7	—	—	—	2		
2004	8	10	—	—	—			4
2005	9	18	4	6	—	5		—
2006	13	13	14	26	—	12		7
2007	10	7	22	18	3	3	14	5
2008	18	—	27	25	8	—		14

注：数据来自中国研究生院院长联席会. 中国研究生教育年度报告（2009）[M]. 北京：高等教育出版社，2010：80–86.

① 中国研究生院院长联席会. 中国研究生教育年度报告 2009 [M]. 北京：高等教育出版社，2009：81.

研究生教材是研究生教学质量的重要保证，是提升研究生教学水平的关键要素。1997 年，针对我国研究生教材内容陈旧、更新速度迟缓，且地区间教材水平参差不齐，严重制约我国研究生培养质量的提高等问题，10 名院士联名致函国务院，呼吁加强对研究生教学用书建设的领导与支持。对此，国务院十分重视并作了批示，在财政部支持下，教育部在 1998 年设立“研究生教学用书建设专项资金”，计划用 5 年左右的时间，组织编写和遴选出版 500 种左右高水平的研究生教学用书，供各研究生培养单位自主选用①。《关于加强和改进研究生培养工作的几点意见》提出加强研究生教材建设，提高研究生教学的整体水平；国家主管部门设立“面向 21 世纪研究生教学用书建设计划”专项经费，支持出版高水平的研究生推荐教学用书；组织出版一批优秀的硕士研究生公共课、基础课和专业基础课的推荐教学用书。研究生教学用书遴选采取研究生培养单位申报、委托全国学位与研究生教育发展中心组织专家通信评议、国务院学位委员会学科评议组会议审定的程序。截至 2005 年，共遴选 7 批研究生教学用书（表 4–9）。入选的研究生教学用书出版或再版统一冠以“研究生教学用书 教育部研究生工作办公室推荐”（或教育部学位管理与研究生教育司推荐）。

表 4–9 研究生教学用书遴选情况

年 度	申报单位	参加遴选推荐的教材数	入选为推荐用书数
1998—1999	28	102	12
1999—2000	105	416	89
2000—2001	92	307	77
2001—2002	113	410	107
2002—2003	113	386	79
2003—2004	101	405	115
2004—2005	114	415	151

注：前 5 个年度数据源于龚华芳，徐伯良. 有关研究生教学用书遴选推荐使用及教材建设情况的调查［J］. 学位与研究生教育，2005（4）：15–18.2003—2004 年度“研究生教学用书”遴选结果［J］. 中国研究生，2004（3）. 2004—2005 年度“研究生教学用书”遴选结果［J］. 中国研究生，2005（3）：20–23.

① 教育部推荐研究生教学用书［J］. 学位与研究生教育，2002（1）：33–36.

研究生培养机制改革的核心是建立以科研为导向的导师负责制和资助制。随着研究生规模的跨越式发展，研究生培养质量和水平成为研究生教育改革发展的核心命题。长久形成的研究生培养机制缺乏对导师和研究生的内在激励，制约着研究生培养质量的提高。教育部、国家发展改革委、财政部联合提请国务院批准《关于进行研究生培养机制改革试点的通知》，从2006年起9所高校进行研究生培养机制改革试点，重点说明研究生培养经费的分担、研究生的资助等问题①。研究生培养机制改革以完善科学研究主导的导师负责制和资助制为核心、以建立研究生教育质量长效保障机制和内在激励机制为主要内容，第一批试点高校是哈尔滨工业大学、华中科技大学、西安交通大学等，从2006级研究生实施②。2006年，教育部学位管理与研究生教育司下发《关于印发〈西安交通大学研究生培养机制改革试点情况报告〉的函》，将西安交通大学研究生培养机制改革的内容和措施向试点高校推介，改革工作首先从研究生奖学金制度、研究生招生制度、研究生“三助”制度等方面探索。另外，教育部组织第一批试点高校经验交流会。2007年，14所高校从2007级研究生实施培养机制改革③。2009年，教育部办公厅出台《关于进一步做好研究生培养机制改革试点工作的通知》，决定2009年改革试点范围扩大至所有中央部属培养研究生的高等学校，鼓励地方选择所属培养研究生的高等学校进行改革试点；文件说明了改革的目的、意义，提出了贯彻研究生培养的科学研究导向原则、加强指导教师队伍建设与管理、充分调动研究生创新积极性、大力调整研究生培养类型结构等指导性意见。

第三节　大学和学科重点建设

重点建设充分体现我国研究生教育的制度优势和政策特色，接续发挥了

---

① 中国学位与研究生教育大事记（2005）[J]. 学位与研究生教育，2006（11）：69-76.

② 教育部. 研究生培养机制改革试点工作顺利[EB/OL].（2007-05-30）[2019-06-28]. http://www.gov.cn/govweb/ztzl/jygz/content_631148.htm.

③ 叶铁桥. 研究生培养机制改革：17所高校首批试点[EB/OL].（2007-03-23）[2019-06-28]. http://zqb.cyol.com/content/2007-03/23/content_1709161.htm.

"以点带面、集中突破、整体跃升"的示范、引领作用，加快世界一流大学的创建步伐，提升研究生教育综合实力、国际竞争力，为国家发展战略提供强有力的智力支持和人才保障。20 世纪 90 年代末以来，重点学科建设再次启动、高水平大学建设接续发力、一流大学建设工程起锚，项目政策效应"叠加"、效益放大，推动建设学科和建设高校整体实力跃迁、竞争力空前提升。

一、建设的"制胜法宝"

重点建设成为我国研究生教育改革发展的"制胜法宝"。历经重点学科建设、"211 工程"建设、"985 工程"建设，重点建设基本为每十年即升级、叠加成新的政策工程。统计显示，三项重点建设工程均实施了三个周期，建设周期存在重叠（表 4–10）。从政策覆盖面看，重点建设越发高端化、精英化，全力打造冲击世界一流大学的高校群体。

表 4–10　重点建设工程概况

建设工程	建设周期	起止时间	标志性政策文件	高校覆盖面
国家重点学科	一期	1987—1989 年	《关于做好评选高等学校重点学科申报工作的通知》	107 所
	二期	2001 年	《关于开展高等学校重点学科评选工作的通知》	182 所
	三期	2006—2007 年	《关于做好国家重点学科考核评估工作的通知》	196 所
211 工程	一期	1995—2000 年	《"211 工程"总体建设规划》	99 所
	二期	2002—2005 年	《关于"十五"期间加强"211 工程"项目建设的若干意见》	107 所
	三期	2007—2011 年	《关于印发〈高等教育"211 工程"三期建设总体方案〉的通知》	112 所
985 工程	一期	1999—2001 年	《面向 21 世纪教育振兴行动计划》	34 所
	二期	2004—2008 年	《关于继续实施"985 工程"建设项目的意见》	39 所
	三期	2010—2013 年	《关于加快推进世界一流大学和高水平大学建设的意见》	39 所

注：整理自①王战军. 中国学位与研究生教育 40 年（1978—2018）[M]. 北京：中国科学技术出版社，2018：171–197；②郭新立. 中国高水平大学建设之路——从 211 工程到 2011 计划[M]. 北京：高等教育出版社，2012：12–42.

《面向21世纪教育振兴行动计划》指出“若干所高校和一批重点学科进入或接近世界一流水平”的总体政策目标，进一步提出“继续并加快进行211工程建设”“创建若干所具有世界先进水平的一流大学和一批一流学科”的政策计划。这一宏观政策重启了国家重点学科建设二期评选，明确了“211工程”二期建设，开启了“985工程”一期建设。《2003—2007年教育振兴行动计划》指出“重点推进高水平大学和重点学科建设”的阶段性整体目标，提出“继续实施‘985工程’和‘211工程’，努力建设一批高水平大学和重点学科”。这份文件明确了国家重点学科建设三期评选、“211工程”三期建设、“985工程”二期建设。

进入21世纪，国家重点学科建设工程再次重启。2001年，教育部下发《关于开展高等学校重点学科评选工作的通知》，指明了国家重点学科建设二期评选的主要目的、指导思想、组织与实施。这次评选的指导思想是调整结构、合理布局、择优确定、公平竞争，目的在于：形成一批立足国内培养高层次专门人才、解决经济建设和社会发展重大问题的基地；对学科建设方向进行引导和示范、进一步适应现代化建设的需要；在全国范围内形成布局合理、各具特色和优势的重点学科体系。2006年，教育部下发《关于做好国家重点学科考核评估工作的通知》，开启了国家重点学科建设三期评选，分为三个阶段：第一阶段考核评估已有国家重点学科；第二阶段增补二级学科国家重点学科；第三阶段认定一级学科国家重点学科。2007年，教育部下发《关于开展国家重点学科增补工作的通知》，启动了三期评选中的重点学科增补阶段。在以上两个阶段基础上，教育部按照一定标准认定了一级学科国家重点学科。表4–11显示，从二期、三期评选结果统计看，国家重点学科在一级学科和二级学科上覆盖面较广。

表4–11　国家重点学科评选结果与学科目录比较

	学科门类	一级学科	二级学科
二期评选	12/12	84/88	332/381
三期评选	11/12	81/89	349/386

注：数据引自王战军. 中国学位与研究生教育40年（1978—2018）[M]. 北京：中国科学技术出版社，2018：175.

科教兴国战略催生了“211 工程”的落地和实施。1993 年，中共中央、国务院颁布《中国教育改革和发展纲要》，正式提出“办好 100 所左右的重点大学和一批重点学科”，奠定了“211 工程”的政治基础。1994 年，国务院颁布《关于〈中国教育改革和发展纲要〉的实施意见》，明确提出“面向 21 世纪，分期分批重点建设 100 所左右的高等学校和一批重点学科”。1995 年，国务院批准实施《“211 工程”总体建设规划》，“211 工程”一期建设宣告启动。这“是一项跨世纪战略工程，是三个面向，上水平、上质量、促改革、增效益的工程”；建设目标定为“一部分重点高等学校和一部分重点学科接近或达到国际同类学校和学科的先进水平”。2002 年国务院同意《关于“十五”期间加强“211 工程”项目建设的若干意见》，“211 工程”二期建设启动，建设宗旨为“上质量、上水平”，建设目标为“大多数学校整体教学、科研水平达到国内领先地位，部分学科接近或达到世界先进水平”。2008 年，国务院审议同意《关于印发〈高等教育“211 工程”三期建设总体方案〉的通知》，“211 工程”三期建设启动。三期建设重在落实国家发展三大战略，建设目标为“部分学校建成特色鲜明、优势突出、部分学科达到世界先进水平的国际知名大学；更多学科接近或达到国际先进水平”。

“985 工程”是“211 工程”的升级版，政策目标剑指世界一流大学和高水平研究型大学。1998 年，时任国家主席江泽民在庆祝北京大学建校 100 周年大会上的讲话时宣布：“为了实现现代化，我国要有若干所具有世界先进水平的一流大学。”①1999 年，国务院批转《面向 21 世纪教育振兴行动计划》，“985 工程”一期建设宣告启动。2004 年，国务院批转《2003—2007 年教育振兴行动计划》，接连发布《关于继续实施“985 工程”建设项目的意见》。“985 工程”二期建设启动，建设目标为“一批学科达到或接近国际一流学科水平，经过更长时间努力，建成若干所世界一流大学”。2010 年，《关于加快推进世界一流大学和高水平大学建设的意见》标志着“985 工程”三期建设实施。三期建设的目标为“2020 年前后，一批达到国际先进水平的学科，若干所大学跻身

① 中华人民共和国教育部. 科教兴国的动员令［M］. 北京：北京大学出版社，1998：3.

世界一流大学行列；一批学校成为国际知名的高水平研究型大学；一批学校成为特色鲜明的高水平研究型大学”。

二、学科是建设主线

学科是研究生教育功能的承载体和基本平台。分析政策方案可以发现，研究生教育重点建设项目根植于学科的建设，以此延伸、扩散至其他政策目标。“211 工程”建设以学科发展为核心任务。“985 工程”建设以一流学科为目标。基于学科建设的重点建设政策推动建设高校全面发展、高质量发展，最终达到建设高校群体整体发展的目的。

国家重点学科建设经二期、三期评选，入选国家重点学科分别为 964 个和 980 个（表 4-12）。二期评选按照二级学科展开；三期评选中一级学科和二级学科同时进行，分别评出国家重点学科 287 个和 693 个。

表 4-12　国家重点学科按学科门类统计

学科门类	第二期评选		第三期评选	
	数量 / 个	比例 /%	数量 / 个	比例 /%
工　学	373	38.69	338	35.10
理　学	177	18.36	153	15.89
医　学	138	14.32	167	17.34
农　学	62	6.43	62	6.44
经济学	44	4.56	45	4.67
文　学	41	4.25	51	5.30
法　学	35	3.63	43	4.47
管理学	31	3.22	42	4.36
教育学	19	1.97	19	1.97
历史学	18	1.87	27	2.80
哲　学	16	1.66	16	1.66
军事学	10	1.04	0	0.00
总　计	964	100	963	100

注：①第三次评选数据源于中国学位与研究生教育信息网［EB/OL］.（2006-06-29）［2019-06-28］. http：//www.cdgdc.edu.cn/xwyyjsjyxx/zlpj/zdxkps/zdxk/. ②第二次评选数据源于王战军. 中国学位与研究生教育 40 年（1978—2018）［M］. 北京：中国科学技术出版社，2018：167.

“211 工程”建设的核心始终是学科建设。从建设方案文本来看，一期建设任务包括“学校整体条件、重点学科、高教公共服务体系等。其中，重点学科建设是核心，是体现教学科研水平的重要标志，是带动学校整体水平提高的有效途径”。二期建设任务包括重点学科、公共服务体系、院校整体建设。三期建设任务包括重点学科建设、创新人才培养和队伍建设、高教公共服务体系。一期、二期、三期建设分别要加强 300 个、800 个、1000 个左右与经济社会发展、新技术等相关学科。其中，三期建设规定应以国家重点学科第三次评选的学科为主。表 4–13 显示，基础产业和高新技术领域学科是建设重心，三期建设增加了新兴交叉、管理、能源、信息等领域的学科。

表 4–13 “211 工程”重点建设学科

学科领域	一期		二期		三期	
	数量 / 个	比例 /%	数量 / 个	比例 /%	数量 / 个	比例 /%
基础产业和高新技术领域	255	42.36	317	38.61	202	18.83
基础科学领域	89	14.78	117	14.25	153	14.26
医药卫生领域	66	10.96	90	10.96	120	11.18
人文社会领域	62	10.30	82	9.99	119	11.09
经济政法领域	57	9.47	73	8.89	96	8.95
环境资源领域	42	6.98	65	7.92	67	6.24
农业领域	31	5.15	33	4.02	68	6.34
新兴交叉学科领域	—	—	—	—	52	4.85
管理领域	—	—	—	—	51	4.75
能源领域	—	—	—	—	47	4.38
信息领域	—	—	—	—	42	3.91
总计	602	100	821	100	1073	100

注：数据引自王战军. 中国学位与研究生教育 40 年（1978—2018）[M]. 北京：中国科学技术出版社，2018：184，188，190.

“985 工程”以建设世界一流学科为核心目标之一。二期建设任务涵盖机制创新、队伍建设、平台建设、条件支撑、国际交流合作等。三期建设主要任务包括建成一批达到国际先进水平的学科、拔尖创新人才培养改革、加快引进和造就学术领军人物和创新团队、加强平台基础建设、高水平国际交流合作等。“985 工程”平台建设分为科技创新平台和哲学社会科学创新基地两大类别，依据服务面向每一类别又分为Ⅰ类、Ⅱ类两类（表 4–14）。平台基地建设是以创建世界一流学科为目标，促进学科交叉、拓宽学科发展空间、孕育新学科。二期时平台基地建设资金高达 129 亿元，占投入总资金的 30.28%。

表 4–14 “985 工程”平台与基地统计

建设类别	学科领域	Ⅰ类 / 个	Ⅱ类 / 个	小计	
				数量 / 个	比例 /%
科技创新平台	生命科学	16	39	55	14.78
	能源、环境与公共安全	12	42	54	14.52
	材料与制造	18	22	40	10.75
	基础前沿科学	16	23	39	10.48
	国家安全	11	24	35	9.41
	信息	13	22	35	9.41
	小计	86	172	258	69.35
哲学社会科学创新基地	经济学、社会学、企业管理	21	9	30	8.06
	文学、语言学、历史学	16	6	22	5.91
	哲学、马克思主义	13	5	18	4.84
	教育学、心理学、信息传播	7	5	12	3.23
	政治学、法学、行政学	8	3	11	2.96
	管理学	3	8	11	2.96
	国际问题、港澳台	8	2	10	2.69
	小计	76	38	114	30.65
合计		162	210	372	100

注：整理自郭新立. 中国高水平大学建设之路——从 211 工程到 2011 计划［M］. 北京：高等教育出版社，2012：38.

三、建设管理制度化

重点建设工程取得政策预期效果关键在于管理制度化、规范化、过程化，主要有组织管理体制、过程管理机制、政策文件体系等予以保障。

第一，重点建设组织管理体制既集中又分散。在政策顶层设计上，“985 工程”二期、三期建设由教育部和财政部共同组成的“985 工程”领导小组及工作小组，分别负责领导决策和组织实施，同时设立工程办公室，具体处理建设事务。“211 工程”建设之初即成立跨部门的部际协调小组，下设工程办公室，负责日常管理等。管理体制上，重点建设工程实行国家、地方或部门、高等学校三级管理，以高等学校自我管理、项目法人制为基础，清晰明确了各级管理方的职责。

第二，重点建设过程管理机制既严格规范又高效可控。梳理政策文本可知，重点建设工程一般历经项目启动、可行性审查、规划审批、年度报告、中期检查、末期验收、总结报告等管理程序（表 4-15）。

表 4-15　部分重点建设项目管理程序

管理程序	“211 工程”一期	“211 工程”二期	“211 工程”三期	“985 工程”二期
项目启动	1995 年 11 月	2002 年 9 月	2008 年 2 月	2004 年 6 月
可行性审查	√	√	2008 年 5 月	2004 年 7 月
规划审批	√	√	2009 年 8 月	2004 年 11 月
年度报告	—	√	√	√
中期检查	1998 年 8 月	2004 年 9 月	2010 年 6 月	2007 年 4 月
末期验收	2000 年 10 月	2005 年 11 月	2012 年 6 月	2008 年 12 月
总结报告	—	√	√	√

此外，建设经费管理采取国家、地方、有关部门、学校共同筹集，但在经费支出上按照建设任务做了投入重点的切分，以最大限度发挥经费的建设效

益。以“211 工程”资金来源为例，包括中央专项资金、主管部门和地方、学校自筹资金三方面。一期建设时，主管部门和地方资金占 48.93%，其次为学校自筹资金占 37.02%，中央资金仅占 14.02%，中央资金起到了极大的杠杆作用。二期建设时，三方投资比例较为接近，但学校自筹占比稍大（表 4–16）。

表 4–16 “211 工程”经费来源一览

单位：亿元

投资方	一 期	二 期	三 期
中央专项资金	27.55	60.00	96.30
部门和地方资金	95.95	59.70	—
学校自筹资金	72.58	67.80	—
总计	196.08	187.50	96.30

注：数据引自王战军. 中国学位与研究生教育 40 年（1978—2018）[M]. 北京：中国科学技术出版社，2018：184，188，190.

“211 工程”资金支出主要包括四大任务，从经费分配看，每期建设重心有所差别，但重点学科建设始终是建设的重要方向。一期建设时，教学科研设施支出占 47.02%，重点学科建设支出占到 34.45%。二期建设时，重点学科建设支出占比例增至 52.21%，教学科研设施支出减幅较大，新增师资队伍建设支出。三期建设时，重点学科建设支出占比进一步增至 67.71%（表 4–17）。

表 4–17 “211 工程”经费分配一览

单位：亿元

建设任务	一期	二期	三期
重点学科建设	67.54	97.90	65.20
学校和全国公共服务体系建设	36.35	37.10	7.80
教学科研基础设施建设	92.19	30.30	—
师资队伍建设	—	22.20	23.30
总经费	196.08	187.50	96.30

注：数据引自王战军. 中国学位与研究生教育 40 年（1978—2018）[M]. 北京：中国科学技术出版社，2018：184，188，190.

“985 工程”资金来源与“211 工程”基本一致，一期建设时，中央投资与地方和主管部门相比，比例上略多 7.02%。二期时，中央投资占到 44.37%，相比一期降低 9.14%，地方和主管部门投入比降幅达 13.63%，学校自筹占比为 22.77%（表 4–18）。

表 4–18 “985 工程”经费来源情况

单位：亿元

经费来源	一期	二期
中央专项资金	145	189
地方政府配套资金	110	140
主管部门配套资金	16	
学校自筹资金	—	97
总计	271	426

注：数据引自郭新立．中国高水平大学建设之路——从 211 工程到 2011 计划［M］．北京：高等教育出版社，2012：34，37．

第三，重点建设政策文件体系配套完善。教育部在开展国家重点学科第三次评选前制订了《关于加强国家重点学科建设的意见》《国家重点学科建设与管理暂行办法》，指出建设目的及意义、指导思想、基本思路、主要措施等，详细提出建设规划和重点、规范管理、投入机制、考核检查等举措。“211 工程”“985 工程”在管理程序的每个环节均制定了详实规范，包括可行性审查的内容和方式、中期检查的内容和组织、末期验收办法等。另外，“211 工程”“985 工程”项目专门制订其配套的《建设实施管理办法》《专项资金管理办法》，详细明确工程建设的组织实施，管理职责，检查验收，建设资金及其预算、决算、支出、检查与考评等事项。

20 世纪末至 21 世纪第一个 10 年，我国研究生教育改革发展完成历史性跨越，不仅建设成世界研究生教育大国，而且有力地服务国家发展战略转型，为向世界研究生教育强国迈进奠定了坚实基础。

第五章

建设研究生教育强国，服务中华民族复兴

经过21世纪第一个10年的积累，我国综合国力大幅提升。2010年，我国国内生产总值达到39.8万亿元，成为世界第二大经济体；科学技术创新取得一系列突破，载人航天、探月工程、超级计算机等尖端科技领域实现重大跨越；经济结构调整步伐加快，产业结构优化升级取得积极进展；体制改革有序推进，发展活力不断显现；对外开放迈上新台阶，国际地位和影响力显著提高。21世纪第二个10年，世界处于大发展、大变革、大调整时期，我国进入了改革发展的关键阶段，社会主义事业发展迈入了新时代。新的时代背景和发展任务迫切需要高素质人才和高水平科学技术的支撑，中国的未来发展和中华民族的伟大复兴对我国研究生教育事业提出了更高的要求。

强国必须强教。建设创新型国家、实现中华民族伟大复兴的宏伟目标赋予了研究生教育特殊重大的历史使命。在这一阶段，研究生教育的战略地位日益凸显，质量提升的紧迫性更加突出。21世纪的第二个10年是我国研究生教育质量提升与内涵式发展的重要阶段。2010年以来，伴随科教兴国战略、人才强国战略、创新驱动发展战略的实施，我国研究生教育发展进入新阶段，规模持续稳步增长，综合改革逐步深化，质量保障体系日益健全，国际影响力日

益扩大，正在朝着研究生教育强国迈进。与此同时，研究生教育的快速高质量发展对国家和社会做出了突出贡献，有效提高了全民族受教育水平和整体素质，推进了科技创新、文化繁荣，为经济发展、社会进步和民生改善做出了不可替代的重大贡献，在支撑我国从研究生教育大国向研究生教育强国、从人力资源大国向人力资源强国迈进，对支撑中华民族伟大复兴和人类文明进步发挥了巨大的作用。

第一节　研究生教育进入“质量时代”

随着《中长期教育改革发展规划纲要（2010—2020）》的贯彻落实和扎实推进，我国研究生教育站在了新的历史起点上，提高质量成为研究生教育改革发展最核心的任务和研究生教育改革发展最鲜明最突出的特征。围绕研究生教育质量提升，构建了“五位一体”质量保障体系，以评估为导向的重点建设成为研究生教育发展的一种文化，研究生教育进入了“质量时代”。

一、提升质量成为核心任务

2010年以来，我国进入全面建设小康社会的关键时期，进入深化改革开放、加快转变经济发展方式的攻坚阶段。经济结构战略性调整成为加快转变经济发展方式的主攻方向，科技进步和创新成为加快转变经济发展方式的重要支撑。2012年中共十八大提出：科技创新是提高社会生产力和综合国力的战略支撑，必须摆在国家发展全局的核心位置。强调要坚持走中国特色自主创新道路、实施创新驱动发展战略。创新发展，基础在教育，关键在人才。研究生教育肩负着培育高层次人才的重要使命，研究生教育质量直接关系到我国人才队伍的供给水平，进一步关系到我国经济社会发展和国际竞争力提升。在这一新的发展形势下，要实现创新驱动发展、促进经济转型升级，迫切需要高质量、高水平、高竞争力的研究生教育，为我国经济、社会、科技发展和国际竞争提供科技与人才支持。

与我国社会经济对高质量研究生教育的强烈需求相比，我国研究生教育的发展状况还存在一定差距。我国自 1978 年恢复研究生教育、1981 年实施学位制度以来，经过几十年的改革与发展，研究生教育事业实现了立足国内培养高层人才的战略目标，实现了历史性的飞跃。2009 年，我国招收研究生 510953 人，在校研究生总数达到 1404942 人，已迈入了研究生教育大国行列。但是，与研究生教育发达国家相比，与国家发展和人民群众的期盼相比，我国研究生教育发展水平仍然有很大差距，存在研究生的创新意识和创新能力相对薄弱；研究生教育，特别是博士研究生和专业学位研究生的质量评价和保障体系有待进一步健全完善等问题。① 要满足社会发展的迫切需求，推动研究生教育在新的时代背景下健康发展，必须要把发展的重心从扩大规模转移到提高质量和深化内涵的轨道上来②。

在此背景下，提高质量成为这一时期我国研究生教育发展的关键词，制定的相关政策均将提高质量作为核心任务。2010 年，国家《中长期教育改革发展规划纲要（2010—2020）》明确提出“提升质量是高等教育发展的核心任务，是建设高等教育强国的基本要求”，为这一阶段研究生教育的质量发展奠定了基础。之后，国家领导人的重要讲话、教育管理部门的工作方针均指向了“提高质量”这一研究生教育发展的重大政策目标。2011 年 2 月，国务委员刘延东于《在纪念〈中华人民共和国学位条例〉实施三十周年纪念大会上的讲话》中强调：提高质量是今后 10 年高等教育改革发展最核心的任务、最鲜明的特征。③ 研究生教育要坚持质量第一，坚持“完善制度、提高质量、科教结合、支撑创新、适应需求、引领未来”的基本思路。2012 年，教育部出台《关于全面提高高等教育质量的若干意见》，提出“改革研究生培养机制”“完善以科学研究和实践创新为主导的导师负责制”“学术学位研究生导师应通过科

① 赵沁平. 开拓、创新、求真，科学构建研究生教育学学科体系 [J]. 研究生教育研究，2014（6）：1–3.

② 王战军. 转型期的中国研究生教育 [J]. 学位与研究生教育，2010（11）：1–5.

③ 刘延东. 在纪念《中华人民共和国学位条例》实施三十周年纪念大会上的讲话 [J]. 学位与研究生教育，2011（3）：1–5.

研任务，提高研究生的理论素养和实践能力”“健全研究生考核、申诉、转学等机制，完善在课程教学、中期考核、开题报告、预答辩、学位评定等各环节的研究生分流、淘汰制度”等内容，以培养机制改革为切入点，全面提高教育质量。

为进一步推动研究生教育质量提升，2013 年，教育部、国家发展改革委、财政部联合印发了《关于深化研究生教育改革的意见》，确立了“服务需求、提高质量”的总体思路，提出了 28 条深化研究生教育改革的意见，研究生教育综合改革全面启动。“服务需求、提高质量”成为我国研究生教育事业发展的生命线。自此，提高质量成为这一阶段我国研究生教育改革的首要任务，质量第一成为这一阶段我国研究生教育发展的共识和基本原则。

以提高质量为核心，围绕“服务需求、提高质量”的发展主线，研究生教育管理机构、高等院校、学院、导师、研究生等研究生教育相关主体均聚焦于质量问题开展了一系列质量提升活动。2014 年，国务院学位委员会举行全国研究生教育质量工作会议暨国务院学位委员会第三十一次会议。此次会议是我国恢复研究生招生后首次以质量为主题召开的全国研究生教育工作会议，出台了一系列研究生教育质量保障制度，对于提高我国研究生教育质量具有重要意义。国务院学位委员会、教育部等部门在质量保证与监督、学位授权点评估、学位论文抽检、课程建设等方面出台的 6 份文件，得到各方高度认同，普遍认为标志着研究生教育进入到“质量时代”。[①] 同时，研究生培养单位在推进立德树人、改革招生选拔制度、创新人才培养模式、健全导师权责机制、深化国际交流与合作、调整学位授权点结构、开展自我评估等方面采取了一系列全方位的研究生教育改革举措，保障、提升研究生教育各个环节的质量水平。并通过制度建设，规范研究生教育管理，增强导师、研究生的质量意识，营造体现自身发展定位、学术传统与特色的质量文化。

① 刘延东．在全国研究生教育质量工作会议暨国务院学位委员会第三十一次会议上的讲话［J］．学位与研究生教育，2015（1）：1-6.

二、构建“五位一体”质量保障体系

改革开放以来，经过30年的实践和理论探索，我国基本上建立起一个以政府、社会中介、学位授予单位为主体的、多层次全方位的、具有中国特色的研究生教育质量保障体系，从制度和组织上为研究生教育质量的提高奠定了基础。[①]“十二五”之后，研究生教育“服务需求、提高质量”总体思想和研究生教育强国建设战略把顶层设计和系统构建研究生教育质量保障政策提上了议程。

2010年,《国家中长期教育改革和发展规划纲要（2010—2020年）》提出，要把提高质量作为教育改革发展的核心任务，注重内涵发展，建立教育质量保障体系。2013年,《教育部国家发展改革委财政部关于深化研究生教育改革的意见》中提出把统筹构建质量保障体系作为“服务需求、提高质量”的两个着力点之一，从改革质量评价机制、强化培养单位质量保证的主体作用、完善外部质量监督体系、建立质量信息平台等方面勾画了研究生教育质量保障体系的框架和轮廓。

2014年，国务院学位委员会、教育部出台了《关于加强学位与研究生教育质量保证和监督体系建设的意见》等系列文件，在借鉴国际研究生教育质量保障经验的基础上，对我国学位与研究生教育质量保障体系进行了顶层设计，旨在构建与研究生教育强国建设相适应的质量保障新体系。《关于加强学位与研究生教育质量保证和监督体系建设的意见》正式提出了以学位授予单位、教育行政部门、学术组织、行业部门和社会机构在内的“五位一体”研究生教育质量保障体系（图5-1）。指出，质量保证和监督体系建设的目标在于构建以学位授予单位质量保证为基础，教育行政部门监管为引导，学术组织、行业部门和社会机构积极参与的内部质量保证和外部质量监督体系。该意见明确了各质量主体职责，转变政府职能，强化学位授予单位的质量保证，加强教育行政

① 王战军. 构建质量保障体系　提高研究生教育质量［J］. 研究生教育研究，2011（1）：3-6+82.

部门的质量监管，充分发挥学术组织、行业部门和社会机构的监督作用。

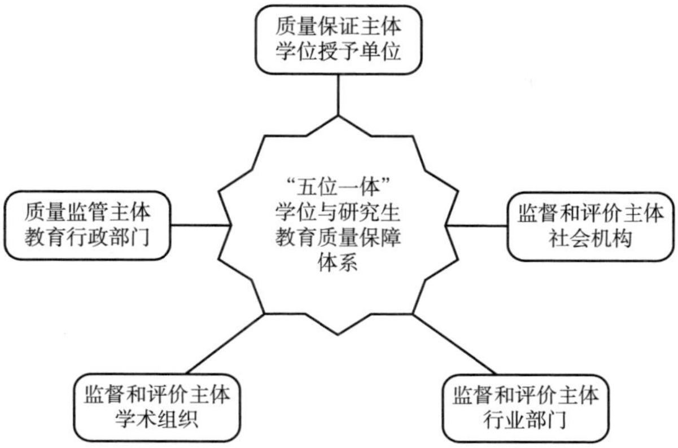

图 5-1 "五位一体"研究生教育质量保障体系

"五位一体"研究生教育质量保障体系具有四个突出的特点。第一，多主体协同质量保障，即研究生教育利益相关主体，包括研究生培养单位、政府教育行政部门、相关学术组织、行业实际部门、社会机构五类主体协同配合进行研究生教育质量保障，根据各自定位分别发挥研究生教育质量保障的主体作用，分别担当第一主体、监管与引导主体、监督与评价主体的质量保障作用。"五位一体"融于研究生教育质量保障过程当中，激发了各方在研究生教育监督与保障过程中的积极性。第二，研究生教育质量保障重心下移。质量保证和监督体系建设的重心下移到学位授予单位，明确培养单位是质量保证的第一主体，学位授予单位也要将质量保证的重心下移到各院系和导师，以研究生和导师为核心，从研究生教育基本活动入手，激发学生和导师的活力，加强内部质量保障体系建设①。第三，通过质量保障体系建设促进研究生教育特色发展，即根据人才需求的多样性，学科专业不同层次和类别等制定多样化的学位标准，实施分类管理和评价，以保证基本质量为前提，引导培养单位追求质量卓越、特色发展。第四，注重研究生教育质量文化建设，引导导师、研究生和管

① 教育部就构建研究生教育质量保证体系答记者问 [EB/OL].（2014-03-18）[2019-08-16]. http://www.jyb.cn/high/zcjd/201403/t20140318_574324.html.

理者强化研究生教育的质量意识，引导研究生培养单位逐步形成具有自身特色的质量文化。

《关于加强学位与研究生教育质量保证和监督体系建设的意见》等一系列质量保障顶层设计，以及国务院学位委员会、教育部发布的《学位授权点合格评估办法》和《博士硕士学位论文抽检办法》等配套文件的出台，共同构建了“五位一体”的研究生教育质量保障体系，为研究生教育步入“质量时代”提供了有力保障。这些文件在总结我国研究生教育质量保障历史经验、借鉴发达国家研究生教育质量保障经验和教训的基础上，对我国面向研究生教育强国建设的质量保障体系进行了系统优化设计，有利于促进卓越的研究生教育质量。[①] 中国特色研究生教育的内部质量保证与外部监督体系已基本成型，不断激发研究生教育高质量发展的内生动力。

三、开展多元质量保障活动

在研究生教育质量时代，以评价为代表的多元质量保障活动广泛开展起来，如学位授权点合格评估、学科评估、专业学位水平评估、学位论文抽检等。这些覆盖各方面的质量保障活动对于促进研究生教育质量提升发挥了重要作用。

（一）学位授权点合格评估

学位授权点是硕士、博士培养的基本单位，学位授权点评估是保障我国研究生培养质量的重要措施。1997 年，国务院学位委员会下发了《关于对前四批博士、硕士学位授权点进行基本条件合格评估的通知》，决定对前四批（1992年以前）批准的博士、硕士学位授权点进行基本条件合格评估[②]，并制定了博士、硕士学位授权点基本条件合格评估指标体系。全国共有 1718 个博士点和 3814 个硕士点参加评估，77 个博士点和 394 个硕士点未通过。此次学位授权点合格评估有效地提高了研究生培养质量和学位授予质量。学位授权点合

① 黄宝印，徐维清，张艳，等. 加快建立健全我国学位与研究生教育质量保证和监督体系［J］. 学位与研究生教育，2014（3）：1-9.

② 我国学位与研究生教育大事记（1997 年）［J］. 学位与研究生教育，2000（1）：73-76.

格评估已经成为我国学位与研究生教育工作的重点。

2012年，教育部出台了《关于全面提高高等教育质量的若干意见》，要求“加强学位授权点建设和研究生培养质量监控，坚持自我评估和随机抽查相结合，每5年对博士、硕士学位授权点评估一次。”2014年，国务院学位委员会、教育部联合出台了《关于加强学位与研究生教育质量保证和监督体系建设的意见》，进一步提出要“强化学位授予单位的质量保证”，强调了学位授权点质量保障工作的重要性。

根据这些意见，国务院学位委员会、教育部于2014年制定了《学位授权点合格评估办法》，决定开展学位授权点合格评估，并对合格评估的实施办法做了具体规定。办法要求学位授权点合格评估的周期为6年一轮，所有获得授权满6年的博士、硕士学位点均须参加合格评估，重点评估研究生教育质量和学位授予质量。从评估环节来看，学位点合格评估分为学位授予单位自评和教育行政部门随机抽评两个阶段，每个评估周期的前5年为自评阶段；随机抽评则在最后1年进行，抽评比例不低于20%，抽评依据是学位授予单位自评阶段公开的《学位授权点自我评估总结报告》；评价标准依据国务院学位委员会于2013年制定的《博士硕士学位基本要求》。同时，对于新增学位授权点，要在授权满3年后接受专项合格评估，专项合格评估合格后才能进入周期6年的合格评估。专项合格评估由国务院学位委员会办公室统一开展，委托国务院学位委员会学科评议组实施学术学位点专项评估，委托全国专业学位研究生教育指导委员会实施专业学位点评估。

2014年，我国开展了首次学位授权点合格评估和专项合格评估。评估的范围为2009—2011年取得授权的2296个博士、硕士学位点。其中，学术学位点381个、专业学位点1915个（含311个工程领域），涉及一级学科78个、专业学位类别37种、学位授予单位447家。2016年3月，教育部公布了2014年学位授权点专项合格评估结果和学位授予单位主动提出放弃授权的学位授权点名单。根据专家评议意见，2097个学位点评估结果为“合格”；95个学位点评估结果为“限期整改”，其中博士学位点5个、硕士学位点90个；50个学位点评估结果为“不合格”，包括博士学位点5个、硕士学位点45个。另外，有 54 个学位点，学位授予单位主动放弃授权。①

此次学位授权点专项合格评估效果显著，可谓是教育管理部门对研究生教育的一次刮骨疗伤，有助于倒逼研究生培养单位扭转追求扩招数量、忽视提高质量的错误认识和做法，树立正确的办学理念和发展模式，真正把工作重点放在提高质量上。社会舆论对这一次动真格的专项合格评估予以充分肯定，认为“研究生教育的供给侧改革来了”。

（二）第三四轮学科评估

学科评估是基于同一指标体系，对不同学校的同一学科之间进行比较。早在 20 世纪 80 年代我国就开展了一些学科评估活动，如 1985 年对物理化学、有机化学等二级学科进行的评估，1987 年对金属材料一级学科及金属物理等二级学科进行的评估等。1994 年，教育部学位与研究生教育发展中心（简称学位中心）成立后，组织开展了计算机科学与技术、化学、力学、电工、数学五个一级学科行使博士学位授予权的审核试点工作。② 到了 21 世纪，随着本科生和研究生教育的规模不断扩大，高等教育的质量问题日益引发全社会的广泛关注，官方、半官方的教育评价逐步发展，民间也出现了以学科为分析单位的多种排名。各类排名的无序发展导致社会呼唤负责任的、有公信力的排名出现。学位中心从不同于政府行政性评估的角度对学科建设水平进行评估。③ 学位中心组织开展的学科评估，是按照国务院学位委员会和教育部颁布的《学位授予和人才培养学科目录》的学科划分，对具有研究生培养和学位授予资格的一级学科进行的整体水平评估。学科评估以“服务大局、服务社会、服务高校”为目的，坚持“自愿申请，免费参评”的原则开展工作。2002 年，学位中心组织了第一次学科评估，之后每 4 年进行 1 次。“十二五”以来，学位中心分别于 2012 年、2016 年组织开展了第三四轮学科评估。

第三轮学科评估共有 391 个单位的 4235 个学科参加，学科参评率比第二

---

① 学位点评估将成教育质量监测常态——国务院学位办有关负责人解读 2014 年学位授权点专项评估结果［N］. 中国教育报，2016-04-01（3）.

② 王元义. 中国高校学科评估三十年（1985—2014 年）［D］. 上海：华东师范大学：2015.

③ 王立生，林梦泉，任超，等. 我国学科评估的发展历程和改革探究［J］. 中国高等教育，2016（21）：38-41.

轮增长 79%。[①] 第四轮学科评估参评学科数进一步扩大，在 95 个一级学科范围内开展（不含军事学门类等 16 个学科），共有 513 个单位的 7449 个学科参评。[②]

第三轮学科评估根据教育部“提高高等教育质量三十条”“2011 协同创新计划”和“研究生教育综合改革”等有关精神，广泛征求各方意见，在指标设置突出“质量、成效、特色”，在各方普遍关注的“学生评价、论文评价、科研评价、特色评价”等方面进行改革创新，倡导新的“学科评价质量文化”。评估指标体系主要包括师资队伍与资源、科学研究水平、人才培养质量、学科声誉四大方面。与前两轮学科评估相比，第三轮学科评估更为强调质量、淡化规模，创新学生质量评价和学术论文评价模式，改革科研成果评价办法、强调学科服务社会能力，并分类设置指标体系以突出特色。

第四轮学科评估深入贯彻落实中共十八大精神和习近平新时代中国特色社会主义思想，根据国家关于高等教育改革发展的总体部署和研究生教育综合改革的总体要求，以服务需求、提高质量为主线，以改革创新、追求卓越为动力，按照“质量、成效、特色、分类”的指导原则，以“人才为先、质量为要、中国特色、国际影响”的价值导向，努力建立中国特色的学科评估标准和评估方法，努力建立国际影响的中国评价标准和评价体系。与前三轮学科评估相比，第四轮学科评估保持之前评估的 4 个一级指标，并设置人文、社科、理工、农学、医学、管理、艺术、建筑、体育共 9 套指标框架，每个学科各自设置不同的权重。为了积极发挥指标体系对学科建设的引导作用，通过改进指标设置，引导高校将提高人才培养质量作为学科建设的核心任务，关注队伍结构质量、青年教师发展、提升论文质量、服务国家重大需求和地区经济社会发展，关注学科特色和内涵建设。在评估技术方面，采用主观与客观方法相结合、国内国际专家相结合的评估办法，创新采用分档方式公布评估结果，淡化排名色彩，呈现学科整体建设情况。

无论从指标设置抑或评估方法，第三轮、第四轮学科评估均朝着更凸显学科内涵式发展、全面呈现学科发展样态的方向不断完善。通过不断完善具有

---

① 2012 年学科评估结果发布［J］. 中国高等教育评估，2013，25（1）：76.

② 全国第四轮学科评估结果出炉［N］. 中国教育报，2017-12-29（1）.

中国特色的学科评估标准与办法，反映我国研究生教育基本状况，推进我国研究生教育质量提高。

（三）专业学位水平评估

随着专业学位研究生教育的快速发展，专业学位质量问题得到广泛关注，聚焦于专业学位的评估活动也逐渐构建起来。2016 年 3 月，国务院教育督导委员会办公室发布《关于开展专业学位水平评估试点工作的通知》，决定开展专业学位水平评估，以期通过专业学位水平评估，推动国家有关专业学位研究生教育政策法规的落实，改进对专业学位研究生教育的管理和指导，推动专业学位研究生教育实现更高质量、更有效率、更加公平的提升。①

根据国务院教育督导办委托，教育部学位中心作为第三方评估机构，于 2016 年启动了专业学位水平评估试点。试点范围为 8 个授权点规模和人才培养规模大、社会关注度高、社会影响力和代表性突出的专业学位，分别是法律、教育、临床医学（不含中医）、口腔医学、工商管理、公共管理、会计、艺术（音乐），共有 293 所学位授予单位的 650 个专业学位点参评。专业学位水平评估试点的指标体系包括培养目标、师资队伍、培养过程、学业质量、社会评价、质量保障体系 6 个一级指标，体现了“导向为主、质量为重、突出特色、分类设置”的评估理念，遵循了专业学位研究生教育应用性、实践性的特点，突出对教师实践指导能力、研究生实践能力培养、毕业生职业发展质量等方面的考察。专业学位水平评估试点的评估结果以“分档”方式呈现，按照“专业学位整体水平得分”的位次百分位，将各专业学位前 75% 的参评单位分为 9 档。共有 235 所学位授予单位的 492 个专业学位点获分档排名（C- 及以上），51 所学位授予单位的 98 个专业学位点获 A 类水平（含 A+、A 和 A-）。②

（四）博士硕士学位论文抽检

为保证学位授予质量，2014 年 1 月，国务院学位委员会、教育部印发了

① 黄宝印，王顶明. 充分发挥学位中心职能 助力研究生教育高质量发展［J］. 学位与研究生教育，2018（3）：1-6.

② 全国首次专业学位水平评估结果公布［EB/OL］.（2018-07-26）［2019-08-04］.http://www.cdgdc.edu.cn/xwyyjsjyxx/2018cpsr/.

《博士硕士学位论文抽检办法》。规定，每年将对上一学年度全国授予博士、硕士学位的论文进行抽检。博士学位论文抽检由国务院学位委员会办公室统一组织，抽检比例为 10% 左右，抽检论文从国家图书馆直接调取；硕士学位论文抽检由各省级学位委员会负责组织，抽检比例为 5% 左右。学位论文抽检结果将反馈给学位授予单位，并在一定范围内采取适当形式公布。抽检结果将作为学位授权点合格评估重要指标，对“存在问题学位论文”比例较高或篇数较多的学位授予单位，责令限期整改。经整改仍无法达到要求者，视为不能保证所授学位的学术水平，将撤销学位授权。①

（五）博士硕士学位授权审核

学位授权审核是中国特色学位与研究生教育制度的基本内容之一，也是保障我国学位与研究生教育质量和国际声誉的有效举措之一。自 1981 年《中华人民共和国学位条例》实施以来，我国逐步建立了具有中国特色的学位授权审核制度，开展了 11 批学位授权审核、1 次“服务国家特殊需求人才培养项目”学位授权审核和多次专业学位授权审核。随着我国研究生教育迈入新的历史阶段，以及政府职能转变的不断深入，需要进一步深化学位授权审核改革，制定学位授权审核办法。继 2008 年 1 月国务院学位委员会第 25 次会议审议通过《博士、硕士学位授权审核办法改革方案》，2017 年 3 月国务院学位委员会印发了《博士硕士学位授权审核办法》，首次对学位授权审核进行了全面系统的规范，正式启动 2017 年学位授权审核工作。

《博士硕士学位授权审核办法》推行学位授权审核分类，将学位授权分为新增学位授权审核和学位授权点动态调整两类，明晰两类授权审核的原则办法。②新增学位授权审核实行制度化，每 3 年实施一次，而学位授权点动态调整实现常态化，每年开展一次。同时，扩大省级学位委员会的统筹权和培养单位的自主权，政府统筹规划、宏观引导，建立服务需求、提高质量的宏观体

---

① 研究生学位论文将抽检［J］. 中国高等医学教育，2014（5）：10.

② 中华人民共和国教育部. 国务院学位委员会. 关于印发《博士硕士学位授权审核办法》的通知［EB/OL］.（2017-03-30）［2019-08-04］. http://www.moe.gov.cn/srcsite/A22/yjss_xwgl/moe_818/201703/t20170330_301525.html.

制，学位授权单位要充分发挥自主权，紧跟社会需求，形成服务需求、提高质量的内涵式发展机制。

2018年1月，国务院学位委员会办公室对2017年全国学位授权审核结果予以公示，包括34个新增博士学位授予单位、30个新增硕士学位授予单位、656个新增博士学位授权点、2083个新增硕士学位授权点，以及20个自主审核单位审核结果。①

四、质量保障工作转变

在各类评估活动广泛开展的同时，评估本身也在发生着变化。在研究生教育"服务需求、提高质量"的内涵式发展方向引领下，研究生教育评估活动在评估理念、指标设置、实施办法等方面也在朝着突出质量、突出内涵式发展的方向转变。同时，伴随着研究生教育内涵式发展探索，研究生教育质量评估的理念与实践也发生着变化，形成了具有中国特色的研究生教育质量评估文化。

（一）主体构成：由一元主导转向多元参与

随着我国研究生教育体制的改革，研究生外部质量保障初步实现了从政府一元控制模式向多元主体平衡模式的转变。②"十二五"以来，我国研究生教育评估质量保障主体呈现出多元发展的趋势，构建起了"五位一体"质量保障体系，政府教育行政主管部门、培养单位、行业部门、第三方评估机构等均参与到质量保障活动当中。研究生培养单位、行业部门、第三方评估机构的质量保障作用得到强化。在主体构成丰富的同时，进一步明确了培养单位作为质量保障第一主体的定位。

以学位授权点合格评估为例，学位授权点合格评估经历了从政府主导向多方参与的转变。改革开放以来，我国学位授权点评估向来坚持政府组织的官

---

① 2017年学位授权审核结果公示［EB\OL］.（2018-01-30）［2019-06-20］. http://news.sciencenet.cn/htmlnews/2018/1/399452.shtm.

② 王战军. 构建质量保障体系　提高研究生教育质量［J］. 研究生教育研究，2011（1）：3-6+82.

方评估和培养单位开展的自我评估相结合，政府官方评估以培养单位自我评估为基础，评估结论则以政府官方为准，培养单位的自我评估更多是为政府官方评估做准备和提供材料，是一种被动接受。2014年，国务院学位委员会、教育部印发《关于开展学位授权点合格评估工作的通知》，新一轮学位授权点评估将培养单位自我评估作为根本，并非是短时间内为应付政府评估而进行的应付式行动，而是成为一种日常的主动、自发的评估。同时，培养单位的自我评估不再是一个孤立的行为，而是成为研究生教育内部治理保证体系的有机构成部分，研究生培养单位的质量保证活动都以其自我评估作为持续改进的基础，培养单位自我评估制度的建立和完善是学位授权点合格评估中最基础、最核心、最关键的内容①。学位授权点评估不再只是政府和培养单位之间的互相博弈，社会组织也广泛参与其中。一方面，政府的随机抽评或者审核更多地依赖于各种学术组织和行业组织；另一方面，培养单位的自我评估也由过去由校内专家完成拓展到聘请校外乃至国外专家参与其中，社会组织参与学位授权点评估将使管办评分离成为现实，有利于保证学位授权点合格评估更充分地反映社会各方面的诉求。

（二）遵循理念：更加突出质量提升和内涵式发展

随着研究生教育本身的发展，评估活动的内在理念也在不断调整，经历了从“一把尺子”向“多元个性”，从固化静态到动态监测，从全面评价到重点考核的发展过程。评估内容更加突出质量，更加注重树立科学的评价导向，更加强调以评促建的评估效果。

从国家学科评估来看，与前两轮学科评估相比，2012年和2016年国家第三四轮学科评估在评估理念、内容、方法上都有进一步的更新。第三轮学科评估体现了“提高质量、优化结构、鼓励特色、协同创新”的思路，按照“科学客观、严谨规范、公开透明”的原则，突出“质量、成效、特色”导向，强调质量；采取“客观评价与主观评价相结合，以客观评价为主”的指标体系，淡化规模；树立了学科评价的正确导向，数量的影响因素渐渐淡化，质量的重要

① 黄宝印，徐维清，郝彤亮. 建立自我评估制度 健全质量保证体系［J］. 中国高等教育，2015（11）：7-9.

性日趋明显。第四轮学科评估深入贯彻研究生教育综合改革精神，按照“人才为先、质量为要、中国特色、国际影响”的价值导向，在继承前三轮评估指标体系基本框架的基础上，经广泛调研论证，形成了以引导学科内涵式发展的评估指标体系，以评促建的效果明显。

同时，评估活动中普遍存在的选取量化、易得指标，突出科研评价轻视育人评价等问题，造成了教育系统急功近利、唯利是图、浮躁投机的不良风气。[①]2018年，清理“四唯”“五唯”相关政策文件的颁布，推动研究生教育评估活动进一步朝着提升质量、服务研究生教育内涵式发展的方向转换。

2018年5月，习近平总书记在两院院士大会上的重要讲话中指出，当前“人才评价制度不合理，唯论文、唯职称、唯学历的现象仍然严重，名目繁多的评审评价让科技工作者应接不暇，人才‘帽子’满天飞，人才管理制度还不适应科技创新要求、不符合科技创新规律”。7月，中共中央办公厅、国务院办公厅印发了《关于深化项目评审、人才评价、机构评估改革的若干意见》，指出，评价要“突出品德、能力、业绩导向，克服唯论文、唯职称、唯学历、唯奖项倾向，推行代表作评价制度，注重标志性成果的质量、贡献、影响”，以进一步优化科研项目评审管理机制、改进科技人才评价方式、完善科研机构评估制度、加强监督评估和科研诚信体系建设。10月，为了深化高校体制改革，健全立德树人落实机制，扭转不科学的教育评价导向，推行代表作评价制度，注重标志性成果的质量、贡献、影响，科技部、教育部、人力资源社会保障部、中科院、工程院共同发布了《关于开展清理“唯论文、唯职称、唯学历、唯奖项”专项行动的通知》。紧接着，11月，教育部发布了《关于开展清理“唯论文、唯帽子、唯职称、唯学历、唯奖项”专项行动的通知》，指出将在各有关高校开展“唯论文、唯帽子、唯职称、唯学历、唯奖项”（简称“五唯”）清理，要求各高校对涉及“五唯”问题的事项要深入分析问题根源，研究提出整改措施和意见建议。国家去“四唯”、破“五唯”政策的颁布进一步推动了我国研究生教育评估理念朝着凸显质量的方向发展。

---

① 王战军，刘静，乔刚．清理“四唯”呼唤“双一流”建设评价创新［J］．中国高等教育，2019（1）：16-19.

（三）内容全面：覆盖研究生教育全过程

研究生教育质量体现在研究生教育的各个方面，是各个研究生教育环节共同作用的结果。这一时期，研究生教育质量保障工作的覆盖面更广，涉及研究生教育从招生到就业的各方面，也涉及研究生教育导师、研究生多元主体。

国务院学位委员会、教育部在《关于加强学位与研究生教育质量保证和监督体系建设的意见》中附了一份较为详细的《学位授予单位研究生教育质量保证体系建设基本规范》，要求更新质量保证理念，"确立与本单位办学定位相一致的人才培养和学位授予质量标准，建立以培养质量为主导的研究生教育资源配置机制"。并从招生管理、培养过程与学位授予管理、导师岗位管理、研究生管理与服务、条件保障与质量监督、质量管理与质量文化等方面提出了可供学校参考的意见。首次提出了研究生管理和服务的概念，特别是强调建立研究生权益保护机制。完善研究生培养过程中的正当利益诉求和权利救济机制，加强对研究生的权益保护。[①]

2014年之后，教育部针对研究生课程建设[②]、专业学位研究生案例教学和联合培养[③]等问题制定了专门文件，将课程质量作为评价学科发展质量和衡量人才培养水平的重要指标，强调硕士研究生培养中科研与课程学习并重的模式，发挥案例教学和基地建设优势，促进教学与实践有机融合以提升专业学位研究生培养水平。同时，社会各界对研究生教育质量的关注面也进一步拓宽。如周文辉等人将研究生作为质量评价主体，从2012年开始持续开展全国范围内的研究生教育满意度调查，考察在校研究生对课程教学、科研训练、导师指导、管理与服务的满意度来体现研究生教育质量。[④]

（四）质量文化：社会各界对评估的重视程度不断提升

教育评估作为判断教育发展水平的重要手段，在这一阶段得到了广泛的

① 研究生教育：迈进质量时代［N］. 中国教育报，2014-03-18.

② 教育部关于改进和加强研究生课程建设的意见［EB/OL］.（2014-12-05）［2019-04-08］. http://old.moe.gov.cn/publicfiles/business/htmlfiles/moe/s7065/201501/182992.html.

③ 教育部关于加强专业学位研究生案例教学和联合培养基地建设的意见［EB/OL］.（2015-05-11）［2019-04-08］. http://old.moe.gov.cn/publicfiles/business/htmlfiles/moe_824/201505/187792.html.

④ 周文辉，等. 中国研究生满意度调查［M］. 北京：中国科学技术出版社，2018.

运用。时任教育部部长袁贵仁在部长专题会上强调："评估非常非常重要，特别特别重要，是天大的事。"[①] 评估结果不仅成为国家、省级教育管理部门考量高校办学质量的主要手段，也成为社会各界认识各高校办学情况的重要途径，各培养单位积极参与到各个评估活动当中，提升评估结果成了诸多高校的重要工作内容。

以教育部学位与研究生教育发展中心组织的四轮学科评估参评情况为例，尽管学科评估以自愿参评为原则，但自2002年创造性开展第一轮学科评估以来，学科评估的社会影响越来越广泛，学位授予单位参加的积极性不断提高。2002—2004年，第一轮学科评估有229所学位授予单位的1366个学科参评。2006—2008年，第二轮学科评估有331所学位授予单位的2369个学科参评。2012年，第三轮学科评估有391所学位授予单位的4235个学科参评。2016年，第四轮学科评估有513所学位授予单位的7449个学科参加，涉及95个一级学科。历次参评学科数量几乎成倍增长。

与此同时，各省级教育管理部门、各高校普遍将世界知名的大学、学科评价与排名结果作为考察学校发展与学科建设的重要标尺，几大排行榜上榜结果引起高校管理者和高等教育研究者的广泛关注。例如，江苏省在其2016年颁布的《高水平大学建设方案》中提出，"到2020年，15所以上高校进入全国百强，其中10所左右高校进入前50名；支持若干所大学进入国家层面开展的世界一流大学建设行列。全国学科评估中，排名第一的学科数不低于全国总数的10%；100个左右学科进入基本科学指标数据库（ESI）全球同类学科前1%；进入国家层面开展的一流学科建设行列的学科数，不低于全国总数的10%"。将建设目标用评价结果来具体表达，江苏不是唯一的。武汉大学在其一流大学建设高校建设方案中，用评估结果来表明自身建设发展基础，"在国家重点建设和支持下，学校综合实力和核心竞争力稳步增强，国际声誉不断提升。在USNEWS大学排行榜中居第251位，QS居257位，16个学科进入ESI全球前1%，在全国第四轮学科评估中，有19个学科进入A类"。

① 教育部高等教育教学评估中心评估简报（2013年第一期）[EB/OL].（2013-06-06）[2019-04-10]. http://www.pgzx.edu.cn/modules/gongzuojianbao_d.jsp?id=40822.

第二节 外延式扩张转向内涵式发展

在我国研究生教育建设初期，发展主要通过数量增长和规模扩大来实现，可以称为一种“外延式”的发展模式。2002年，我国高等教育毛入学率已经超过了15%[①]，进入了高等教育大众化阶段；2009年，研究生教育招生规模、在学规模也实现了大幅上升。进入21世纪第二个10年，长期以来的规模增长带来了一系列现实问题，规模扩张已经不再是高等教育、研究生教育发展的核心增长点。2012年3月，教育部印发的《关于全面提高高等教育质量的若干意见》中第一条即明确提出：“坚持内涵式发展。牢固确立人才培养的中心地位，树立科学的高等教育发展观，坚持稳定规模、优化结构、强化特色、注重创新，走以质量提升为核心的内涵式发展道路。”内涵式发展已经成为新时期高等教育、研究生教育发展的新的路径选择。内涵式发展道路主要通过内部深入改革，激发活力，增强实力，提高竞争力；在研究生培养各个环节上下功夫，着力优化结构、提升质量、办出特色。

在这一阶段，我国研究生教育综合改革持续推进，立德树人，培养社会主义事业建设的可靠接班人；培养模式改革在教育教学各个环节展开，激发了研究生教育发展新活力；研究生教育体制机制更为灵活，“放、管、服”改革不断深化，开展学位授权动态调整，适应了社会发展新需求。研究生教育实现了有质量的快速发展，完成了由外延式扩张向内涵式发展的战略转变。

一、立德树人与培根铸魂

2010年以来，研究生立德树人工作在原有基础上进一步深化发展。立德树人成为研究生教育的根本任务。研究生德育工作灵活有效多维度展开，更加

① 张学文. 大众化背景下大学使命的重新审视［J］. 北京师范大学学报（社会科学版），2006（6）：13-20.

强调学术规范和学术道德，对学术不端行为“零容忍”。

（一）立德树人成为研究生教育事业的根本任务

研究生德育工作是研究生教育的重要组成部分，是培育“高、精、尖”人才的一个重要环节，德育效果不仅关系着研究生自身健康成长，也将影响国家的前途和民族的命运。随着我国高等教育由大众化向普及化阶段迈进，研究生教育进入了快速发展轨道，我国研究生思想政治教育工作进入一个全面发展时期。

2010年，教育部颁布了《关于进一步加强和改进研究生思想政治教育的若干意见》，分别从充分认识加强和改进研究生思想政治教育的重要性和紧迫性、健全完善研究生思想政治教育的领导体制与工作机制、拓展新形势下研究生思想政治教育的有效途径、充分发挥研究生在思想政治教育中的主体作用、切实加强研究生思想政治教育工作队伍建设以及为研究生思想政治教育工作持续开展提供保障等方面提出了建设性意见，标志着我国对研究生思想政治教育的认识与重视提高到了一个新的层次。2012年，中共十八大报告第一次提出把立德树人作为我国教育事业的根本任务，培养德智体美全面发展的社会主义建设者和接班人。之后，我国各级各类教育机构围绕立德树人这一根本任务进行改革，研究生教育层面的立德树人工作在全国范围内逐步展开。2013年3月，教育部、国家发展改革委、财政部联合印发《关于深化研究生教育改革的意见》，将立德树人确定为我国研究生教育的根本任务。

在之后的发展中，立德树人工作也随着我国研究生教育综合改革的推进而不断深入，成为我国研究生教育的中心环节。2016年，习近平总书记在全国高校思想政治工作会议上强调：“高校思想政治工作关系高校培养什么样的人、如何培养人以及为谁培养人这个根本问题。要坚持把立德树人作为中心环节，把思想政治工作贯穿教育教学全过程，实现全程育人、全方位育人，努力开创我国高等教育事业发展新局面。”[①]2017年10月，在中共十九大报告中，习近平总书记谈到我国教育事业时，再次强调“要全面贯彻党的教育方针，落

① 习近平在全国高校思想政治工作会议上强调：把思想政治工作贯穿教育教学全过程开创我国高等教育事业发展新局面［N］. 人民日报，2016-12-09（1）.

实立德树人根本任务，发展素质教育，推进教育公平，培养德智体美全面发展的社会主义建设者和接班人”。[①] 在实际发展中，高校立德树人工作朝着形式多样化、灵活化的方向发展。在新形势下，各高校不断探讨研究生思想政治工作的新挑战、新方法、新途径，很多高校设置了马克思主义学院，并申请了马克思主义一级学科点，积极引导研究生思想政治教育工作深入开展。

（二）学术道德宣传教育与处置学术不端行为

学术规范与学术道德是研究生教育质量保证的重要组成部分。优良学风是大学精神的集中体现，是高等学校的立校之本，风清气正的学术生态是科学发展和教育事业兴旺的基石。2011年9月，中国科协、教育部联合下发《关于开展科学道德和学风建设宣讲教育的通知》，决定从2011年起，每年都对新入学的研究生开展科学道德与学风建设宣讲教育。为贯彻落实中央领导关于科学道德和学风建设宣讲教育工作的重要指示精神，进一步巩固和扩大科学道德和学风建设宣讲教育工作成果，2012年，中国科协、教育部、中国科学院、中国社会科学院、中国工程院共同组织开展全国科学道德和学风建设宣讲教育工作。将宣讲教育作为推动科技事业健康发展、建设创新型国家、践行社会主义核心价值观的重要基础性工作，以科学精神、科学道德、科学伦理和学术规范为主要内容，按照全覆盖、制度化、重实效的要求，将宣讲教育覆盖全体研究生，作为研究生培养环节纳入常态工作，注重实际效果。

在组织学术道德宣讲教育的同时，国家也出台了相关政策对研究生学位授予环节进行重点监控。2010年2月，为进一步加强学术道德和学术规范建设，国务院学位委员会印发了《关于在学位授予工作中加强学术道德和学术规范建设的意见》，以加强学位授予过程中的学术规范，遏制学术不端行为。2012年11月，教育部颁布了《学位论文作假行为处理办法》，对学位论文作假行为进行了界定，规定了学位授予单位和指导教师的相关职责以及学位论文造假行为的处理办法，以规范学位论文管理，推进建立良好学风，提高人才培养质量。

---

① 习近平在中国共产党第十九次全国代表大会上的报告[EB/OL].（2017-10-28）[2019-04-10]. http://cpc.people.com.cn/n1/2017/1028/c64094-29613660.html.

但从实际情况来看，不时出现的各种研究生学术不端行为仍然严重影响着研究生教育质量。《中国青年报》社会调查中心通过民意中国网和新浪网对2375人进行的一项调查显示，受访者中85.9%的直言当前学位论文作假问题严重。中国教育网关于“学术不端”行为的调查报告显示，70%的调查者认为导师指导研究生的数量会影响学生的学术不端行为[①]。为全面推进依法治校，有效预防和依法规范处理高等学校发生的学术不端行为，营造风清气正的学术环境，促进教学科研和学术研究的健康发展，2016年6月，教育部进一步发布了《高等学校预防与处理学术不端行为办法》，明确规定了高校学术不端行为的预防、认定、处理、复核、监督的办法，将高校处理学术不端行为的依据由规范性文件上升为部门规章，以维护学术诚信，促进学术创新和发展。2019年，强化对学术不端行为监督查处被纳入《教育部2019年工作要点》[②]当中，对学术不端行为“零容忍”。

（三）师德建设与导师负责制

随着研究生教育规模发展和质量提升，研究生导师的职责也从中华人民共和国成立初期的专业指导这一相对单一的角色，逐渐演变为教书和育人并重的双重角色。在前期对导师在研究生思想政治教育中角色认识不断丰富的基础上，2010年，教育部印发了《关于进一步加强和改进研究生思想政治教育的若干意见》，正式提出“导师负有对研究生进行思想政治教育的首要责任”，导师的第一责任人地位得以确立。2013年3月，教育部、国家发展改革委、财政部联合印发的《关于深化研究生教育改革的意见》，从导师责权、考核评定、师风建设等方面对研究生导师立德树人工作提出改革意见，进一步明确了研究生导师作为研究生培养第一责任人的身份。

2014年9月，教育部印发《关于建立健全高校师德建设长效机制的意见》，要求深刻认识新时期建立健全高校师德建设长效机制的重要性和紧迫性，提出

① 中国教育网关于“学术不端”行为的调查报告[EB/OL].（2011-05-05）[2019-04-10]. http://blog.sina.com.cn/s/blog_6719d7090100v22j.html.

② 教育部2019年工作要点[EB/OL].（2019-02-23）[2019-04-20]. http://www.gov.cn/xinwen/2019-02/23/content_5367914.htm.

建立健全高校师德建设长效机制的原则、要求和主要举措，提高高校教师加强师德建设的自觉性，明确高校师德建设工作的责任主体。同年，教育部印发的《关于全面深化课程改革落实立德树人根本任务的意见》指出:“立德树人是发展中国特色社会主义教育事业的核心所在，是培养德智体美全面发展的社会主义建设者和接班人的本质要求。”这两个文件的颁布，从具体的操作机制层面，为我国高校研究生导师立德树人工作指明了方向[①]。

2016 年上半年，教育部启动博士研究生教育综合改革项目，从师德建设、德育与智育能力协调提升和学校的指导监督等方面，明确博士研究生导师在立德树人工作中的职责，使立德树人工作更具针对性。2017 年 1 月，刘延东在国务院学位委员会第 33 次会议上指出，导师是研究生培养的第一责任人，也是立德树人任务的第一责任人，要发挥好导师的引路人作用[②]。在研究生的思想品德、科学伦理、学术诚信的示范与教育，在关爱青年、培养青年，加大师德考核力度，实行师德“一票否决”等方面对全国研究生导师提出了明确要求。

2018 年 1 月，教育部印发《关于全面落实研究生导师立德树人职责的意见》，提出落实导师是研究生培养第一责任人的要求，强调政治素质过硬、师德师风高尚、业务素质较高是研究生导师必须满足的三大基本素质要求，明确研究生导师在立德树人工作中 7 方面的职责，要求健全研究生导师评价激励机制和督导检查机制。这是国家首次出台针对研究生导师立德树人工作的纲领性文件，为我国研究生导师立德树人工作的开展提供了政策依据。

作为第一责任人，研究生导师既要做学术训导人，指导和激发研究生的科学精神和原始创新能力，更要做人生领路人，言传身教引导研究生树立正确的世界观、人生观、价值观，恪守学术道德规范，增强社会责任感。充分发挥研究生导师的思想政治教育优势，为国家和社会培养德才兼备的高素质人才，不仅是新时代社会发展进步的必然要求，也是新时代研究生实现自我成长和全

① 李家圆，高殿帅，程慧敏. 我国研究生导师立德树人政策及理论综述［J］. 卫生职业教育，2018，36（19）：7-9.

② 刘延东. 在国务院学位委员会第三十三次会议上的讲话［N］. 中国教育报，2017-03-12（1）.

面发展的个体性需求，契合了马克思人学理论关于人的全面发展的观点[①]。从现实情况来看，研究生与导师之间的矛盾事件、导师违反师德及行为失范等问题的出现引发了社会的关注。加强导师队伍的师德师风建设已经成为各高校研究生教育工作的重点内容，多数高校均颁布了关于违反师德、行为失范的导师实行一票否决制的相关规定，导师师德建设已经成为研究生教育立德树人工作的重要组成部分。

二、体量持续扩大与结构调整优化

在前期发展基础上，这一阶段我国研究生教育发展重点从规模增长向优化结构、提高质量转变。研究生教育内部结构得到了优化调整，专业学位研究生规模扩大，形成学术型与应用型人才并重的培养格局；非全日制研究生教育发展起来，成为研究生教育的重要组成部分。

（一）规模持续增长

2010 年以来，我国研究生招生规模、在校规模均呈持续稳定增长态势（图 5-2）。2017 年，由于将全日制研究生和在职人员攻读学位学生纳入统计口径，因而招生数和在校生数出现了一个较大增幅。截至 2017 年，研究生招生数已经达到 80.61 万人，其中，博士研究生招生 8.39 万人，硕士研究生招生 7.22 万人；在校生数达到 263.96 万人，其中在校博士研究生 36.20 万人，在校硕士研究生 227.76 万人[②]。2010—2017 年，研究生招生规模从 53.82 万人增长到 80.61 万人，年均增长量为 3.83 万人。但与 21 世纪第一个 10 年的年均增长量 5.72 万人相比，这一阶段的增长幅度已经有了比较明显的减缓。在增速放缓的同时，调整、优化研究生教育内部结构成为这一阶段的重点，体量持续扩大与结构调整优化并行，是 2010 年以来我国研究生教育发展的重要特征。

① 林丽. 研究生思想政治教育中导师发挥首要责任人作用探析［J］. 思想理论教育，2018，475（10）：109-113.

② 王战军. 中国研究生教育质量报告（2018）［M］. 北京：中国科学技术出版社，2018：13.

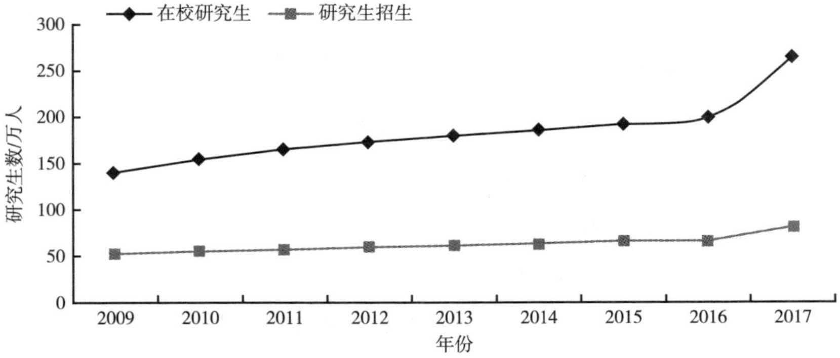

图 5-2　我国在校研究生数与研究生招生数

（二）学位类型结构调整

从学位类型结构上看，自 20 世纪 90 年代我国设置专业学位以来，经过一段时间的发展，专业学位建设已经取得了一些成效。但总体来看，规模仍然较小，与我国国民经济和社会发展对高层次复合应用型人才不断上涨的需求不相适应。2007 年 1 月，国务院学位委员会第二十三次会议把加强专业学位人才培养工作列入工作重点，提出要适应社会经济发展需要，积极发展专业学位教育，做好宏观设计和总体规划。①2009 年 1 月，国务委员、国务院学位委员会主任委员刘延东在国务院学位委员会 26 次会议讲话时强调指出，要调整学位授予的类型结构，调整学术型学位和专业型学位的比例，积极发展符合我国产业结构特点的专业学位，改变全日制硕士研究生以攻读学术型学位为主的局面，为各行各业培养一线专业人才。②2009 年 3 月 2 日，全国专业学位教育指导委员会联席会议在京召开，时任教育部副部长陈希在会上明确提出“大力加强应用人才培养，逐步压缩学术型人才培养的比例”③ 的要求。2009 年，国家下发《教育部关于做好 2009 年全日制专业学位硕士研究生招生计划安排工作的通知》，明确在已下达研究生招生计划基础上，增加全日制专业学位硕士研究生 5 万名；随后，教育部下发《关于做好全日制硕士专业学位研究生培养工

① 陈希. 关于国务院学位委员会第二十六次会议以来工作进展情况及本次会议议程的说明 [J]. 学位与研究生教育，2010（3）：1-8.

② 黄宝印. 我国专业学位研究生教育发展的新时代 [J]. 学位与研究生教育，2010（10）：1-7.

③ 万卫. 我国专业学位研究生教育扩招的多源流分析 [J]. 江苏高教，2012（05）：81-83.

作的若干意见》，着重从全日制硕士专业学位研究生教育的重要性、创新培养模式、组织实施工作三个维度做了具体阐述和部署，决定从2009年起扩大招收以应届本科毕业生为主的全日制硕士专业学位范围。

这些文件的出台对于调整和优化我国研究生教育结构、更好地适应国家经济建设和社会发展对高层次应用型专门人才的迫切需要具有十分重要的意义。在教育部之后几年的研究生招生工作文件中，扩大专业学位研究生招生范围和规模被多次提及，专业学位研究生数逐年递增，专业学位研究生教育类型逐渐增多。2009—2018年，专业学位研究生招生占比持续上升，从2009年的14.10%增长到2018年的52.05%，专业学位研究生规模已经占到了我国研究生群体的一半以上，形成了学术型与应用型人才并重的培养格局，服务国家需求能力持续增强（图5-3）。

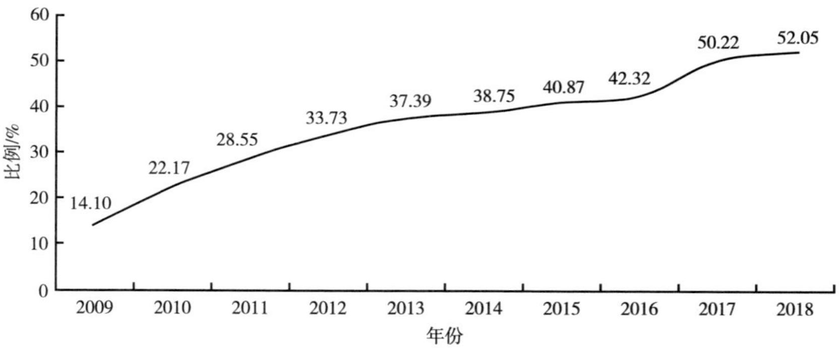

图5-3　2009—2018年专业学位研究生招生占比

（三）培养类型结构调整

从培养类型结构上看，在我国学位与研究生教育长期实践过程中，同等学力申请学位和在职人员攻读专业学位构成了我国非全日制研究生教育的主要存在形式[①]，非全日制研究生教育的快速发展为国家现代化建设输送了大量急

① 周文辉，曹镇玺. 非全日制研究生招生新形势、问题及对策［J］. 中国高教研究，2018（1）：81-86.

需的各类人才，做出了重要贡献[①]。近年来，科学技术快速发展和知识更新速度日新月异使全日制学习模式已无法满足人们对获取知识的全部要求，非全日制的学习形式与终身教育理念相契合，成为越来越多人迫切的现实需求。

为推进依法行政和依法办学、规范研究生培养工作，促进学习型社会建设、促进我国终身教育发展，推动研究生教育科学管理、加强社会对研究生教育培养过程的监督，[②] 2016年，教育部办公厅下发了《关于统筹全日制和非全日制研究生管理工作的通知》，规定非全日制研究生是“从事其他职业或者社会实践的同时，采取多种方式和灵活时间安排进行非脱产学习的研究生”，非全日制研究生与全日制研究生相比只是在学习方式上有所区分，而在招生计划、招生录取、质量标准、证书管理等方面并无二致。自此，非全日制研究生教育开始以一种崭新的面貌，成为与全日制研究生功能互补的全新学位类型，进入新的发展阶段。2017年，报考非全日制硕士研究生的考生数已占全国研究生报名总人数的10%，非全日制招生计划也占硕士招生总计划的28.4%。[③] 未来，非全日制研究生教育作为研究生教育的重要组成部分，将在促进研究生教育培养模式多样化、满足社会对高层次教育的灵活需求方面发挥更大的作用。

三、服务科学选才与招生模式创新

改革开放以来，我国研究生招生规模不断扩大，硕士研究生招生规模从1978年的1.07万人发展到2017年的61.51万人，博士研究生招生规模从1981年的900人增长到2017年的82565人。招生规模扩大的同时，我国研究生招生方式也经历了多种方式的演变，日渐成熟，形成了具有中国特色的人才选拔

① 唐继卫，马建生，李洋. 借鉴国际经验完善我国非全日制研究生教育［J］. 学位与研究生教育，2014（12）：1-5.

② 关于统筹全日制和非全日制研究生管理有关工作答记者问［EB/OL］.（2016-09-15）［2019-06-18］. http://www.gov.cn/xinwen/ 2016-09/15/content_5108671.htm.

③ 教育部网站. 国家教育事业发展“十三五”规划［EB/OL］.（2017-01-19）［2019-06-18］. http://www.gov.cn/zhengce/content/2017-01/19/content_5161341.htm.

和招生考试机制。

（一）硕士研究生招考分离

进入21世纪，国务院学位委员会办公室在在职（单证）研究生招生中大面积地推行招考分离，得到社会普遍认同。同时，在全日制硕士研究生招考中采取了精简初试科目、34所高校尝试自主划线、优化推免办法、强化复试作用等措施，推动招考分离。①

2013年2月，教育部、国家发展改革委、财政部颁布了《关于深化研究生教育改革的意见》，要求“建立健全科学公正的招生选拔机制，以提高研究生招生选拔质量为核心，积极推进考试招生改革，建立与培养目标相适应、有利于拔尖创新人才和高层次应用型人才脱颖而出的研究生考试招生制度。优化初试，强化复试，发挥和规范导师作用，注重对考生专业基础、综合素质和创新能力的考察”，为“招考分离”制度改革提供了政策依据。2013年11月，中共十八届三中全会进一步明确提出，推进考试招生制度改革，探索招生和考试相对分离、学生考试多次选择、学校依法自主招生、专业机构组织实施、政府宏观管理、社会参与监督的运行机制。“招考分离”以改变长期以来研究生招生高度集权的管理模式，改变招生管理部门既当管理员，又当裁判员，多重角色重叠的状况，构建招生单位、考试机构、政府、社会之间新型的关系②。2017年1月，教育部、国务院学位委员会《学位与研究生教育发展“十三五”规划》强调“进一步深化硕士研究生考试招生改革，推进分类考试，优化初试科目和内容，强化复试考核，加强能力考查，注重综合评价，建立健全更加科学有效、公平公正的考核选拔体系”。这些政策依据不仅确认了招考分离是招生改革的重中之重，而且明确了招考分离是招生改革的现实抓手。

（二）博士研究生“申请—考核”制推行

随着教育全球化的推进，为了与世界一流大学接轨、加大对创新型人才的招生与选拔，我国政府和高校开始重视并积极借鉴国外博士生招生考试中的“申请—审核”制度，形成了有中国特色的“申请—考核”制度，进一步扩大

---

①② 白丽新，江莹，张立迁，等. 我国硕士研究生“招考分离”制度改革研究［J］. 国家教育行政学院学报，2018（4）：30-35.

了高校在博士生招生过程中的自主权，加强了对报考者拔尖创新能力的考察。21世纪初，北京大学首先尝试申请考核制，将博士生“入学考试”改为“入学选拔”，将博士生选拔分为初试、提交申请材料和复试三部分，改革焦点在于加大了复试和申请材料所占的比重，特别要求提交学术论文、专利和其他研究成果以及研究计划等材料。同年，复旦大学在全国率先实行博导自主招收博士生改革，40多个重点学科领域均实行博士生导师自主招生，考试方式、考试内容将由博导自行确定。后续，复旦大学医学院招生要求报考除公共卫生学院、药学院外的医学类专业博士生，翔实提供7份申请材料，包括学习和从事临床或科学研究的经历、硕士学位论文、已有科研成果、专利、发表论文等，这次招生改革被普遍认为是国内高校首次正式通过“申请考核制”招收博士生。随后，清华大学、东南大学、浙江大学等高校也加入申请考核制招生改革的试点行列①。2012年，中国农业大学出台《博士研究生招生制度改革实施细则》，并于2013年开始全面实施，成为我国率先全面实行博士生申请考核制的高校。②“十三五”期间，国家发布相关文件，对博士生招考改革的“申请—考核”制度正式进行了明确：推进完善“申请—考核”招生选拔机制。强化申请材料审核，进一步明确了博士生的申请—考核招生方式③。

（三）全日制与非全日制研究生招生并轨

2014年，在职人员全国联考制度进行改革，逐步并入全国统考范围。国务院学位委员会办公室《关于2014年招收在职人员攻读硕士专业学位工作的通知》明确规定，从2016年起，不再组织在职人员攻读硕士专业学位全国联考，除高级管理人员工商管理硕士外，其他类别的在职人员攻读硕士专业学位招生工作，将以非全日制研究生教育形式纳入国家招生计划和全国硕士研究生

① 教育部，国家发展改革委，财政部. 教育部国家发展改革委财政部关于深化研究生教育改革的意见［EB/OL］.（2013-04-19）［2019-06-18］. http://www.moe.gov.cn/srcsite/A22/s7065/201304/t20130419_154118.html.

② 艾子，卫国. 我校在全国率先全面实行博士生申请考核制［N］. 中国农大校报，2013-5-25.

③ 教育部办公厅. 教育部办公厅关于做好2017年招收攻读博士学位研究生工作的通知［EB/OL］.（2017-04-10）［2019-06-18］. http://www.moe.gov.cn/srcsite/A15/moe_778/s3114/201704/t20170421_303012.html.

统一入学考试。2016年3月，教育部颁布《关于进一步规范工商管理硕士专业学位研究生教育的意见》，要求从2017年起，高级管理人员工商管理硕士统一纳入全国硕士研究生考试招生，由教育部划定统一的工商管理硕士专业学位分数线并向社会公布，培养院校按照国家统一招生政策自主录取。在职专业学位联考各专业学位类别均并入全国统一考试，满足录取条件的学生将可以选择以全日制或非全日制的形式攻读学位。

四、满足多元需求与人才分类培养

在我国研究生教育逐步形成学术学位与专业学位并行发展态势的背景下，培养单位一方面积极探索如何建立有效的专业学位研究生培养模式，同时也面临着学术学位研究生如何深化改革、提升培养质量的重要任务。在新的形势下，如何区别两类不同学位研究生的培养，突出各自特色，并进一步在结合学科、专业特征，提升培养质量，建立针对性的分类培养体系成为新时期的重点任务。

分类培养是按照学术学位和专业学位研究生的两种学位类型，在招生选拔、培养目标、课程设置、教学理念、培养模式、质量标准和师资队伍建设等方面，根据不同社会需求的定位，进行差别化的培养。实施分类培养并形成特色和优势是研究生培养模式改革的主要目的，也是我国研究生教育发展的必然要求。① 学术学位应以科研创新能力培养为核心，专业学位应以职业实践能力提升为核心。《关于深化研究生教育改革的意见》对此又进行了进一步强调："完善以提高创新能力为目标的学术学位研究生培养模式。""建立以提升职业能力为导向的专业学位研究生培养模式。建立注重职业胜任能力评价的质量评价机制。"② 实施分类培养并形成特色和优势是研究生培养模式改革的主要目

① 吴蔚，何昌清，古继宝．我国研究生分类培养的理念、实践与困惑［J］．研究生教育研究，2015（1）：48-52.

② 教育部，国家发展改革委，财政部．教育部国家发展改革委财政部关于深化研究生教育改革的意见［EB/OL］．（2013-03-29）［2019-06-18］．http://old.moe.gov.cn/publicfiles/business/htmlfiles/moe/A22_zcwj/201307/154118.html.

的，也是我国研究生教育发展的必然要求。①

在此背景下，各大高校积极探索硕士研究生学术学位、专业学位的分类培养模式改革。清华大学将研究生的分类培养与硕士研究生、博士研究生的各自定位相结合进行了改革，确立研究型、复合型、应用型并存的多元化人才培养目标，实施针对性的培养计划提升研究生的核心能力：针对应用型硕士研究生，实施“应用型创新人才培养计划”和“专业实践能力培养与训练计划”。中国科学技术大学对专业学位研究生采取集团化培养模式，将专业相近的专业学位统筹设置在管理学院、公共事务学院、软件学院、纳米学院、人文学院 5 个学院，加快资源共享和优势互补。哈尔滨工业大学在分类培养中，创造性地增设分类选型阶段，以科学学位入学的硕士研究生根据就业取向和课题方向，可自由选择学术研究型或应用研究型培养模式。分别制定培养方案②。天津大学针对学术学位研究生和专业学位研究生的不同需求及特点，通过以创新能力（innovation）为导向的课程体系优化、多学科交叉（interdisciplinarity）为牵引的学术平台搭建和国际化（internationalization）为特征的培养模式改革，系统构建学术学位研究生“3I”培养体系；以知识迁移力为基础，以实践创新力为核心，以职业胜任力为牵引，围绕能力（capability）导向的课程体系、协同（collaboration）培养的实践平台、分类（classification）指导的管理模式、内涵（connotation）引领的保障机制，系统构建专业学位研究生“4C”培养体系。③

五、适应社会发展与学位点动态调整

学位点的结构布局与社会发展的匹配程度关系到我国研究生教育各类高层次人才培养与经济社会对人力资源需求的契合度，关系到研究生教育质量。

① 英爽，康君，甄良，等. 我国研究生培养模式改革的探索与实践［J］. 研究生教育研究，2014（1）：1-5.

② 吴蔚，何昌清，古继宝. 我国研究生分类培养的理念、实践与困惑［J］. 研究生教育研究，2015（2）：48-52.

③ 刘宁，沈妍，等. 知识生产模式Ⅱ视角下“3I·4C”研究生分类培养体系的构建与实践［J］. 学位与研究生教育，2018（11）：45-50.

在内涵式发展阶段，研究生教育与社会发展联系更加紧密，培养适应社会发展的高层次人才，合理配置研究生教育资源，结合社会发展需要及时调整培养单位的学位点结构布局是新时期研究生教育面临的重要问题。

实施动态调整是向学位授权单位下放自主权的一种形式，使授权单位可以根据自己的特色与需求，主动撤销校内人才培养质量较差、不适应国家和区域经济社会发展需求、生源不足或就业率较低的学位点；同时，在不超过撤销学位点数量的前提下，经论证程序，布局学校迫切需要发展的学科学位授权点。学位点动态调整是我国研究生教育从规模扩张为特征的外延式发展向质量提升为核心的内涵式发展转变的体现，是转变教育行政管理部门职能、推进管办评分离、实行清单管理和提高教育治理水平的重要措施，是提高研究生教育质量的制度创新和扩大高校办学自主权的权利让渡。①

2014 年，国务院学位委员会颁布《关于开展博士、硕士学位授权学科和专业学位授权类别动态调整试点工作的意见》。2015 年 11 月，国务院学位委员会下发了《关于开展博士、硕士学位授权学科和专业学位授权类别动态调整工作的通知》，决定自 2016 年起，在全国范围实施博士、硕士学位授权学科和专业学位授权类别动态调整工作。2017 年 3 月，国务院学位委员会下发了《博士硕士学位授权审核办法》，该办法对原有的学位授权审核办法进行了较大的改革，提出建立常态化授权审核机制，将学位授权分为新增学位授权审核和学位授权点动态调整两部分，新增学位授权审核侧重增量结构调整，每 3 年实施一次；学位授权点动态调整侧重存量结构优化，每年开展一次。

2016 年、2017 年，学位授权点动态调整工作在全国范围内展开。从实际情况来看，2016 年，有 25 个省份的 175 所高校撤销了 576 个学位点；2017 年，有 25 个省份的 129 所高校撤销了 340 个学位点。虽然有些学位点是经考评不合格而被学位管理部门撤销的，但绝大多数学位点是由高校自主撤销和自主增列的。在学位授权点动态调整的过程中，高校将学位点服务国家战略和经济社会发展的需求作为最重要的考量因素。一些高校将所在省份和地区经济发展所

---

① 周昌仕，秦小明，毛琪. 高校硕士学位点评估与调整的思考和探索［J］. 学位与研究生教育，2016（4）：31-36.

需人才专业结构和知识技能作为参考因素，撤销人才饱和的学位点，增列人才紧缺的学位点。如河南财经政法大学重点撤销全省已达10个（含）以上的学位点，而拟重点增列河南省急需、空白的学位授权点，其中硕士点增列以应用型为主；又如郑州大学相关文件强调，对于区域经济社会和学校发展急需的博士、硕士学位授权点和专业学位类别应予以增列。[①]

第三节　研究生教育“大国”迈向“强国”

2009年，我国共招收研究生51万余人，在校研究生总数达到140余万人，已迈入了研究生教育大国行列。[②]2010年以来，我国研究生教育在“大国”基础上进一步朝着研究生教育“强国”的方向迈进。在体量扩大的同时进一步优化研究生教育内部结构，着力提升研究生教育创新水平，以高质量研究生教育支撑国家“双一流”建设，不断提升我国研究生教育的国际影响力。

一、服务科技进步与创新

21世纪以来，伴随着知识经济时代的到来，科学技术成为引领社会变革的主要力量，人力资源成为影响社会进步和国家竞争的关键要素。研究生教育位于国民教育体系顶端，是高层次创新型人才的主要来源和科学研究潜力的主要标志，是提高综合国力和国际竞争力的有力支撑。[③]在知识经济时代对人才、科技迫切需求的背景下，研究生教育在支撑国家科技创新和经济发展，推动民族整体素质提高方面发挥了巨大作用。

2010年以来，在校研究生及毕业研究生参与科学研究、科技创新活动的

---

① 郭书剑. 我国高校学位点调整的意义及其影响因素——基于近两年研究生学位授权点调整的数据分析［J］. 江苏高教，2018（8）：35-40.

② 王战军. 转型期的中国研究生教育［J］. 学位与研究生教育，2010（11）：1-5.

③ 刘延东. 在纪念《中华人民共和国学位条例》实施三十周年纪念大会上的讲话［J］. 学位与研究生教育，2011（3）：1-4.

人数和比重显著提升，成为我国科研活动的主要参与者和重要贡献者。国家自然科学基金资助项目是我国国家层面的高水平科研项目，每年都有大批优秀研究生参与其中。以国家自然科学基金面上项目、青年项目和地区项目为例，可见研究生的项目参与比重总体上呈上升的态势（图 5-4）。到 2017 年，面上项目、青年项目、地区项目的研究生参与比重已经分别达到了 54.56%、47.22% 和 39.27%，已经成为我国科研活动的重要参与者。

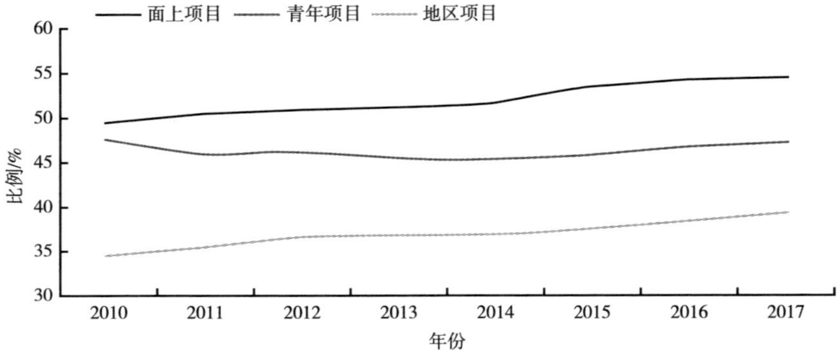

图 5-4　研究生参与国家自然基金面上、青年、地区项目占比

数据来源：国家自然科学基金委员会统计数据，2008—2017 年 http://www.nsfc.gov.cn/publish/portal0/tab505/.

除了参与科学研究活动，研究生教育毕业生也已经成为我国科学研究的骨干力量。以国家自然科学奖为例，国家自然科学奖是我国国家科学技术奖励之一，授予在数学、物理学、化学、天文学、地球科学、生命科学等基础研究和信息、材料、工程技术等领域的应用研究中，阐明自然现象、特征、规律，作出重大科学发现的中国公民。历年的国家自然科学奖第一完成人是我国科学研究与科技创新的骨干力量。从第一完成人的学历来源与层次来看，2011—2017 年，国家自然科学奖第一完成人在国内获得博士学位的比例不断提高，从 2011 年的 61.11% 到 2017 年的 85.71%，同时，国家自然科学奖第一完成人中非博士学位人数整体呈下降趋势，表明我国自主培养的研究生已经成为我国科技创新的核心力量。①

① 王战军，乔刚. 改革开放 40 年中国研究生教育的成就与展望［J］. 学位与研究生教育，2018（12）：7-13.

2011—2017 年国家自然科学奖第一完成人学历如表 5-1 所示。

表 5-1 2011—2017 年国家自然科学奖第一完成人学历情况

年份	总人数	非博士学位人数	占比 /%	国（境）外获得博士学位人数	占比 /%	国内获得博士学位人数	占比 /%
2011	36	5	13.89	9	25.00	22	61.11
2012	39	6	15.38	6	15.38	27	69.24
2013	52	2	3.85	16	30.77	34	65.38
2014	46	7	15.22	13	28.26	26	56.52
2015	42	1	2.38	13	30.95	28	66.67
2016	42	3	7.14	10	23.81	28	69.05
2017	35	1	2.86	4	11.43	30	85.71

数据来源与说明：① 2011—2007 年数据来源于国家科学技术奖励办公室网站 http://www.nosta.gov.cn/web/list.aspx?menuID=57. ② 数据统计信息中不包括军事院校和相关单位获奖情况。

研究生培养单位面向国民经济主战场、面向国家重大需求、面向世界科技前沿，在科教融合、原始创新、基础研究、技术变革等方面发挥了不可替代的重要作用。①“嫦娥”飞天、航母下水、“蛟龙”入海等国家重大项目的背后都有研究生教育的重要贡献。特别是中共十八大以来，作为研究生培养主体的中国高校承担了全国 60% 以上的基础研究工作和“973 项目”等国家重大科研任务，建设了全国 60% 以上的国家重点实验室、工程中心，汇聚了全国 60% 以上的院士、杰青、千人、万人等高层次人才，产出了全国 80% 以上的 SCI 论文和社科重大成果。②

二、提升全国民综合素质

2013 年 10 月 21 日，习近平在欧美同学会成立一百周年庆祝大会上的

① 黄宝印，王顶明. 继往开来，坚定自信，促进研究生教育高质量发展——纪念研究生教育恢复招生 40 周年［J］. 研究生教育研究，2019（1）：3-7.

② 杜占元. 高校科技改革发展 40 年回顾与展望——纪念“科学的春天”40 周年［J］. 中国科学院院刊，2018（4）：374-378.

讲话中指出，“致天下之治者在人才”。人才是衡量一个国家综合国力的重要指标，综合国力竞争说到底是人才竞争。在全面建成小康社会的决胜阶段，我们比历史上任何时期都更加接近中华民族伟大复兴的目标，对高等教育的需要比以往任何时候都更加迫切，对科学知识和卓越人才的渴求比以往任何时候都更加强烈。[①] 新形势下，面对社会对各行各业高层次人才的需求和人民对更高水平高层次教育的渴望，蓬勃发展的研究生教育事业在促进个人成长、丰富社会人力资本、推动全民族进步等方面发挥了有效的支撑作用，培养了大批高学历工作者，改善了我国人力资本学历构成，推动了国民素质整体提升。

第一，研究生教育改善了我国就业人口的学历结构。就业人口是人力资源中影响经济社会发展的重要因素。2010 年第六次人口普查数据显示，全国就业人口为 7154.80 万人，其中大专学历 426.32 万人，本科学历 265.37 万人，研究生学历人员 27.59 万人，研究生学历人员占就业人口的 0.39%。而到了 2015 年，依据《全国人口 1% 抽样调查资料》，研究生学历人员占就业人口的比重上升到了 0.65%，就业人员中接受过研究生教育的人员明显增加。2016 年，我国就业人员达到研究生及以上受教育程度的占 0.80%，比 2010 年的 0.39% 提高了 4 百分点。换言之，2016 年在 1000 人就业人员中有 8 人接受过研究生教育。

第二，研究生教育提升了我国适龄青年的受教育水平。适龄青年中攻读研究生的比重反映了一国研究生教育的基本情况。从研究生教育学历人员占适龄人员（22—30 岁）的比例来看，与 2010 年相比，2015 年研究生学历人员数量占适龄人口数的比重在各个年龄阶段均有明显上升。这表明适龄人口中获得研究生教育学历的规模逐渐扩大，越来越多的青年人选择研究生教育来提升自身发展（图 5-5）。适龄青年中受教育水平研究生教育学历人员占比从 2010 年的 1.26% 提升到了 2015 年的 1.89%。

第三，研究生教育为各行各业输送了大批高素质人才。从 2009—2016 年

---

① 刘延东副总理在国务院学位委员会第三十三次会议上的讲话［J］. 学位与研究生教育，2017（4）：1-6.

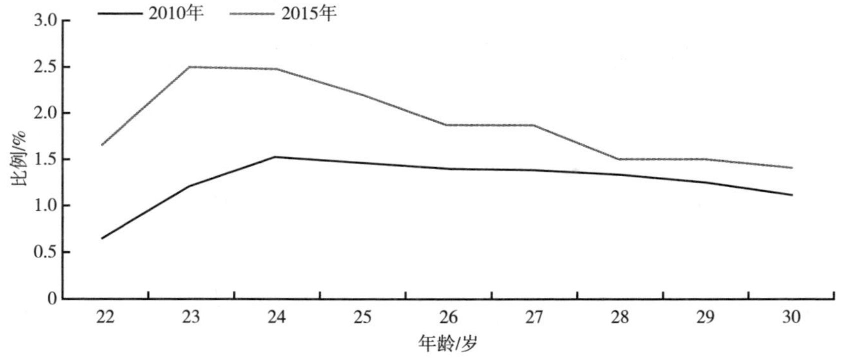

图 5-5　2010 年与 2015 年受教育程度为研究生的人数占各年龄阶段人口数的比重

数据来源：国务院人口普查办公室，国家统计局人口和就业统计司．中国 2010 年人口普查资料［M］．北京：中国统计出版社，2012．国务院人口普查办公室，国家统计局人口和就业统计司．全国 1% 人口抽样调查资料［M］．北京：中国统计出版社，2016.

就全国人员就业行业构成进行分析发现，研究生及以上的受教育程度人员在各行业领域中的占比均呈上升趋势，对于改善各行各业劳动者的学历结构、促进行业发展和经济发展起到了积极作用（表 5-2）。

表 5-2　2009—2016 年全国按行业就业人员研究生及以上教育程度构成统计

单位：%

行业类别	年份							
	2009	2010	2011	2012	2013	2014	2015	2016
农林牧渔业	0.00	0.01	0.00	0.01	0.01	0.01	0.00	0.00
采矿业	0.20	0.30	0.40	0.30	0.3	0.30	0.30	0.50
制造业	0.20	0.30	0.20	0.40	0.30	0.30	0.50	0.50
电力、热力、燃气及生产和供应业	0.60	0.80	1.20	0.90	0.60	0.80	1.30	1.30
建筑业	0.00	0.10	0.10	0.10	0.10	0.10	0.10	0.10
批发和零售业	0.10	0.20	0.20	0.20	0.20	0.20	0.30	0.30
交通运输、仓储和邮政业	0.10	0.20	0.20	0.20	0.20	0.20	0.30	0.30
住宿和餐饮业	0.00	0.10	0.00	0.10	0.00	0.10	0.10	0.10
信息传输、软件和信息技术服务	2.40	3.40	0.80	1.30	1.70	1.70	4.00	3.70
金融业	1.90	2.90	2.00	2.30	2.60	2.70	3.30	3.70
房地产业	0.60	0.80	0.80	0.60	0.60	0.50	0.90	0.70

续表

行业类别	年			份				
	2009	2010	2011	2012	2013	2014	2015	2016
租赁和商务服务业	1.50	2.30	2.00	1.40	2.10	1.60	1.80	1.80
科学研究和技术服务业	4.10	8.90	9.50	8.30	7.90	8.60	8.20	9.30
水利、环境和公共设施管理业	0.90	0.70	1.10	1.00	0.80	1.00	1.00	0.70
居民服务、修理和其他服务业	0.10	0.10	0.10	0.10	0.10	0.10	0.20	0.20
教育	4.60	4.70	3.90	4.50	4.80	5.30	6.60	6.90
卫生和社会工作	1.40	2.30	2.70	2.80	2.70	3.00	3.30	3.50
文化、体育和娱乐业	1.50	1.90	2.00	1.60	1.70	1.80	1.70	2.00
公共管理、社会保障和社会组织	1.10	1.90	1.90	1.80	2.00	2.10	2.30	2.40
国际组织	—	19.10	0.30	—	—	—	—	15.0

数据来源：国家统计局人口和就业统计司.《中国人口和就业统计年鉴》，2009—2016年。

三、助力“双一流”建设

“211工程”和“985工程”等重点建设项目的实施，加快了中国特色高水平大学建设的进程，一批学科达到或者接近世界先进水平，大大缩小了我国高水平大学与世界一流大学的差距。中共十八大以来，教育改革全面深入，经济发展步入新常态，新形势和新任务对高等教育实施内涵发展、国际竞争力提升提出了更高的要求。2015年10月，国务院发布《统筹推进世界一流大学和一流学科建设总体方案》，为我国建设世界一流大学绘制了新的宏伟蓝图。2017年1月，教育部、财政部、国家发展改革委印发《统筹推进世界一流大学和一流学科建设实施办法（暂行）》，进一步明确了“双一流”建设的基本原则、遴选条件、遴选程序、支持方式、动态管理和组织实施。2017年9月，教育部、财政部、国家发展改革委正式公布了世界一流大学和一流学科建设高校及建设学科名单，共有137所高校进入首批“双一流”建设名单。其中，世界一流大学建设高校42所，世界一流学科建设高校95所，“双一流”建设学科465个，“双一流”建设正式拉开序幕。

“双一流”建设是党中央和国务院在新的发展形势下对高等教育做出的新的战略部署，与研究生教育发展密切相关。一方面，一流的研究生教育是世界一流大学和一流学科建设的重要体现和主要抓手。教育部党组书记、部长陈宝生在全国“双一流”建设现场推进会上明确指出：“一流研究生教育是一流大学和高等教育强国的重要标志之一，特别是博士生教育，集中体现了大学实力水平。博士生作为国家科技创新的生力军，是实施创新驱动发展战略、抢占科技战略制高点的战略资源”。[①] 另一方面，“双一流”建设为新时代我国研究生教育内涵式发展与质量提升奠定了政策基调，对我国研究生教育提出了更新和更高的要求，为研究生教育改革与发展指引了方向。要建成一批具有中国特色的世界一流大学和一流学科，迫切需要研究生教育进一步深化综合改革、提升人才培养水平，支撑“双一流”建设。“双一流”建设强调“中国特色、世界一流”，“双一流”建设背景下的研究生教育也要以质量为根基，以贡献为导向，以质量促服务，以奉献求发展。“双一流”建设提出五大建设任务，即建设一流师资队伍、培养拔尖创新人才、提升科学研究水平、传承创新优秀文化、产学合作与促进科研成果转化，这些任务与研究生教育密切相关，“双一流”建设为研究生教育改革发展提供了机遇和支撑，研究生教育为“双一流”建设提供了着力点和抓手。[②]

从实践发展上看，发力研究生教育改革，提升研究生教育水平是诸多“双一流”建设高校的重要建设路径选择。如，南京大学聚焦“双一流”背景下硕士研究生课程体系改革，以现有课程中存在的问题为基础，以满足社会对人才的需求为导向，对课程体系加以提升和完善，系统地增加硕士研究生培养宽度与深度，为研究生成长成才提供学术型导向类、创业就业导向类和复合型导向类三条个性化发展路径，从而更好地适应社会多样化的发展需求。[③] 北京理工大学围绕发展“双一流”建设要求，提出了强化研究生教育体系化建设

① 陈宝生同志在“双一流”建设现场推进会上的讲话［Z］. 教育部通报，2018-11-07：10-11.
② 廖湘阳. 2017 年中国学位与研究生教育改革发展热点述评［J］. 学位与研究生教育，2018（4）：1-9.
③ 仇鹏飞，吴俊，卞清，等.“双一流”背景下的研究生课程体系建设——南京大学学术学位硕士研究生课程改革的探索与实践［J］. 学位与研究生教育，2018（9）：16-22.

的“666 工程”，包括 6 个质量水平提升工程、6 类标志成果培育工程、6 套保障体系建设工程。强调全“面”育人，结合人才培养主“线”，重“点”推进，“点线面”有机结合，在推进学校研究生教育体系化建设、全面提升研究生培养质量方面取得了良好的成效。[①] 又如，复旦大学妇幼健康学科通过营造确保研究生科研和实践能力培养的学科环境、修订确保研究生培养和学位授予质量的培养方案、设计确保研究生国际化视野的多学科学位课程、组建确保研究生走向世界的国内外著名导师团队，以及成立确保研究生开展国际合作项目研究的全球化研究机构“五个确保”来促进研究生教育开展一流的学科建设、保持一流的育人质量、产出一流的学术成果、做出一流的社会服务、形成一流的国际影响，从而以一流的研究生教育水平助力一流大学和一流学科建设。[②]

四、提升国家国际影响力

伴随着我国研究生教育事业的蓬勃发展，我国研究生教育也逐渐走向世界研究生教育的中心位置，研究生教育的国际吸引力、影响力日渐提高，在世界舞台上发出了越来越多的“中国声音”。大批留学生来我国攻读硕士、博士学位，大批国际高水平人才来我国从事科学研究和育人工作，研究生教育国际合作在人才培养各个环节有效展开，我国研究生教育所培养的人才、所取得的研究成果的国际影响力显著提升，中国特色的研究生教育正在以一种新的发展面貌呈现在世界面前。

（一）来华留学研究生教育快速发展

从来华留学研究生来看，21 世纪以来，国际、国内诸多因素共同推动来华留学研究生教育进入了一个快速发展阶段。从国际上看，全球经济一体化持

① 黄明福，王军政，肖文英，等.“双一流”背景下的研究生教育体系化建设——以北京理工大学“666 工程”为例［J］. 学位与研究生教育，2018（2）：11-16.

② 汪玲，包江波，钱序. 探索一流研究生教育助力支撑“双一流”建设——以复旦大学妇幼健康学科例［J］. 研究生教育研究，2017（1）：26-30.

续推进、“一带一路”倡仪实施为来华留学教育提供了外部动力支持；从我国来看，高等教育正在从大众化向普及化阶段迈进，研究生教育事业蓬勃发展，接受来华研究生教育的能力增强，高校普遍重视来华留学研究生教育工作，为来华留学研究生教育发展提供了内在条件支撑。近年来，来华留学研究生工作稳步推进，研究生教育国际吸引力持续提高。《关于做好新时期教育对外开放工作的若干意见》(2016 年)、《推进共建“一带一路”教育行动》(2016 年)、《学校招收和培养国际学生管理办法》(2017 年)等政策陆续出台，来华留学工作在政策上更加灵活，管理上更加趋同，规模上有了较大的突破，质量上有了明显的提升，逐步形成了法制化、科学化、规范化、社会化的来华留学管理与服务体系，促进了多元文化的融合。来华攻读硕士、博士学位的留学生规模及其所占比例持续快速增长，从侧面反映了我国研究生教育良好的国际声誉。截至 2016 年，我国来华留学研究生 63867 人，其中硕士研究生 45816 人，博士研究生 18051 人（图 5-6）。

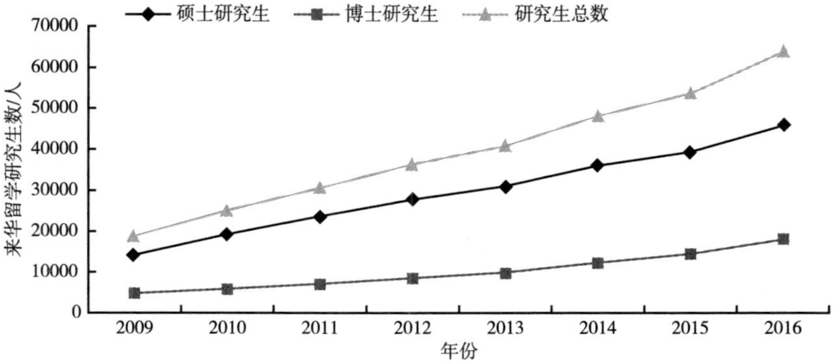

图 5-6　2009—2016 年我国来华留学研究生数

（二）中外合作办学规模扩大

从中外合作办学情况上看，经过历年的发展建设，我国研究生中外合作办学机构与办学项目规模逐渐扩大。经教育部批准的硕士及以上教育合作办学机构数从 2010 年的 11 个发展到 2017 年的 40 个，合作办学项目从原有的 129 个扩大到 240 个（图 5-7）。

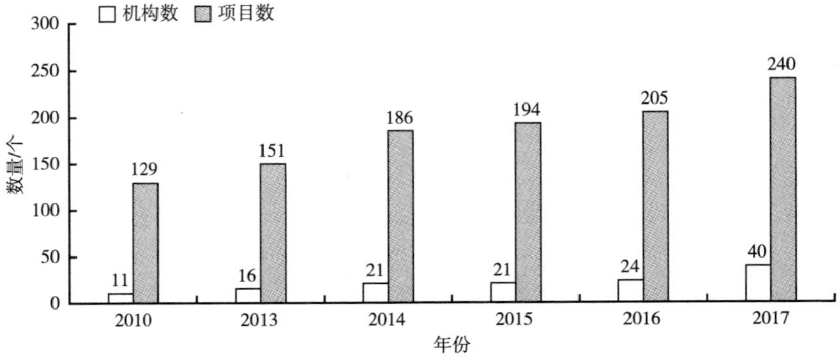

图 5-7　2010—2017 年硕士及以上中外合作办学机构与项目数统计

数据来源：中外合作办学监督工作信息平台检索所得。

近年来，广东省深圳市由于其独特的经济科技发展环境吸引了诸多中外合作办学资源，孕育了一批世界知名高校的中外合作机构。如，清华—伯克利深圳学院、深圳北理莫斯科大学、深圳吉大昆士兰大学、天津大学与佐治亚理工深圳合作研究院等。此外，尚有香港中文大学（深圳）① 通过整合两校优质科研和教育资源，构建国际化、创新型的人才教育与研究体系，积极应对和解决区域乃至全球面临的重大科技问题和社会发展问题。同时，对于推动深圳地区产业结构转型、前沿科技发展发挥了积极作用。

美国国际教育协会（Institute of International Education，IIE）和德国柏林自由大学（Freie Universitat Berlin）2011 年合作完成的联合学位和双学位教育全球调查显示，调查涉及 28 个国家中，前五名被提及的伙伴国家为法国、中国、德国、西班牙和美国；未来最受各国欢迎的合作国家是中国、美国、法国、意大利和德国，中国是澳大利亚、英国和美国的首选。根据国际教育协会《国际教育交流开放门户报告》（IIE's Open Doors Report on International Educational Exchange）显示，中国仍然是美国最大的留学生生源国②。研究生教育国际合作从改革开放初期学习借鉴的单向需求，逐步转向为中外国家的

① 深圳中外合作办学驶向快车道 [EB/OL].（2014-11-05）[2019-06-18]. http://news.163.com/14/1105/ 05/AA8UFQ7L00014AED_ mobile.html.

② 研究生教育质量报告编研组. 中国研究生教育质量年度报告（2012）[M]. 北京：中国科学技术出版社，2012：28.

双向需求[①]。

（三）校际国际交流合作深化

在学校层面，校际跨境教育合作、中外合作办学也逐渐走上提质增效、快速发展的道路。国内一流大学和国际知名高校的研究生教育合作蓬勃发展，并在研究生培养目标、课程设置、教学方式、师资队伍建设、管理制度，以及评价形式等方面做出了系列创新，以保障国际合作研究生教育的质量。例如，上海交通大学中欧国际工商学院的全日制 MBA 课程通过向学生提供海外交流项目和商业模拟课程，提高学生培养学习跨国交流能力和实战经验[②]；长江商学院采取了教师面授、小组讨论、案例分析探讨、商业游戏等多种教学方式，教学模式可由各教授自行灵活组合[③]。在研究生教育中外合作结构和合作项目完善发展的同时，研究生参与国际学术会议、海外暑期学校、海外实习等新的研究生教育国际合作模式也开始出现，这些新的国际合作模式扩展了我国研究生教育国际合作的深度和广度。与此同时，在教育部的支持下，我国一些优秀学校也开始"走出去"，赴国外开展办学活动。截至 2014 年 9 月，我国教育机构在境外举办的办学机构和项目数已达 92 个[④]。我国高等教育的国际竞争力不断增强，高等院校的国际化水平及对外交流合作层次也获得较大提升。

（四）研究生教育国际影响力显著提升

我国研究生教育培养人才和产出成果的国际影响力日益提高。相关研究显示，在 2012—2014 年发表的 800 多篇国际高水平热点论文中，第一作者单位为中国机构的有 519 篇，其中，第一作者为我国在校研究生的有 314 篇。统计显示，与我国相关的国际高水平论文中，在校研究生参与率高达 72%，贡献率更是达到近 34%，研究生在我国国际高水平论文中贡献率相当高。也有学者

① 张秀琴. 张秀琴：教育对外开放 30 年成就显著［EB/OL］.（2018-08-17）［2019-06-18］. http://cafsa.0ciss. org.cn/new/show-956.html.

② 中欧国际商学院. MBA 课程概况［EB/OL］.（2018-08-17）［2019-06-18］. http://cn.ceibs.edu/mba/introduction.

③ 长江商学院. MBA 课程详情［EB/OL］.（2018-08-17）［2019-06-18］. http://www.ckgsb.com/emba/common_problems/index/137#problems1.

④ 数据来自教育部国际合作与交流司. 2014 中外合作办学年度报告（内部资料）［Z］. 北京，2014：110.

分析了2011—2012年的ESI热点论文中中国学者参与的论文作者情况。研究表明，在以中国学者为第一作者发表的210篇论文中，我国在校研究生参与撰写的论文占76.19%，并集中在化学、工程学、材料科学和物理学领域。同时，在校研究生为第一作者的论文占52.86%。通过对不同身份作者的学术贡献进行加权估计，我国在校研究生对以中国为第一作者单位发表的ESI热点论文的贡献率为36.84%。①

① 袁本涛，王传毅，胡轩，等. 我国在校研究生对国际高水平学术论文发表的贡献有多大？——基于ESI热点论文的实证分析（2011—2012）[J]. 学位与研究生教育，2014（1）：57-61.

结 语

中华人民共和国建立以来的 70 年，是不断创造伟大奇迹、彻底改变中华民族前途命运的 70 年，是我国研究生教育事业探索、成长、改革、发展的 70 年。中华人民共和国建立初期，站在社会主义新起点，研究生教育事业的发展与社会主义事业的建设密切联系起来，在学习借鉴与自主发展过程中逐步探索适应我国国情和社会需求的研究生教育新模式。1978 年后，改革开放政策的实行为我国研究生教育迎来了发展的春天，恢复研究生招生、建立学位制度、创建研究生院，使研究生教育成为一个独立的教育层次。20 世纪 90 年代，社会主义市场经济的发展对研究生教育提出了新要求，立足需求，我国研究生教育创立了专业学位制度以培育应用型人才，开展了学位授权审核以保障质量，研究生教育三级管理体系初步形成。进入 21 世纪，研究生教育规模迅速扩大，成为适应国家和社会转型发展的重要支撑，成为名副其实的研究生教育大国。中共十八大以来，研究生教育由外延式扩展转向内涵式发展，明确了"服务需求、提高质量"的发展主线，研究生教育综合改革全面推进，"五位一体"质量保障体系构建了起来，研究生教育在服务国家经济社会发展和中华民族伟大复兴中发挥着越来越重要的作用。

70 年砥砺奋进，70 年春华秋实。70 年间，我国研究生教育事业始终与国家同发展，与社会共命运，立足国情和实践，走出了一条符合中国实际的研究生教育发展道路。实现了立足国内培养高层次人才的战略目标，建构了具有中国特色的学位制度，建立了完整的研究生教育培养体系，形成了具有中国特色的质量保障体系，提升了中国研究生教育的国际影响力……70年的发展积累了宝贵经验，为我们迈向“研究生教育强国”提供了坚实基础。面向新时代，站在新起点，我们需要认真总结研究生教育改革与发展的宝贵经验，重新认识研究生教育的战略地位和重要作用，努力促进研究生教育高质量内涵式发展，开启我国研究生教育发展新征程。

一、以提高质量为核心，实现研究生教育内涵式发展

追求质量、实现内涵式发展是研究生教育最核心、最重要的任务。改革开放以来，我国的研究生教育质量持续提高，实现了研究生教育由外延式扩展向内涵式发展的转变。但是，在新的形势下，我们必须清醒地认识到，我国研究生教育质量与中央的要求和人民的期盼相比、与肩负的历史使命相比、与国际高水平研究生教育相比，仍然存在明显的差距。新时代，我国研究生教育必须树立质量理念，强化质量意识，妥善处理好规模与质量的关系，确保我国研究生教育在坚持质量第一的基础之上稳步发展。为此，应打破传统评估的思维和模式，充分利用现代信息技术的优势和特点，积极开展以研究生教育监测评估为核心的质量评估，推动我国研究生教育质量评价由静态走到动态，由依靠经验判断转向用数据说话。研究生培养单位要强化研究生导师是研究生教育质量第一主体的责任意识，落实导师在研究生招生、培养和淘汰等环节中的主体责任，确保研究生教育质量的全面提升。社会组织、专业机构要发挥自身作为第三方的专业性、独立性特征，独立开展研究生教育质量评价，为保障我国研究生教育质量提供重要参考。

二、以服务需求为导向，推进研究生教育综合改革

当今世界，全球新一轮科技革命正在孕育兴起，并逐步改变着人民生活和生产方式。各国围绕新能源、海洋开发的技术创新更加密集，绿色经济、低碳技术、生物技术等新兴产业正在世界范围内蓬勃发展。在国内，我国社会主

要矛盾已经转化为人民日益增长的美好生活需要和不平衡不充分的发展之间的矛盾。适应国内外发展的新形势和新变化，要求我国研究生教育必须以服务需求为导向，推动研究生教育领域综合改革。《学位与研究生教育发展“十三五”规划》明确将服务需求、提高质量作为主线，为“十三五”期间我国研究生教育的改革与发展指明了方向。适应世界科技发展的新趋势和中国现代化建设的新要求，攀登世界科技高峰，着力服务我国经济发展方式转变，是学位与研究生教育改革发展的基本出发点。新时代，我国研究生教育以服务需求为导向，就是要服务国家重大发展战略、服务国家和区域经济社会发展需要，不断满足人民对优质研究生教育的需求。一是优化学科布局结构，实现服务需求与优化布局良好对接。一方面要加强新兴学科、交叉学科，特别是国家特需学科的发展，使之更好地服务国家经济社会建设；另一方面，应扶持区域发展的特色学科，统筹学科发展与区域经济发展的合理对接。二是加快推进专业学位研究生教育发展，为国家经济社会发展培养大批复合型、创新型、应用型高层次人才。为此，国家既要在社会发展急需的新材料、新能源、大数据和“互联网+”等领域加快专业人才的培养力度，也要注重突出专业学位的特点，加强实践环节培养，促进专业学位人才的培养与企业、行业相结合。三是加快推进培养模式改革。高校应以突出创新能力为核心，深化学术学位研究生的培养模式改革。专业学位研究生教育应以强化实践能力为核心，培养经济社会发展所需的应用型人才。以建立服务需求动力机制，真正从研究生、用人单位的实际需求和未来需求出发来设计课程体系、创新培养模式。

三、以制度建设为重点，加快研究生教育法制化进程

教育制度是合理配置各种教育利益主体关系的保障，教育制度的创新需要教育法制的保障和促进。新时代，我国研究生教育利益主体比以往更加多元，矛盾更加复杂，诉求更加多样。各主体之间的适度张力只有通过强化制度建设，完善法制化进程，才能真正确保各主体的利益。新时代加快推进我国研究生教育法制化进程，必须在立法、执法中凸显法治的本质。一是进一步加强

相关法律法规和制度建设，确保研究生教育有法可依。当前，加快研究生教育的法制化建设进程，必须以加快推进《中华人民共和国学位条例》修订，制定《学位法》为核心，进一步完善相关法律法规和制度，为我国研究生教育改革和发展提供法律保障。在研究生教育法制化建设过程中，一方面要坚持研究生教育事权的法治化方向，明确各利益主体的权责关系，建立各利益主体的权力清单、责任清单和负面清单制度；另一方面要建立具有中国特色、国际视野的研究生教育质量标准体系，扩大研究生培养单位的自主权。二是完善研究生教育的监督和问责制度，确保研究生教育违法必究。一方面，政府应建立和完善研究生教育监督制度。在加强研究生教育监督的过程中，政府必须加强事中和事后监督力度，规范研究生教育行政权力行使的程序。另一方面，研究生培养单位要加强研究生招生等信息的公开，及时发布办学信息、年度报告等，确保政府相关部门、社会公众、在校研究生、学生家长、研究生导师等研究生教育利益相关者的知情权，并接受他们的监督。

四、以理论研究为基础，构建研究生教育学科体系

当前，研究生教育学理论研究整体还处于起步阶段，特别是基础理论研究还很薄弱，许多空白方向还需开拓，理论体系的形成还需要一个漫长的历程。今后一个阶段，研究生教育学应围绕研究生教育自身的特点和实际开展理论研究，使其理论构建和研究走出一条独特的创新道路。第一，提升学科认同。在现代学科的框架下，以社会需求为发展动力，以问题为导向，突出学科的应用性和交叉性，完善学科知识体系。同时，充分发挥好相关学术组织的作用，提高相关研究机构的专业化水平和能力，加强相关出版机构的建设，着力打造专业化的研究队伍。第二，加强理论研究。一方面，应加强研究生教育活动中的基本问题和基本规律研究，深入探讨研究生教育与政治、经济、文化等的关系，关注研究生个人的成长与研究生教育的关系。另一方面，扎实分析研究生教育在人才培养目标、培养模式、课程体系、教学方式、研究生管理、师生关系等方面的特殊性，围绕研究生教育当中的实际问题开展理论研究，更好

地指导研究生教育改革和发展的实践。第三，拓展研究范式。适应学科和社会发展的需要，不断创新研究范式，积极运用动态范式开展研究，从而为丰富研究生教育学理论体系提供支撑。第四，打造学术共同体。倾力打造国际研究生教育学学术共同体，以扩大我国研究生教育在世界研究生教育体系中的话语权。

五、以信息技术为支撑，推动研究生教育发展变革

随着现代信息技术在经济社会领域的渗透，特别是“互联网 +”“大数据”“人工智能”的发展上升为各国国家战略之后，新技术已经从支持性工具变成行业变革的重要驱动力量。信息技术正在与制造业、交通、医疗、金融、教育等传统行业深度融合，并催生了行业新形态、新模式。同样，现代信息技术的发展也正在渗透到研究生教育领域，促进研究生教育领域的发展变革。以“互联网 +”为代表的现代信息技术将加速研究生教育领域大数据的产生，这些数据规模更大、速度更快、类型更杂、价值隐含更深。基于这些数据，研究生教育相关的人与人、物与物、知识与知识之间将得到空前广泛的连接，并将进一步引发研究生教育组织管理决策、资源开放共享、知识生产与传播等方面的深刻变化。这种变化将成为我国研究生教育研究、管理、决策变革的重要推动力量。对研究生教育研究而言，现代信息技术的思想、理念和方法为我们认识研究生教育问题、创新研究生教育研究范式提供了新思路；对研究生教育管理而言，有利于塑造以人际互动、资源共享、知识跨界为特征的研究生教育管理新形态，建立数据驱动的研究生教育宏观管理科学范式，引领研究生教育的未来发展；对研究生教育决策而言，通过建立研究生教育管理决策云平台，能够推动研究生教育管理与决策从经验驱动向数据驱动转变，为政府管理科学决策、培养单位提高人才培养质量提供决策支持，为社会公众提供信息服务。

70 年砥砺奋进，70 年春华秋实。回望过去，我们充满自豪，展望未来，我们信心满满。我国研究生教育在实践探索、改革创新中的发展积累了宝贵经

验，为我国研究生教育的高水平发展奠定了坚实基础，是我国研究生教育强国建设的强大精神动力。面对日新月异的科技发展和复杂多变的国际国内环境，我国研究生教育要在总结历史和探索规律的基础上，认清新形势，研判新需求。继往开来，我们要“不忘初心，牢记使命”，加快建设研究生教育强国，为国家发展和民族复兴做出贡献。

主要参考文献

期刊论文

[1] 周铭，张腾霄. 中国人民培养研究生的工作［J］. 人民教育，1951（4）：16–17.

[2] 马寅初. 北京大学一九五二至一九五三学年度工作报告［J］. 高等教育通讯，1953（4）：26–27.

[3] 周桂清. 所校联合培养研究生初探［J］. 学位与研究生教育，1986（4）：14–15+25.

[4] 全国研究生教育学会（协会、研究会）一览表［J］. 学位与研究生教育，1989(6)：73–74.

[5] 朱开轩. 在国务院学位委员会学科评议组第四次会议开幕式上的报告［J］. 学位与研究生教育，1990（4）：1–9.

[6] 陈家宽. “立足国内培养博士生”提法的历史考察及其启示［J］. 学位与研究生教育，1992（2）：7–11.

[7] 王廷础. 以经济建设为中心大力发展教育事业［J］. 山东医科大学学报（社会科学版），1993（1）：4–6.

[8] 李均，卜庆芊. 自行审批增列博士生导师工作中的宏观调控与自我约束

[J]. 学位与研究生教育，1993（6）：35–37.
[9] 谷学攀. 学位工作必须适应经济社会发展需要——国务院学位委员会第十二次会议在京召开[J]. 学位与研究生教育，1994（1）：1+53.
[10] 高等学校与科研院所学位与研究生教育评估所在京成立[J]. 学位与研究生教育，1994（5）：6.
[11] 张淑林. 与国外联合培养博士生是立足于国内培养的重要补充[J]. 学位与研究生教育，1994（6）：43–44.
[12] 朱开轩. 在全国研究生教育工作座谈会上的讲话[J]. 学位与研究生教育，1995（6）：1–7.
[13] 江小惠. 试论我国高等教育资源配置在市场经济中的变革及抉择[J]. 江苏理工大学学报，1996（1）：71–77.
[14] 武士俊，陈蕾，白晓军. 做好留学生工作为科教兴国服务[J]. 中央社会主义学院学报，1999（2）：40–42.
[15] 陈至立. 在全国研究生培养工作会议上的讲话[J]. 学位与研究生教育，2000（1）：1–3.
[16] 我国学位与研究生教育大事记（1997年）[J]. 学位与研究生教育，2000（1）：73–76.
[17] 王战军，廖湘阳. 关于我国研究生教育“积极发展”战略的思考[J]. 学位与研究生教育，2001（4）：3–7.
[18] 中国学位与研究生教育大事记[J]. 学位与研究生教育，2002（12）：39–40.
[19] 中国学位与研究生教育大事记（2003）[J]. 学位与研究生教育，2004（8）：55–60.
[20] 中国学位与研究生教育大事记（2005）[J]. 学位与研究生教育，2006（11）：69–76.
[21] 章鸣. 高等教育评估中“第三方评估”的历史与发展模式分析[J]. 科技与管理，2008（3）：126–128.
[22] 罗建国. 我国学位授权政策特性分析[J]. 理工高教研究，2009，28(6)：

84-87+96.
[23] 吴本厦．筚路蓝缕 开拓创新——黄辛白同志对我国学位与研究生教育事业历史贡献的回顾［J］．学位与研究生教育，2009（7）：1-5.
[24] 程希，苗丹国．出国留学六十年若干问题的回顾与思考（1949 —2009）［J］．东南亚研究，2010（1）：79-87.
[25] 陈希．关于国务院学位委员会第二十六次会议以来工作进展情况及本次会议议程的说明［J］．学位与研究生教育，2010（3）：1-8.
[26] 黄宝印．我国专业学位研究生教育发展的新时代［J］．学位与研究生教育，2010（10）：1-7.
[27] 王战军．转型期的中国研究生教育［J］．学位与研究生教育，2010（11）：1-5.
[28] 王战军．构建质量保障体系 提高研究生教育质量［J］．研究生教育研究，2011（1）：3-6+82.
[29] 刘延东．在纪念《中华人民共和国学位条例》实施三十周年纪念大会上的讲话［J］．学位与研究生教育，2011（3）：1-5.
[30] 罗敏．我国研究生招生推荐免试制度的特征、矛盾及发展趋势［J］．学位与研究生教育，2011（12）：39-44.
[31] 梁万生．基于教育评价的大学拨款制度［J］．中国电力教育，2011（34）：8-9.
[32] 赵长林．中国学位制度实施三十年：回顾与总结［J］．研究生教育研究，2012（1）：21-27.
[33] 万卫．我国专业学位研究生教育扩招的多源流分析［J］．江苏高教，2012（5）：81-83.
[34] 2012 年学科评估结果发布［J］．中国高等教育评估，2013，25（1）：76.
[35] 穆伟山，马翠．改革开放以来我国研究生国际合作培养的回顾与思考［J］．郑州大学学报（哲学社会科学版），2013，46（3）：88-91.
[36] 袁本涛，王传毅，胡轩，冯柳青．我国在校研究生对国际高水平学术论

文发表的贡献有多大？——基于ESI热点论文的实证分析（2011-2012）［J］. 学位与研究生教育，2014（1）:57-61.

［37］英爽，康君，甄良，等. 我国研究生培养模式改革的探索与实践［J］. 研究生教育研究，2014（1）：1-5.

［38］黄宝印，徐维清，张艳，郝彤亮. 加快建立健全我国学位与研究生教育质量保证和监督体系［J］. 学位与研究生教育，2014（3）:1-9.

［39］赵沁平. 开拓、创新、求真，科学构建研究生教育学学科体系［J］. 研究生教育研究，2014（6）：1-3.

［40］唐继卫，马建生，李洋. 借鉴国际经验完善我国非全日制研究生教育［J］. 学位与研究生教育，2014（12）：1-5.

［41］刘延东. 在全国研究生教育质量工作会议暨国务院学位委员会第三十一次会议上的讲话［J］. 学位与研究生教育，2015（01）：1-6.

［42］吴蔚，何昌清，古继宝. 我国研究生分类培养的理念、实践与困惑［J］. 研究生教育研究，2015（01）：48-52.

［43］黄宝印，徐维清，郝彤亮. 建立自我评估制度 健全质量保证体系［J］. 中国高等教育，2015（11）：7-9.

［44］方超. 政府主导下我国研究生教育体制变迁的制度逻辑——基于历史制度主义的视角［J］. 中国农业教育，2016（1）：29-37.

［45］周昌仕，秦小明，毛琪. 高校硕士学位点评估与调整的思考和探索［J］. 学位与研究生教育，2016（4）:31-36.

［46］李金龙，万明，裴旭，张淑林. 我国研究生联合培养政策变革及实践发展历程、特征与趋势［J］. 研究生教育研究，2016（6）：8-12.

［47］梁碧涛. 我国学位授权政策回顾与展望［J］. 科教导刊，2016（8）：3-9.

［48］王立生，林梦泉，任超，等. 我国学科评估的发展历程和改革探究［J］. 中国高等教育，2016（21）：38-41.

［49］汪玲，包江波，钱序. 探索一流研究生教育助力支撑“双一流”建设——以复旦大学妇幼健康学科例［J］. 研究生教育研究，2017（1）：26-30.

[50] 黄宝印，唐继卫，郝彤亮. 我国专业学位研究生教育的发展历程［J］. 中国高等教育，2017（2）：18–24.
[51] 刘延东副总理在国务院学位委员会第三十三次会议上的讲话［J］. 学位与研究生教育，2017（4）：1–6.
[52] 周文辉，曹镇玺. 非全日制研究生招生新形势、问题及对策［J］. 中国高教研究，2018（1）：81–86.
[53] 黄明福，王军政，肖文英，唐胜景. “双一流”背景下的研究生教育体系化建设——以北京理工大学“666 工程”为例［J］. 学位与研究生教育，2018（2）：11–16.
[54] 黄宝印，王顶明. 充分发挥学位中心职能 助力研究生教育高质量发展［J］. 学位与研究生教育，2018（3）：1–6.
[55] 白丽新，江莹，张立迁，张军. 我国硕士研究生“招考分离”制度改革研究［J］. 国家教育行政学院学报，2018（4）：30–35+72.
[56] 廖湘阳. 2017 年中国学位与研究生教育改革发展热点述评［J］. 学位与研究生教育，2018（4）：1–9.
[57] 郭书剑. 我国高校学位点调整的意义及其影响因素——基于近两年研究生学位授权点调整的数据分析［J］. 江苏高教，2018（8）：35–40.
[58] 仇鹏飞，吴俊，卞清，邹冬云. “双一流”背景下的研究生课程体系建设——南京大学学术学位硕士研究生课程改革的探索与实践［J］. 学位与研究生教育，2018（9）：16–22.
[59] 林丽. 研究生思想政治教育中导师发挥首要责任人作用探析［J］. 思想理论教育，2018（10）：107–111.
[60] 刘宁，沈妍等. 知识生产模式Ⅱ视角下“3I · 4C”研究生分类培养体系的构建与实践［J］. 学位与研究生教育，2018（11）：45–50.
[61] 王战军，乔刚. 改革开放 40 年中国研究生教育的成就与展望［J］. 学位与研究生教育，2018（12）：7–13.
[62] 刘宝存，张继桥. 改革开放四十年教育对外开放政策变迁的历史考察［J］. 高校教育管理，2018，12（6）：7–19.

［63］黄宝印，王顶明. 继往开来，坚定自信，促进研究生教育高质量发展——纪念研究生教育恢复招生40周年［J］. 研究生教育研究，2019（1）：3-7.

［64］王战军，刘静，乔刚. 清理“四唯”呼唤“双一流”建设评价创新［J］. 中国高等教育，2019（1）：16-19+26.

图书

［1］中国教育年鉴编委会. 第二次中国教育年鉴（第十四编）［M］. 北京：商务印书馆，1948.

［2］中华人民共和国教育部. 教育文献法令汇编（1949—1952）［M］. 北京：中华人民共和国教育部办公厅 .1952.

［3］舒新城. 中国近代教育史资料［M］. 北京：人民教育教育出版社，1981.

［4］清华大学校史编写组. 清华大学校史稿［M］. 北京：中华书局，1981.

［5］北京师范大学校史编写组. 北京师范大学校史（1902—1982）［M］. 北京：北京师范大学出版社，1982.

［6］中央教育科学研究所. 中华人民共和国教育大事记（1949—1982）［M］. 北京：教育科学出版社，1984.

［7］中国教育年鉴编辑部. 中国教育年鉴（1949—1981）［M］. 北京：中国大百科全书出版社，1984.

［8］中央教育科学研究所. 中国现代教育大事记［M］. 北京：教育科学出版社，1988.

［9］北京研究生教育编审委员会. 北京研究生教育［M］北京：航空工业出版社，1989.

［10］璐鑫主，唐良炎. 中国近代史资料汇编（学制演变）［M］上海：上海教育出版社，1991.

［11］李煌果. 研究生教育概论［M］. 北京：科学技术文献出版社，1991.

［12］秦惠民. 学位与研究生教育大辞典［M］. 北京：北京理工大学出版社，

1994.
[13] 何东昌. 中华人民共和国重要教育文献（1949—1975）[M]. 海口：海南出版社，1997.
[14] 苏渭昌. 中国教育制度通史（第八卷）[M]. 济南：山东教育出版社，2000.
[15] 吴镇柔，陆叔云，汪太辅. 中华人民共和国研究生教育和学位制度史[M]. 北京：北京理工大学出版社，2001.
[16] 中国研究生院院长联席会. 探索与创新——中国研究生院建设与发展研究[M]. 北京：高等教育出版社，2007.
[17] 中国研究生院院长联席会. 中国研究生教育年度报告（2009）[M]. 北京：高等教育出版社，2009.
[18] 梁传杰，韩习祥，张文斌. 中国学位授权机制改革探析[M]. 武汉：湖北人民出版社，2009.
[19] 吴本厦. 中国学位与研究生教育的创立及实践[M]. 北京：高等教育出版社，2009.
[20] 研究生专业学位总体设计研究课题组. 开创我国研究生专业学位教育发展的新时代——研究生专业学位总体设计研究报告[M]. 北京：中国人民大学出版社，2010.
[21] 王战军. 学位与研究生教育评价理论与方法[M]. 北京：高等教育出版社，2012.
[22] 研究生教育质量报告编研组. 中国研究生教育质量年度报告（2012）[M]. 北京：中国科学技术出版社，2012.
[23] 周文辉等. 中国研究生满意度调查[M]. 北京：中国科学技术出版社，2018.
[24] 王战军. 中国学位与研究生教育40年（1978—2017）[M]. 北京：中国科学技术出版社，2018.
[25] 王战军. 中国研究生教育质量报告（2018）[M]. 北京：中国科学技术出版社，2018.

报纸文章

[1] 全国综合大学和部分高校专科学校招一千多副博士研究生 [N]. 人民日报，1956-07-19（1）.
[2] 章建石. 创建规范的教学评估体系 [N]. 科学时报，2007-05-29（3）.
[3] 艾子，卫国. 我校在全国率先全面实行博士生申请考核制 [N]. 中国农大校报，2013-05-25（1）.
[4] 高靓. 研究生教育：迈进质量时代 [N]. 中国教育报，2014-03-18（1）.
[5] 柴葳. 学位点评估将成教育质量监测常态——国务院学位办有关负责人解读 2014 年学位授权点专项评估结果 [N]. 中国教育报，2016-04-01（1）.
[6] 张烁. 把思想政治工作贯穿教育教学全过程，开创我国高等教育事业发展新局面 [N]. 人民日报，2016-12-09（1）.
[7] 刘延东. 在国务院学位委员会第三十三次会议上的讲话 [N]. 中国教育报，2017-03-12（1）.

电子文献

[1] 国务院学位委员会. 国务院学位委员会议事规则 [EB/OL].（1998-10-18）[2019-03-10]. http://liuyanlun.chinalawedu.com/falvfagui/fg22598/35023.shtml.
[2] 中国研究生教育 40 年发展史：你可能不知道的昨天与今天 [EB/OL].（2017-12-28）[2019-04-02]. https://www.sohu.com/a/213379413_367246.
[3] 中国社会科学院研究生院 30 年大事记（1978—2008）[EB/OL].（2008-09-25）[2019-04-15]. http://edu.people.com.cn/GB/8216/134692/8103197.html.
[4] 提升高等教育质量的国家行动. [EB/OL].（2018-12-05）[2019-06-06]. http://www.moe.gov.cn/jyb_xwfb/moe_2082/zl_2018n/2018_zl89/201812/

t20181205_362450.html.

[5] 第八次博士、硕士学位授权审核工作 [EB/OL].(2005-12-31)[2019-06-28]. http://www.edu.cn/zhong_guo_jiao_yu/jiao_yu_zi_xun/nian_jian/nj2001/list7/200603/t20060323_157081.shtml.

[6] 陈至立. 在全国优秀博士学位论文评选专家会上的讲话 [EB/OL].(1999-03-01)[2019-06-28]. http://www.moe.gov.cn/publicfiles/business/htmlfiles/moe/moe_176/200409/1306.html.

[7] 教育部加大博士学位论文抽检力度 进一步保障学位授予质量 [EB/OL].(2010-11-15)[2019-05-15]. http://www.cdgdc.edu.cn/xwyyjsjyxx/zlpj/pgpsdtxx/268038.shtml.

[8] 研究生培养机制改革试点工作顺利 [EB/OL].(2007-05-30)[2019-07-03]. http://www.gov.cn/govweb/ztzl/jygz/content_631148.htm.

[9] 研究生培养机制改革：17 所高校首批试点 [EB/OL].(2007-03-23)[2019-07-03]. http://zqb.cyol.com/content/2007-03/23/content_1709161.htm.

[10] 教育部就构建研究生教育质量保证体系答记者问 [EB/OL].(2014-03-18)[2019-07-03]. http://www.jyb.cn/high/zcjd/201403/t20140318_574324.html.

[11] 全国首次专业学位水平评估结果公布 [EB/OL].(2018-07-26)[2019-07-26]. http://www.cdgdc.edu.cn/xwyyjsjyxx/2018cpsr/.

[12] 中华人民共和国教育部. 国务院学位委员会. 关于印发《博士硕士学位授权审核办法》的通知 [EB/OL].(2017-03-30)[2019-05-30]. http://www.moe.gov.cn/srcsite/A22/yjss_xwgl/moe_818/201703/t20170330_301525.html.

[13] 2017 年学位授权审核结果公示 [EB\OL].(2018-01-09)[2019-04-02] http://news.sciencenet.cn/htmlnews/2018/1/399452.shtm.

[14] 教育部 2019 年工作要点 [EB/OL].(2019-02-23)[2019-04-10]. http://www.gov.cn/xinwen/2019-02/23/content_5367914.htm.

[15] 关于统筹全日制和非全日制研究生管理有关工作答记者问 [EB/OL].

（2016-09-15）[2019-04-19]. http://www.gov.cn/xinwen/2016-09/15/content_5108671.htm.

[16] 教育部网站. 国家教育事业发展“十三五”规划 [EB/OL].（2017-01-19）[2019-04-24]. http：//www.gov.cn/zhengce/content/2017-01/19/content_5161341.htm.

[17] 教育部等 3 部门. 教育部国家发展改革委财政部关于深化研究生教育改革的意见 [EB/OL].（2013-04-19）[2019-05-08]. http://www.moe.gov.cn/srcsite/A22/s7065/201304/t20130419_154118.html.

[18] 教育部办公厅. 教育部办公厅关于做好 2017 年招收攻读博士学位研究生工作的通知 [EB/OL].（2017-04-10）[2019-05-08]. http://www.moe.gov.cn/srcsite/A15/moe_778/s3114/201704/t20170421_303012.html.

[19] 张秀琴. 教育对外开放 30 年成就显著 [EB/OL].（2018-08-17）[2019-05-11]. http://cafsa.ciss.org.cn/new/show-956.html.

附 录

附录一　中华人民共和国学位条例

中华人民共和国学位条例

（1980 年 2 月 12 日第五届全国人民代表大会常务委员会第十三次会议通过）

第一条　为了促进我国科学专门人才的成长，促进各门学科学术水平的提高和教育、科学事业的发展，以适应社会主义现代化建设的需要，特制定本条例。

第二条　凡是拥护中国共产党的领导、拥护社会主义制度，具有一定学术水平的公民，都可以按照本条例的规定申请相应的学位。

第三条　学位分学士、硕士、博士三级。

第四条　高等学校本科毕业生，成绩优良，达到下述学术水平者，授予学士学位：

（一）较好地掌握本门学科的基础理论、专门知识和基本技能；

（二）具有从事科学研究工作或担负专门技术工作的初步能力。

第五条 高等学校和科学研究机构的研究生，或具有研究生毕业同等学力的人员，通过硕士学位的课程考试和论文答辩，成绩合格，达到下述学术水平者，授予硕士学位：

（一）在本门学科上掌握坚实的基础理论和系统的专门知识；

（二）具有从事科学研究工作或独立担负专门技术工作的能力。

第六条 高等学校和科学研究机构的研究生，或具有研究生毕业同等学力的人员，通过博士学位的课程考试和论文答辩，成绩合格，达到下述学术水平者，授予博士学位：

（一）在本门学科上掌握坚实宽广的基础理论和系统深入的专门知识；

（二）具有独立从事科学研究工作的能力；

（三）在科学或专门技术上作出创造性的成果。

第七条 国务院设立学位委员会，负责领导全国学位授予工作。学位委员会设主任委员一人，副主任委员和委员若干人。主任委员、副主任委员和委员由国务院任免。

第八条 学士学位，由国务院授权的高等学校授予；硕士学位、博士学位，由国务院授权的高等学校和科学研究机构授予。

授予学位的高等学校和科学研究机构（以下简称学位授予单位）及其可以授予学位的学科名单，由国务院学位委员会提出，经国务院批准公布。

第九条 学位授予单位，应当设立学位评定委员会，并组织有关学科的学位论文答辩委员会。学位论文答辩委员会必须有外单位的有关专家参加，其组成人员由学位授予单位遴选决定。学位评定委员会组成人员名单，由学位授予单位提出，报主管部门批准。主管部门应将批准的学位评定委员会组成人员名单报国务院学位委员会备案。

第十条 学位论文答辩委员会负责审查硕士和博士学位论文、组织答辩，就是否授予硕士学位或博士学位作出决议。决议以不记名投票方式，经全体成员三分之二以上通过，报学位评定委员会。

学位评定委员会负责审查通过学士学位获得者的名单；负责对学位论文答辩委员会报请授予硕士学位或博士学位的决议，作出是否批准的决定。决定以不记名投票方式，经全体成员过半数通过。决定授予硕士学位或博士学位的名单，报国务院学位委员会备案。

第十一条 学位授予单位，在学位评定委员会作出授予学位的决议后，发给学位获得者相应的学位证书。

第十二条 非学位授予单位应届毕业的研究生，由原单位推荐，可以就近向学位授予单位申请学位。经学位授予单位审查同意，通过论文答辩，达到本条例规定的学术水平者，授予相应的学位。

第十三条 对于在科学或专门技术上有重要的著作、发明、发现或发展者，经有关专家推荐，学位授予单位同意，可以免除考试，直接参加博士学位论文答辩。对于通过论文答辩者，授予博士学位。

第十四条 对于国内外卓越的学者或著名的社会活动家，经学位授予单位提名，国务院学位委员会批准，可以授予名誉博士学位。

第十五条 在我国学习的外国留学生和从事研究工作的外国学者，可以向学位授予单位申请学位。对于具有本条例规定的学术水平者，授予相应的学位。

第十六条 非学位授予单位和学术团体对于授予学位的决议和决定持有不同意见时，可以向学位授予单位或国务院学位委员会提出异议。学位授予单位和国务院学位委员会应当对提出的异议进行研究和处理。

第十七条 学位授予单位对于已经授予的学位，如发现有舞弊作伪等严重违反本条例规定的情况，经学位评定委员会复议，可以撤销。

第十八条 国务院对于已经批准授予学位的单位，在确认其不能保证所授学位的学术水平时，可以停止或撤销其授予学位的资格。

第十九条 本条例的实施办法，由国务院学位委员会制定，报国务院批准。

附录二　中华人民共和国学位条例暂行实施办法

中华人民共和国学位条例暂行实施办法

国发［1981］89号

一九八一年五月二十日国务院批准

第一条　根据中华人民共和国学位条例，制定本暂行实施办法。

第二条　学位按下列学科的门类授予：哲学、经济学、法学、教育学、文学、历史学、理学、工学、农学、医学。

学士学位

第三条　学士学位由国务院授权的高等学校授予。

高等学校本科学生完成教学计划的各项要求，经审核准予毕业，其课程学习和毕业论文（毕业设计或其他毕业实践环节）的成绩，表明确已较好掌握本门学科的基础理论、专科知识和基本技能，并具有从事科学研究工作或担负专门技术工作的初步能力的，授予学士学位。

第四条　授予学士学位的高等学校，应当由系逐个审核本科毕业生的成绩和毕业鉴定等材料，对符合本暂行办法第三条及有关规定的，可向学校学位评定委员会提名，列入学士学位获得者的名单。

非授予学士学位的高等学校，对达到学士学术水平的本科毕业生，应当由系向学校提出名单，经学校同意后，由学校就近向本系统、本地区的授予学士学位的高等学校推荐。授予学士学位的高等学校有关的系，对非授予学士学位的高等学校推荐的本科毕业生进行审查考核，认为符合本暂行办法第三条及有关规定的，可向学校学位评定委员会提名，列入学士学位获得者的名单。

第五条 学士学位获得者的名单，经授予学士学位的高等学校学位评定委员会审查通过，由授予学士学位的高等学校授予学士学位。

硕士学位

第六条 硕士学位由国务院授权的高等学校和科学研究机构授予。

申请硕士学位人员应当在学位授予单位规定的期限内，向学位授予单位提交申请书和申请硕士学位的学术论文等材料。学位授予单位应当在申请日期截止后两个月内进行审查，决定是否同意申请，并将结果通知申请人及其所在单位。

非学位授予单位应届毕业的研究生申请时，应当送交本单位关于申请硕士学位的推荐书。

同等学力人员申请时，应当送交两位副教授、教授或相当职称的专家的推荐书。学位授予单位对未具有大学毕业学历的申请人员，可以在接受申请前，采取适当方式，考核其某些大学课程。

申请人员不得同时向两个学位授予单位提出申请。

第七条 硕士学位的考试课程和要求：

1. 马克思主义理论课。要求掌握马克思主义的基本理论。

2. 基础理论课和专业课，一般为三至四门。要求掌握坚实的基础理论和系统的专门知识。

3. 一门外国语。要求比较熟练地阅读本专业的外文资料。

学位授予单位研究生的硕士学位课程考试，可按上述的课程要求，结合培养计划安排进行。

非学位授予单位研究生的硕士学位课程考试，由学位授予单位组织进行。凡经学位授予单位审核，认为其在原单位的课程考试内容和成绩合格的，可以免除部分或全部课程考试。

同等学力人员的硕士学位课程考试，由学位授予单位组织进行。

申请硕士学位人员必须通过规定的课程考试，成绩合格，方可参加论文答辩。规定考试的课程中，如有一门不及格，可在半年内申请补考一次；补考不及格的，不能参加论文答辩。

试行学分制的学位授予单位，应当按上述的课程要求，规定授予硕士学位所应取得的课程学分。申请硕士学位人员必须取得规定的学分后，方可参加论文答辩。

第八条 硕士学位论文对所研究的课题应当有新的见解，表明作者具有从事科学研究工作或独立担负专门技术工作的能力。

学位授予单位应当聘请一至二位与论文有关学科的专家评阅论文。评阅人应当对论文写出详细的学术评语，供论文答辩委员会参考。

硕士学位论文答辩委员会由三至五人组成。成员中一般应当有外单位的专家。论文答辩委员会主席由副教授、教授或相当职称的专家担任。

论文答辩委员会根据答辩的情况，就是否授予硕士学位作出决议。决议采取不记名投票方式，经全体成员三分之二以上同意，方得通过。决议经论文答辩委员会主席签字后，报送学位评定委员会。会议应当有记录。

硕士学位论文答辩不合格的，经论文答辩委员会同意，可在一年内修改论文，重新答辩一次。

第九条 硕士学位论文答辩委员会多数成员如认为申请人的论文已相当于博士学位的学术水平，除作出授予硕士学位的决议外，可向授予博士学位的单位提出建议，由授予博士学位的单位按本暂行办法博士学位部分中有关规定办理。

博士学位

第十条 博士学位由国务院授权的高等学校和科学研究机构授予。

申请博士学位人员应当在学位授予单位规定的期限内，向学位授予单位提交申请书和申请博士学位的学术论文等材料。学位授予单位应当在申请日期截止后两个月内进行审查，决定是否同意申请，并将结果通知申请人及其所在单位。

同等学力人员申请时，应当送交两位教授或相当职称的专家的推荐书。学位授予单位对未获得硕士学位的申请人员，可以在接受申请前，采取适当方式，考核其某些硕士学位的基础理论课和专业课。

申请人员不得同时向两个学位授予单位提出申请。

第十一条 博士学位的考试课程和要求：

1. 马克思主义理论课。要求较好地掌握马克思主义的基本理论。

2. 基础理论课和专业课。要求掌握坚实宽广的基础理论和系统深入的专门知识。考试范围由学位授予单位的学位评定委员会指定三位专家组成的考试委员会主持。考试委员会主席必须由教授、副教授或相当职称的专家担任。

3. 两门外国语。第一外国语要求熟练地阅读本专业的外文资料，并具有一定的写作能力；第二外国语要求有阅读本专业外文资料的初步能力。个别学科、专业，经学位授予单位的学位评定委员会审定，可只考第一外国语。

攻读博士学研究生的课程考试，可按上述的课程要求，结合培养计划安排进行。

第十二条 申请博士学位人员必须通过博士学位的课程考试，成绩合格，方可参加博士学位论文答辩。

申请博士学位人员在科学或专门技术上有重要著作、发明、发现或发展的，应当向学位授予单位提交有关的出版著作、发明的鉴定或证明书等材料，经两位教授或相当职称的专家推荐，学位授予单位按本暂行办法第十一条审查同意，可以免除部分或全部课程考试。

第十三条 博士学位论文应当表明作者具有独立从事科学研究工作的能力，并在科学或专门技术上做出创造性的成果。博士学位论文或摘要，应当在答辩前三个月印送有关单位，并经同行评议。

学位授予单位应当聘请两位与论文有关学科的专家评阅论文，其中一位应当是外单位的专家。评阅人应当对论文写出详细的学术评语，供论文答辩委员会参考。

第十四条 博士学位论文答辩委员会由五至七人组成。成员的半数以上应当是教授或相当职称的专家。成员中必须包括二至三位外单位的专家。论文答辩委员会主席一般应当由教授或相当职称的专家担任。

论文答辩委员会根据答辩的情况，就是否授予博士学位作出决议。决议采取不记名投票方式，经全体成员三分之二以上同意，方得通过。决议经论文答辩委员会主席签字后，报送学位评定委员会。会议应当有记录。

博士学位论文答辩一般应当公开举行；已经通过的博士学位论文或摘要应当公开发表（保密专业除外）。

博士学位论文答辩不合格的，经论文答辩委员会同意，可在两年内修改论文，重新答辩一次。

第十五条 博士学位论文答辩委员会认为申请人的论文虽未达到博士学位的学术水平，但已达到硕士学位的学术水平，而且申请人又尚未获得过该学科硕士学位的，可作出授予硕士学位的决议，报送学位评定委员会。

名誉博士学位

第十六条 名誉博士学位由国务院授权授予博士学位的单位授予。

第十七条 授予名誉博士学位须经学位授予单位的学位评定委员会讨论通过，由学位授予单位报国务院学位委员会批准后授予。

学位评定委员会

第十八条 学位授予单位的学位评定委员会根据国务院批准的授予学位的权限，分别履行以下职责：

（一）审查通过接受申请硕士学位和博士学位的人员名单；

（二）确定硕士学位的考试科目、门数和博士学位基础理论课和专业课的考试范围，审批主考人和论文答辩委员会成员名单；

（三）通过学士学位获得者的名单；

（四）作出授予硕士学位的决定；

（五）审批申请博士学位人员免除部分或全部课程考试的名单；

（六）作出授予博士学位的决定；

（七）通过授予名誉博士学位的人员名单；

（八）作出撤销违反规定而授予学位的决定；

（九）研究和处理授予学位的争议和其他事项。

第十九条 学位授予单位的学位评定委员会由九至二十五人组成，任期二至三年。成员应当包括学位授予单位主要负责人和教学、研究人员。授予学士学位的高等学校，参加学位评定委员会的教学人员应当从本校讲师以上教师中遴选。授予学士学位、硕士学位和博士学位的单位，参加学位评定委员会的教学、研究人员，主要应当从本单位副教授、教授或相当职称专家中遴选。授予博士学位的单位，学位评定委员会中至少应当有半数以上的教授或相当职称的专家。

学位评定委员会主席由学位授予单位具有教授、副教授或相当职称的主要负责人（高等学校校长，主管教学、科学研究和研究生工作的副校长，或科学研究机构相当职称的人员）担任。

学位评定委员会可以按学位的学科门类，设置若干分委员会，各由七至十五人组成，任期二至三年。分委员会主席必须由学位评定委员会委员担任。分委员会协助学位评定委员会工作。学位评定委员会成员名单，应当由各学位授予单位报主管部门批准，主管部门转报国务院学位委员会备案。

学位评定委员会可根据需要，配备必要的专职或兼职的工作人员，处理日常工作。

第二十条 学位授予单位每年应当将授予学士学位的人数、授予硕士学位和博士学位的名单及有关材料，分别报主管部门和国务院学位委员会备案。

其他规定

第二十一条 在我国学习的外国留学生申请学士学位，参照本暂行办法第三条及有关规定办理。

在我国学习的外国留学生和从事研究或教学工作的外国学者申请硕士学位或博士学位，参照本暂行办法的有关规定办理。

第二十二条 学士学位的证书格式，由教育部制定。硕士学位和博士学位的证书格式，由国务院学位委员会制定。学位获得者的学位证书，由学位授予单位发给。

第二十三条 已经通过的硕士学位和博士学位的论文，应当交存学位授予单位图书馆一份；已经通过的博士学位论文，还应当交存北京图书馆和有关的专业图书馆各一份。

第二十四条 在职人员申请硕士学位或博士学位，经学位授予单位审核同意参加课程考试和论文答辩后，准备参加考试或答辩，可享有不超过两个月的假期。

第二十五条 学位授予单位可根据本暂行实施办法，制定本单位授予学位的工作细则。

附录三 中华人民共和国建立后历次学位授权审核情况

授权批次	年份	主 要 工 作
第一批	1981	审议批准新增博士和硕士学位授予单位、博士和硕士学位授予点以及博士生导师，原则规定大体按二级学科进行授权
第二批	1983	审议批准新增博士和硕士学位授予单位、博士和硕士学位授予点以及博士生导师；审批通过《高等学校和科研机构授予博士、硕士学位的学科、专业目录（试行草案）》
第三批	1986	审议批准新增博士和硕士学位授予单位、博士和硕士学位授予点以及博士生导师；审议批准 12 个试行单位自行审批的硕士学位授权学科专业 38 个
第四批	1990	审议批准新增博士和硕士学位授权单位、博士和硕士学位授予点以及博士生导师；通过《国务院学位委员会议事规则》；以审核从严、按需授权、严格控制新增学位授予单位为原则
第五批	1993	审议批准新增博士和硕士学位授权单位、博士和硕士学位授予点以及博士生导师；审议批准有关试点单位自行审批的硕士学位授予点 253 个
第六批	1996	审议批准新增博士和硕士学位授权单位、博士和硕士学位授予点；批准了在数学、化学、力学、电学、计算机科学与技术 5 个一级学科行使博士学位授予权的试点单位
第七批	1998	审议批准新增博士和硕士学位授权单位、博士和硕士学位授予点；批准部分单位自行审批增列的硕士学位授予点 160 个，北京等地方省级学位委员会和军队学位委员会授权审核新增学位点 946 个；审批通过《授予博士、硕士和培养研究生的学科、专业目录》
第八批	2000	审议批准新增博士和硕士学位授权单位、博士和硕士学位授予点
第九批	2003	审议批准新增博士和硕士学位授权单位、博士和硕士学位授予点；同意少数无博士或硕士学位授予权的单位在个别学科与有学位授予权的单位联合培养博士或硕士研究生
第十批	2006	审议批准新增博士和硕士学位授予单位、博士和硕士学位授予点；审议批准清华大学、北京大学自行审核增列的一级学科博士学位授予点
第十一批	2011	审议批准新增博士和硕士学位授权单位、博士和硕士学位授予点

附录四　各版本博士、硕士学科专业目录的部分一级学科设置对比

学科门类	1983 版 共 64 个一级学科	1990 版 共 72 个一级学科	1997 版 共 89 个一级学科	2011 版 共 110 个一级学科
理学	数学、物理学、化学、天文学、地理学、地球物理学、地质学、大气科学、海洋学、生物学、管理科学、自然科学史 12 个一级学科	增加系统科学、图书与情报学；减少管理科学、自然科学史	将科学史（理学）和技术史（工学）合并设立科学技术史；将图书与情报学拆分为图书馆、情报与档案管理（管理学）	增设生态学、统计学
工学	力学、机械设计与制造、仪器仪表、金属材料、冶金、动力机械及工程热物理、电工、电子学与通信、计算机科学与技术、建筑学、（土建、水利）、测绘、非金属材料、化学工程与工业化学、自动控制、管理工程、（地质勘探、矿业、石油）、（铁路、公路、水运）、船舶、（纺织、轻工）、林业工程、原子能科学与技术、航空与宇航技术、兵器科学与技术、技术科学史 25 个一级学科（括号中为一个级学科名称）	增加农业工程；将纺织、轻工分设为两个级学科；机械设计与制造改名为机械工程；将金属材料和非金属材料合并为材料科学与工程；管理工程与管理科学（理学）合并为管理科学与工程；船舶更名为船舶与海洋工程	增加光学工程、信息与通信工程、环境科学与工程、生物医学工程、食品科学与工程；将土建、水利拆分为土木工程、水利工程；将地质勘探、矿业、石油拆分为地质资源与地质工程、矿业工程、石油与天然气工程；仪器仪表更名为仪器科学与技术；冶金更名为冶金工程；电工更名为电气工程；电子学与通信更名为电子科学与技术；自动控制更名为控制科学与工程；化学工程与工业化学更名为化学工程与技术；将纺织、轻工拆分为纺织科学与技术、轻工技术与工程；铁路、公路、水运更名为交通运输工程；将技术科学史、管理科学与工程调整至别的学科	增加城乡规划学、风景园林学、软件工程、生物工程、安全科学与工程、公安技术
农学	农学、畜牧、兽医、农业机械化与电气化、林学、水产 6 个一级学科	减少农业机械化与电气化	将农学拆分为作物学、园艺学、农业资源利用、植物保护	增加草学

续表

学科门类	1983 版 共 64 个一级学科	1990 版 共 72 个一级学科	1997 版 共 89 个一级学科	2011 版 共 110 个一级学科
医学	基础医学、临床医学、公共卫生与预防医学、中医、中西医结合、药学 6 个一级学科	未变化	增加口腔医学、中药学	增加特种医学、医学技术、护理学
哲学	哲学 1 个一级学科	未变化	未变化	未变化
经济学	经济学 1 个一级学科	未变化	增加理论经济学、应用经济学	未变化
法学	法学、政治学、国际政治和国际关系、社会学、民族学 5 个一级学科	未变化	增加马克思主义理论，减少国际政治与国际关系	增加公安学
教育学	教育学、心理学、体育 3 个一级学科	体育改称体育学	未变化	未变化
文学	中国语言文学、外国语言文学、艺术学 3 个一级学科	未变化	增加新闻传播学	减少艺术学
历史学	历史学 1 个一级学科	未变化	未变化	将历史学拆分为考古学、中国史、世界史
军事学	军事学	增加军事理论及军事史、战略学、战役学、战术学、军队指挥学、军制学、军队政治工作、军事后勤学 8 个一级学科	军事后勤学改为军事后勤学与军事装备学	增加军事训练学；将军事后勤学与军事装备学拆分为军事后勤学、军事装备学
管理学	未设置	未设置	增设管理学学科门类，下设管理科学与工程、工商管理、农林经济管理、公共管理、图书馆情报与档案管理 5 个一级学科	未变化
艺术学	未设置	未设置	未设置	增设艺术学学科门类，下设艺术学理论、音乐与舞蹈学、戏剧与影视学、美术学、设计学 5 个一级学科

附录五　专业学位设置审批暂行办法

第一条：为完善我国学位制度，加速培养经济建设和社会发展所需要的高层次应用型专业人才，促进专业学位的设置和管理，特制定本办法。

第二条：专业学位作为具有职业背景的一种学位，为培养特定职业高层次专门人才而设置。

第三条：专业学位分为学士、硕士和博士三级，但一般只设置硕士一级。各级专业学位与对应的我国现行各级学位处于同一层次。专业学位的名称表示为“××（职业领域）硕士（学士、博士）专业学位”。

第四条：各种专业学位的设置，应本着积极稳妥的方针进行，经过试点，积累经验，保证质量，逐步推广，健康发展。

第五条：由有关行业主管部门或高等学校联合行业主管部门提出专业学位的设置，由国务院学位委员会办公室会同有关单位组织专家进行论证，报国务院学位委员会审批。

第六条：批准设置的专业学位，由国务院学位委员会办公室负责组织实施，并协调有关行业、部门成立全国性的专业学位教育指导委员会，制定培养方案和评估标准。

第七条：授予专业学位的高等学校，与专业学位相关的学科、专业应有相应的学位授予权，有较高的教学水平和良好的办学基础，有长期稳定的专业实践场所。

第八条：申请授予专业学位的高等学校经本单位学位评定委员会讨论通过以及本单位主管部门批准后，向国务院学位委员会办公室报送有关材料。根据本办法和有关规定，国务院学位委员会办公室组织有关方面的专家对申请单位的教学水平、办学条件、管理工作等方面进行评估。符合条件的高等学校由国务院学位委员会办公室批准进行试点。

第九条：经批准可授予专业学位的有关高等学校须接受相应专业学位教

育指导委员会的指导，在招生、培养和学位授予等方面执行国家有关规定，切实保证学位授予质量，并定期接受检查和评估。对于学位授予质量达不到标准的单位，国务院学位委员会办公室将停止该单位进行此项工作。

第十条：各专业学位所涉及的有关行业部门应逐步把专业学位作为相应职业岗位（职位）任职资格优先考虑的条件之一。

第十一条：专业学位证书格式由国务院学位委员会办公室统一制定，学位获得者的证书由学位授予单位颁发。

第十二条：未经国务院学位委员会办公室批准，任何单位不得进行专业学位教育工作，或在招生与学位授予中使用有关专业学位的名称。对于违反规定的单位，将给予相应的处罚。

第十三条：本办法自发布之日起实施。解释权在国务院学位委员会办公室。

一九九六年七月二十二日

附录六　统筹推进世界一流大学和一流学科建设总体方案

统筹推进世界一流大学和一流学科建设总体方案

建设世界一流大学和一流学科，是党中央、国务院作出的重大战略决策，对于提升我国教育发展水平、增强国家核心竞争力、奠定长远发展基础，具有十分重要的意义。多年来，通过实施“211 工程”“985 工程”以及“优势学科创新平台”和“特色重点学科项目”等重点建设，一批重点高校和重点学科建设取得重大进展，带动了我国高等教育整体水平的提升，为经济社会持续健康发展作出了重要贡献。同时，重点建设也存在身份固化、竞争缺失、重复交叉等问题，迫切需要加强资源整合，创新实施方式。为认真总结经验，加强系统谋划，加大改革力度，完善推进机制，坚持久久为功，统筹推进世界一流大学和一流学科建设，实现我国从高等教育大国到高等教育强国的历史性跨越，现制定本方案。

一、总体要求

（一）指导思想

高举中国特色社会主义伟大旗帜，以邓小平理论、“三个代表”重要思想、科学发展观为指导，认真落实党的十八大和十八届二中、三中、四中全会精神，深入贯彻习近平总书记系列重要讲话精神，按照“四个全面”战略布局和党中央、国务院决策部署，坚持以中国特色、世界一流为核心，以立德树人为根本，以支撑创新驱动发展战略、服务经济社会发展为导向，加快建成一批世界一流大学和一流学科，提升我国高等教育综合实力和国际竞争力，为实现

“两个一百年”奋斗目标和中华民族伟大复兴的中国梦提供有力支撑。

坚持中国特色、世界一流，就是要全面贯彻党的教育方针，坚持社会主义办学方向，加强党对高校的领导，扎根中国大地，遵循教育规律，创造性地传承中华民族优秀传统文化，积极探索中国特色的世界一流大学和一流学科建设之路，努力成为世界高等教育改革发展的参与者和推动者，培养中国特色社会主义事业建设者和接班人，更好地为社会主义现代化建设服务、为人民服务。

（二）基本原则

——坚持以一流为目标。引导和支持具备一定实力的高水平大学和高水平学科瞄准世界一流，汇聚优质资源，培养一流人才，产出一流成果，加快走向世界一流。

——坚持以学科为基础。引导和支持高等学校优化学科结构，凝练学科发展方向，突出学科建设重点，创新学科组织模式，打造更多学科高峰，带动学校发挥优势、办出特色。

——坚持以绩效为杠杆。建立激励约束机制，鼓励公平竞争，强化目标管理，突出建设实效，构建完善中国特色的世界一流大学和一流学科评价体系，充分激发高校内生动力和发展活力，引导高等学校不断提升办学水平。

——坚持以改革为动力。深化高校综合改革，加快中国特色现代大学制度建设，着力破除体制机制障碍，加快构建充满活力、富有效率、更加开放、有利于学校科学发展的体制机制，当好教育改革排头兵。

（三）总体目标

推动一批高水平大学和学科进入世界一流行列或前列，加快高等教育治理体系和治理能力现代化，提高高等学校人才培养、科学研究、社会服务和文化传承创新水平，使之成为知识发现和科技创新的重要力量、先进思想和优秀文化的重要源泉、培养各类高素质优秀人才的重要基地，在支撑国家创新驱动发展战略、服务经济社会发展、弘扬中华优秀传统文化、培育和践行社会主义核心价值观、促进高等教育内涵发展等方面发挥重大作用。

——到 2020 年，若干所大学和一批学科进入世界一流行列，若干学科进入世界一流学科前列。

——到2030年，更多的大学和学科进入世界一流行列，若干所大学进入世界一流大学前列，一批学科进入世界一流学科前列，高等教育整体实力显著提升。

——到本世纪中叶，一流大学和一流学科的数量和实力进入世界前列，基本建成高等教育强国。

二、建设任务

（四）建设一流师资队伍

深入实施人才强校战略，强化高层次人才的支撑引领作用，加快培养和引进一批活跃在国际学术前沿、满足国家重大战略需求的一流科学家、学科领军人物和创新团队，聚集世界优秀人才。遵循教师成长发展规律，以中青年教师和创新团队为重点，优化中青年教师成长发展、脱颖而出的制度环境，培育跨学科、跨领域的创新团队，增强人才队伍可持续发展能力。加强师德师风建设，培养和造就一支有理想信念、有道德情操、有扎实学识、有仁爱之心的优秀教师队伍。

（五）培养拔尖创新人才

坚持立德树人，突出人才培养的核心地位，着力培养具有历史使命感和社会责任心，富有创新精神和实践能力的各类创新型、应用型、复合型优秀人才。加强创新创业教育，大力推进个性化培养，全面提升学生的综合素质、国际视野、科学精神和创业意识、创造能力。合理提高高校毕业生创业比例，引导高校毕业生积极投身大众创业、万众创新。完善质量保障体系，将学生成长成才作为出发点和落脚点，建立导向正确、科学有效、简明清晰的评价体系，激励学生刻苦学习、健康成长。

（六）提升科学研究水平

以国家重大需求为导向，提升高水平科学研究能力，为经济社会发展和国家战略实施作出重要贡献。坚持有所为有所不为，加强学科布局的顶层设计和战略规划，重点建设一批国内领先、国际一流的优势学科和领域。提高基础研究水平，争做国际学术前沿并行者乃至领跑者。推动加强战略性、全局性、前瞻性问题研究，着力提升解决重大问题能力和原始创新能力。大力推进科研组织模式创新，依托重点研究基地，围绕重大科研项目，健全科研机制，开展协同创新，优化资源配置，提高科技创新能力。打造一批具有中国特色和世界影响的新型高校智库，提高服务国家决策的能力。建立健全具有中国特色、中国风格、中国气派的哲学社会科学学术评价和学术标准体系。营造浓厚的学术氛围和宽松的创新环境，保护创新、宽容失败，大力激发创新活力。

（七）传承创新优秀文化

加强大学文化建设，增强文化自觉和制度自信，形成推动社会进步、引领文明进程、各具特色的一流大学精神和大学文化。坚持用价值观引领知识教育，把社会主义核心价值观融入教育教学全过程，引导教师潜心教书育人、静心治学，引导广大青年学生勤学、修德、明辨、笃实，使社会主义核心价值观成为基本遵循，形成优良的校风、教风、学风。加强对中华优秀传统文化和社会主义核心价值观的研究、宣传，认真汲取中华优秀传统文化的思想精华，做到扬弃继承、转化创新，并充分发挥其教化育人作用，推动社会主义先进文化建设。

（八）着力推进成果转化

深化产教融合，将一流大学和一流学科建设与推动经济社会发展紧密结合，着力提高高校对产业转型升级的贡献率，努力成为催化产业技术变革、加速创新驱动的策源地。促进高校学科、人才、科研与产业互动，打通基础研究、应用开发、成果转移与产业化链条，推动健全市场导向、社会资本参与、多要素深度融合的成果应用转化机制。强化科技与经济、创新项目与现实生产力、创新成果与产业对接，推动重大科学创新、关键技术突破转变为先进生产力，增强高校创新资源对经济社会发展的驱动力。

三、改革任务

（九）加强和改进党对高校的领导

坚持和完善党委领导下的校长负责制，建立健全党委统一领导、党政分工合作、协调运行的工作机制，不断改革和完善高校体制机制。进一步加强和改进新形势下高校宣传思想工作，牢牢把握高校意识形态工作领导权，不断坚定广大师生中国特色社会主义道路自信、理论自信、制度自信。全面推进高校党的建设各项工作，着力扩大党组织的覆盖面，推进工作创新，有效发挥高校基层党组织战斗堡垒作用和党员先锋模范作用。完善体现高校特点、符合学校实际的惩治和预防腐败体系，严格执行党风廉政建设责任制，切实把党要管党、从严治党的要求落到实处。

（十）完善内部治理结构

建立健全高校章程落实机制，加快形成以章程为统领的完善、规范、统一的制度体系。加强学术组织建设，健全以学术委员会为核心的学术管理体系与组织架构，充分发挥其在学科建设、学术评价、学术发展和学风建设等方面的重要作用。完善民主管理和监督机制，扩大有序参与，加强议事协商，充分发挥教职工代表大会、共青团、学生会等在民主决策机制中的作用，积极探索师生代表参与学校决策的机制。

（十一）实现关键环节突破

加快推进人才培养模式改革，推进科教协同育人，完善高水平科研支撑拔尖创新人才培养机制。加快推进人事制度改革，积极完善岗位设置、分类管理、考核评价、绩效工资分配、合理流动等制度，加大对领军人才倾斜支持力度。加快推进科研体制机制改革，在科研运行保障、经费筹措使用、绩效评价、成果转化、收益处置等方面大胆尝试。加快建立资源募集机制，在争取社会资源、扩大办学力量、拓展资金渠道方面取得实质进展。

（十二）构建社会参与机制

坚持面向社会依法自主办学，加快建立健全社会支持和监督学校发展的长效机制。建立健全理事会制度，制定理事会章程，着力增强理事会的代表性和权威性，健全与理事会成员之间的协商、合作机制，充分发挥理事会对学校改革发展的咨询、协商、审议、监督等功能。加快完善与行业企业密切合作的模式，推进与科研院所、社会团体等资源共享，形成协调合作的有效机制。积极引入专门机构对学校的学科、专业、课程等水平和质量进行评估。

（十三）推进国际交流合作

加强与世界一流大学和学术机构的实质性合作，将国外优质教育资源有效融合到教学科研全过程，开展高水平人才联合培养和科学联合攻关。加强国际协同创新，积极参与或牵头组织国际和区域性重大科学计划和科学工程。营造良好的国际化教学科研环境，增强对外籍优秀教师和高水平留学生的吸引力。积极参与国际教育规则制定、国际教育教学评估和认证，切实提高我国高等教育的国际竞争力和话语权，树立中国大学的良好品牌和形象。

四、支持措施

（十四）总体规划，分级支持

面向经济社会发展需要，立足高等教育发展现状，对世界一流大学和一流学科建设加强总体规划，鼓励和支持不同类型的高水平大学和学科差别化发展，加快进入世界一流行列或前列。每五年一个周期，2016 年开始新一轮建设。

高校要根据自身实际，合理选择一流大学和一流学科建设路径，科学规划、积极推进。拥有多个国内领先、国际前沿高水平学科的大学，要在多领域建设一流学科，形成一批相互支撑、协同发展的一流学科，全面提升综合实力和国际竞争力，进入世界一流大学行列或前列。拥有若干处于国内前列、在国际同类院校中居于优势地位的高水平学科的大学，要围绕主干学科，强化办学特色，建设若干一流学科，扩大国际影响力，带动学校进入世界同类高校前列。拥有某一高水平学科的大学，要突出学科优势，提升学科水平，进入该学科领域世界一流行列或前列。

中央财政将中央高校开展世界一流大学和一流学科建设纳入中央高校预算拨款制度中统筹考虑，并通过相关专项资金给予引导支持；鼓励相关地方政府通过多种方式，对中央高校给予资金、政策、资源支持。地方高校开展世界一流大学和一流学科建设，由各地结合实际推进，所需资金由地方财政统筹安排，中央财政通过支持地方高校发展的相关资金给予引导支持。中央基本建设投资对世界一流大学和一流学科建设相关基础设施给予支持。

（十五）强化绩效，动态支持

创新财政支持方式，更加突出绩效导向，形成激励约束机制。资金分配更多考虑办学质量特别是学科水平、办学特色等因素，重点向办学水平高、特色鲜明的学校倾斜，在公平竞争中体现扶优扶强扶特。完善管理方式，进一步增强高校财务自主权和统筹安排经费的能力，充分激发高校争创一流、办出特色的动力和活力。

建立健全绩效评价机制，积极采用第三方评价，提高科学性和公信度。在相对稳定支持的基础上，根据相关评估评价结果、资金使用管理等情况，动态调整支持力度，增强建设的有效性。对实施有力、进展良好、成效明显的，适当加大支持力度；对实施不力、进展缓慢、缺乏实效的，适当减少支持力度。

（十六）多元投入，合力支持

建设世界一流大学和一流学科是一项长期任务，需要各方共同努力，完善政府、社会、学校相结合的共建机制，形成多元化投入、合力支持的格局。

鼓励有关部门和行业企业积极参与一流大学和一流学科建设。围绕培养所需人才、解决重大瓶颈等问题，加强与有关高校合作，通过共建、联合培养、科技合作攻关等方式支持一流大学和一流学科建设。

按照平稳有序、逐步推进原则，合理调整高校学费标准，进一步健全成本分担机制。高校要不断拓宽筹资渠道，积极吸引社会捐赠，扩大社会合作，健全社会支持长效机制，多渠道汇聚资源，增强自我发展能力。

五、组织实施

（十七）加强组织管理

国家教育体制改革领导小组负责顶层设计、宏观布局、统筹协调、经费投入等重要事项决策，重大问题及时报告国务院。教育部、财政部、发展改革委负责规划部署、推进实施、监督管理等工作，日常工作由教育部承担。

（十八）有序推进实施

要完善配套政策，根据本方案组织制定绩效评价和资金管理等具体办法。要编制建设方案，深入研究学校的建设基础、优势特色、发展潜力等，科学编制发展规划和建设方案，提出具体的建设目标、任务和周期，明确改革举措、资源配置和资金筹集等安排。

要开展咨询论证，组织相关专家，结合经济社会发展需求和国家战略需要，对学校建设方案的科学性、可行性进行咨询论证，提出意见建议。

要强化跟踪指导，对建设过程实施动态监测，及时发现建设中存在的问题，提出改进的意见建议。建立信息公开公示网络平台，接受社会公众监督。

附录七　统筹推进世界一流大学和一流学科建设实施办法（暂行）

统筹推进世界一流大学和一流学科建设实施办法（暂行）

第一章　总　　则

第一条　为贯彻落实党中央、国务院关于建设世界一流大学和一流学科的重大战略决策部署，根据《统筹推进世界一流大学和一流学科建设总体方案》（国发〔2015〕64 号，以下简称《总体方案》），制定本办法。

第二条　全面贯彻党的教育方针，坚持社会主义办学方向，按照“四个全面”战略布局和创新、协调、绿色、开放、共享发展理念，以中国特色、世界一流为核心，落实立德树人根本任务，以一流为目标、以学科为基础、以绩效为杠杆、以改革为动力，推动一批高水平大学和学科进入世界一流行列或前列，为实现“两个一百年”奋斗目标、实现中华民族伟大复兴的中国梦提供有力支撑。

第三条　面向国家重大战略需求，面向经济社会主战场，面向世界科技发展前沿，突出建设的质量效益、社会贡献度和国际影响力，突出学科交叉融合和协同创新，突出与产业发展、社会需求、科技前沿紧密衔接，深化产教融合，全面提升我国高等教育在人才培养、科学研究、社会服务、文化传承创新和国际交流合作中的综合实力。到 2020 年，若干所大学和一批学科进入世界一流行列，若干学科进入世界一流学科前列；到 2030 年，更多的大学和学科进入世界一流行列，若干所大学进入世界一流大学前列，一批学科进入世界一流学科前列，高等教育整体实力显著提升；到本世纪中叶，一流大学和一流学科的数量和实力进入世界前列，基本建成高等教育强国。

第四条 加强总体规划，坚持扶优扶需扶特扶新，按照“一流大学”和“一流学科”两类布局建设高校，引导和支持具备较强实力的高校合理定位、办出特色、差别化发展，努力形成支撑国家长远发展的一流大学和一流学科体系。

第五条 坚持以学科为基础，支持建设一百个左右学科，着力打造学科领域高峰。支持一批接近或达到世界先进水平的学科，加强建设关系国家安全和重大利益的学科，鼓励新兴学科、交叉学科，布局一批国家急需、支撑产业转型升级和区域发展的学科，积极建设具有中国特色、中国风格、中国气派的哲学社会科学体系，着力解决经济社会中的重大战略问题，提升国家自主创新能力和核心竞争力。强化学科建设绩效考核，引领高校提高办学水平和综合实力。

第六条 每五年一个建设周期，2016 年开始新一轮建设。建设高校实行总量控制、开放竞争、动态调整。

第二章 遴选条件

第七条 一流大学建设高校应是经过长期重点建设、具有先进办学理念、办学实力强、社会认可度较高的高校，须拥有一定数量国内领先、国际前列的高水平学科，在改革创新和现代大学制度建设中成效显著。

一流学科建设高校应具有居于国内前列或国际前沿的高水平学科，学科水平在有影响力的第三方评价中进入前列，或者国家急需、具有重大的行业或区域影响、学科优势突出、具有不可替代性。

人才培养方面，坚持立德树人，培育和践行社会主义核心价值观，在拔尖创新人才培养模式、协同育人机制、创新创业教育方面成果显著；积极推进课程体系和教学内容改革，教学成果丰硕；资源配置、政策导向体现人才培养的核心地位；质量保障体系完善，有高质量的本科生教育和研究生教育；注重培养学生社会责任感、法治意识、创新精神和实践能力，人才培养质量得到社会高度认可。

科学研究方面，科研组织和科研机制健全，协同创新成效显著。基础研究处于科学前沿，原始创新能力较强，形成具有重要影响的新知识新理论；应用研究解决了国民经济中的重大关键性技术和工程问题，或实现了重大颠覆性技术创新；哲学社会科学研究为解决经济社会发展重大理论和现实问题提供了有效支撑。

社会服务方面，产学研深度融合，实现合作办学、合作育人、合作发展，科研成果转化绩效突出，形成具有中国特色和世界影响的新型高端智库，为国家和区域经济转型、产业升级和技术变革、服务国家安全和社会公共安全做出突出贡献，运用新知识新理论认识世界、传承文明、科学普及、资政育人和服务社会成效显著。

文化传承创新方面，传承弘扬中华优秀传统文化，推动社会主义先进文化建设成效显著；增强文化自信，具有较强的国际文化传播影响力；具有师生认同的优秀教风学风校风，具有广阔的文化视野和强大的文化创新能力，形成引领社会进步、特色鲜明的大学精神和大学文化。

师资队伍建设方面，教师队伍政治素质强，整体水平高，潜心教书育人，师德师风优良；一线教师普遍掌握先进的教学方法和技术，教学经验丰富，教学效果良好；有一批活跃在国际学术前沿的一流专家、学科领军人物和创新团队；教师结构合理，中青年教师成长环境良好，可持续发展后劲足。

国际交流合作方面，吸引海外优质师资、科研团队和学生能力强，与世界高水平大学学生交换、学分互认、联合培养成效显著，与世界高水平大学和学术机构有深度的学术交流与科研合作，深度参与国际或区域性重大科学计划、科学工程，参加国际标准和规则的制定，国际影响力较强。

第三章　遴选程序

第八条　坚持公平公正、开放竞争。采取认定方式确定一流大学、一流学科建设高校及建设学科。

第九条 设立世界一流大学和一流学科建设专家委员会，由政府有关部门、高校、科研机构、行业组织人员组成。专家委员会根据《总体方案》要求和本办法，以中国特色学科评价为主要依据，参考国际相关评价因素，综合高校办学条件、学科水平、办学质量、主要贡献、国际影响力等情况，以及高校主管部门意见，论证确定一流大学和一流学科建设高校的认定标准。

第十条 根据认定标准专家委员会遴选产生拟建设高校名单，并提出意见建议。教育部、财政部、发展改革委审议确定建议名单。

第十一条 列入拟建设名单的高校要根据自身实际，以改革为动力，结合学校综合改革方案和专家委员会咨询建议，确定建设思路，合理选择建设路径，自主确定学科建设口径和范围，科学编制整体建设方案、分学科建设方案（以下统称建设方案）。建设方案要以人才培养为核心，优化学科建设结构和布局，完善内部治理结构，形成调动各方积极参与的长效建设机制，以一流学科建设引领健全学科生态体系，带动学校整体发展。以5年为一周期，统筹安排建设和改革任务，综合考虑各渠道资金和相应的管理要求，设定合理、具体的分阶段建设目标和建设内容，细化具体的执行项目，提出系统的考核指标体系，避免平均用力或碎片化。高校须组织相关专家，结合经济社会发展需求和国家战略需要，对建设方案的科学性、可行性进行深入论证。

第十二条 论证通过的建设方案及专家论证报告，经高校报所属省级人民政府或主管部门审核通过后，报教育部、财政部、发展改革委。

第十三条 专家委员会对高校建设方案进行审核，提出意见。

第十四条 教育部、财政部、发展改革委根据专家委员会意见，研究确定一流大学、一流学科建设高校及建设学科，报国务院批准。

第四章　支持方式

第十五条 创新支持方式，强化精准支持，综合考虑建设高校基础、学科类别及发展水平等，给予相应支持。

第十六条 中央高校开展世界一流大学和一流学科建设所需经费由中央

财政支持；中央预算内投资对中央高校学科建设相关基础设施给予支持。纳入世界一流大学和一流学科建设范围的地方高校，所需资金由地方财政统筹安排，中央财政予以引导支持。有关部门深化高等教育领域简政放权改革，放管结合优化服务，在考试招生、人事制度、经费管理、学位授权、科研评价等方面切实落实建设高校自主权。

第十七条 地方政府和有关主管部门应通过多种方式，对世界一流大学和一流学科建设加大资金、政策、资源支持力度。建设高校要积极争取社会各方资源，形成多元支持的长效机制。

第十八条 建设高校完善经费使用管理方式，切实管好用好，提高使用效益。

第五章 动态管理

第十九条 加强过程管理，实施动态监测，及时跟踪指导。以学科为基础，制定科学合理的绩效评价办法，开展中期和期末评价，加大经费动态支持力度，形成激励约束机制，增强建设实效。

第二十条 建设中期，建设高校根据建设方案对建设情况进行自评，对改革的实施情况、建设目标和任务完成情况、学科水平、资金管理使用情况等进行分析，发布自评报告。专家委员会根据建设高校的建设方案和自评报告，参考有影响力的第三方评价，对建设成效进行评价，提出中期评价意见。根据中期评价结果，对实施有力、进展良好、成效明显的建设高校及建设学科，加大支持力度；对实施不力、进展缓慢、缺乏实效的建设高校及建设学科，提出警示并减小支持力度。

第二十一条 打破身份固化，建立建设高校及建设学科有进有出动态调整机制。建设过程中，对于出现重大问题、不再具备建设条件且经警示整改仍无改善的高校及建设学科，调整出建设范围。

第二十二条 建设期末，建设高校根据建设方案对建设情况进行整体自评，对改革的实施情况、建设目标和任务完成情况、学科水平、资金管理使用情况等进行全面分析，发布整体自评报告。专家委员会根据建设高校的建设方案及整体自评报告，参考有影响力的第三方评价，对建设成效进行评价，提出评价意见。根据期末评价结果等情况，重新确定下一轮建设范围。对于建设成效特别突出、国际影响力特别显著的少数建设高校及建设学科，在资金和政策上加大支持力度。

第六章　组织实施

第二十三条　教育部、财政部、发展改革委建立部际协调机制，负责规划部署、推进实施、监督管理等工作。

第二十四条　省级政府应结合经济社会发展需求和基础条件，统筹推动区域内有特色高水平大学和优势学科建设，积极探索不同类型高校的一流建设之路。

第二十五条　建设高校要全面加强党的领导和党的建设，坚持正确办学方向，深化综合改革，破除体制机制障碍，统筹学校整体建设和学科建设，加强组织保障，营造良好建设环境。

第二十六条　动员各方力量积极参与世界一流大学和一流学科建设，鼓励行业企业加强与高校合作，协同建设。省级政府、行业主管部门加大对建设高校的投入，强化跟踪指导，及时发现建设中存在的问题，提出改进的意见和建议。

第二十七条　坚持公开透明，建立信息公开网络平台，公布建设高校的建设方案及建设学科、绩效评价情况等，强化社会监督。

第七章　附　　则

第二十八条　本办法由教育部、财政部、发展改革委负责解释。

第二十九条　本办法自发布之日起实施。

附录八　世界一流大学和一流学科建设高校及建设学科名单

教育部　财政部　国家发展改革委关于公布世界一流大学和一流学科建设高校及建设学科名单的通知

各省、自治区、直辖市人民政府，新疆生产建设兵团，国务院各部委、各直属机构，中央军委训练管理部：

根据国务院《统筹推进世界一流大学和一流学科建设总体方案》以及教育部等三部委《统筹推进世界一流大学和一流学科建设实施办法（暂行）》，经专家委员会遴选认定，教育部、财政部、国家发展改革委研究并报国务院批准，现公布世界一流大学和一流学科（简称“双一流”）建设高校及建设学科名单。

各单位要全面贯彻习近平总书记系列重要讲话精神和全国高校思想政治工作会议精神，按照党中央、国务院关于建设世界一流大学和一流学科的决策部署，以马克思主义为指导，加强党对高校的领导，坚持社会主义办学方向，坚持中国特色、世界一流，坚持内涵建设，采取有力措施，支持推动建设高校及建设学科加快发展，取得更大建设成效。

特此通知。

附件：1.“双一流”建设高校名单

2.“双一流”建设学科名单

教育部　财政部　国家发展改革委

2017年9月20日

附件 1

“双一流”建设高校名单
（按学校代码排序）

一、一流大学建设高校 42 所

1. A 类 36 所

北京大学、中国人民大学、清华大学、北京航空航天大学、北京理工大学、中国农业大学、北京师范大学、中央民族大学、南开大学、天津大学、大连理工大学、吉林大学、哈尔滨工业大学、复旦大学、同济大学、上海交通大学、华东师范大学、南京大学、东南大学、浙江大学、中国科学技术大学、厦门大学、山东大学、中国海洋大学、武汉大学、华中科技大学、中南大学、中山大学、华南理工大学、四川大学、重庆大学、电子科技大学、西安交通大学、西北工业大学、兰州大学、国防科技大学

2. B 类 6 所

东北大学、郑州大学、湖南大学、云南大学、西北农林科技大学、新疆大学

二、一流学科建设高校 95 所

北京交通大学、北京工业大学、北京科技大学、北京化工大学、北京邮电大学、北京林业大学、北京协和医学院、北京中医药大学、首都师范大学、北京外国语大学、中国传媒大学、中央财经大学、对外经济贸易大学、外交学院、中国人民公安大学、北京体育大学、中央音乐学院、中国音乐学院、中央美术学院、中央戏剧学院、中国政法大学、天津工业大学、天津医科大学、天津中医药大学、华北电力大学、河北工业大学、太原理工大学、内蒙古大学、

辽宁大学、大连海事大学、延边大学、东北师范大学、哈尔滨工程大学、东北农业大学、东北林业大学、华东理工大学、东华大学、上海海洋大学、上海中医药大学、上海外国语大学、上海财经大学、上海体育学院、上海音乐学院、上海大学、苏州大学、南京航空航天大学、南京理工大学、中国矿业大学、南京邮电大学、河海大学、江南大学、南京林业大学、南京信息工程大学、南京农业大学、南京中医药大学、中国药科大学、南京师范大学、中国美术学院、安徽大学、合肥工业大学、福州大学、南昌大学、河南大学、中国地质大学、武汉理工大学、华中农业大学、华中师范大学、中南财经政法大学、湖南师范大学、暨南大学、广州中医药大学、华南师范大学、海南大学、广西大学、西南交通大学、西南石油大学、成都理工大学、四川农业大学、成都中医药大学、西南大学、西南财经大学、贵州大学、西藏大学、西北大学、西安电子科技大学、长安大学、陕西师范大学、青海大学、宁夏大学、石河子大学、中国石油大学、宁波大学、中国科学院大学、第二军医大学、第四军医大学

附件 2

“双一流”建设学科名单
（按学校代码排序）

北京大学：哲学、理论经济学、应用经济学、法学、政治学、社会学、马克思主义理论、心理学、中国语言文学、外国语言文学、考古学、中国史、世界史、数学、物理学、化学、地理学、地球物理学、地质学、生物学、生态学、统计学、力学、材料科学与工程、电子科学与技术、控制科学与工程、计算机科学与技术、环境科学与工程、软件工程、基础医学、临床医学、口腔医学、公共卫生与预防医学、药学、护理学、艺术学理论、现代语言学、语言学、机械及航空航天和制造工程、商业与管理、社会政策与管理

中国人民大学：哲学、理论经济学、应用经济学、法学、政治学、社会学、马克思主义理论、新闻传播学、中国史、统计学、工商管理、农林经济管理、公共管理、图书情报与档案管理

清华大学：法学、政治学、马克思主义理论、数学、物理学、化学、生物学、力学、机械工程、仪器科学与技术、材料科学与工程、动力工程及工程热物理、电气工程、信息与通信工程、控制科学与工程、计算机科学与技术、建筑学、土木工程、水利工程、化学工程与技术、核科学与技术、环境科学与工程、生物医学工程、城乡规划学、风景园林学、软件工程、管理科学与工程、工商管理、公共管理、设计学、会计与金融、经济学和计量经济学、统计学与运筹学、现代语言学

北京交通大学：系统科学

北京工业大学：土木工程（自定）

注：1. 不加（自定）标示的学科，是根据“双一流”建设专家委员会确定的标准而认定的学科；
2. 加（自定）标示的学科，是根据“双一流”建设专家委员会建议由高校自主确定的学科；
3. 高校建设方案中的自主建设学科按照专家委员会的咨询建议修改后由高校自行公布。

北京航空航天大学： 力学、仪器科学与技术、材料科学与工程、控制科学与工程、计算机科学与技术、航空宇航科学与技术、软件工程

北京理工大学： 材料科学与工程、控制科学与工程、兵器科学与技术

北京科技大学： 科学技术史、材料科学与工程、冶金工程、矿业工程

北京化工大学： 化学工程与技术（自定）

北京邮电大学： 信息与通信工程、计算机科学与技术

中国农业大学： 生物学、农业工程、食品科学与工程、作物学、农业资源与环境、植物保护、畜牧学、兽医学、草学

北京林业大学： 风景园林学、林学

北京协和医学院： 生物学、生物医学工程、临床医学、药学

北京中医药大学： 中医学、中西医结合、中药学

北京师范大学： 教育学、心理学、中国语言文学、中国史、数学、地理学、系统科学、生态学、环境科学与工程、戏剧与影视学、语言学

首都师范大学： 数学

北京外国语大学： 外国语言文学

中国传媒大学： 新闻传播学、戏剧与影视学

中央财经大学： 应用经济学

对外经济贸易大学： 应用经济学（自定）

外交学院： 政治学（自定）

中国人民公安大学： 公安学（自定）

北京体育大学： 体育学

中央音乐学院： 音乐与舞蹈学

中国音乐学院： 音乐与舞蹈学（自定）

中央美术学院： 美术学、设计学

中央戏剧学院： 戏剧与影视学

中央民族大学： 民族学

中国政法大学： 法学

南开大学： 世界史、数学、化学、统计学、材料科学与工程

天津大学：化学、材料科学与工程、化学工程与技术、管理科学与工程

天津工业大学：纺织科学与工程

天津医科大学：临床医学（自定）

天津中医药大学：中药学

华北电力大学：电气工程（自定）

河北工业大学：电气工程（自定）

太原理工大学：化学工程与技术（自定）

内蒙古大学：生物学（自定）

辽宁大学：应用经济学（自定）

大连理工大学：化学、工程

东北大学：控制科学与工程

大连海事大学：交通运输工程（自定）

吉林大学：考古学、数学、物理学、化学、材料科学与工程

延边大学：外国语言文学（自定）

东北师范大学：马克思主义理论、世界史、数学、化学、统计学、材料科学与工程

哈尔滨工业大学：力学、机械工程、材料科学与工程、控制科学与工程、计算机科学与技术、土木工程、环境科学与工程

哈尔滨工程大学：船舶与海洋工程

东北农业大学：畜牧学（自定）

东北林业大学：林业工程、林学

复旦大学：哲学、政治学、中国语言文学、中国史、数学、物理学、化学、生物学、生态学、材料科学与工程、环境科学与工程、基础医学、临床医学、中西医结合、药学、机械及航空航天和制造工程、现代语言学

同济大学：建筑学、土木工程、测绘科学与技术、环境科学与工程、城乡规划学、风景园林学、艺术与设计

上海交通大学：数学、化学、生物学、机械工程、材料科学与工程、信息与通信工程、控制科学与工程、计算机科学与技术、土木工程、化学工程与

技术、船舶与海洋工程、基础医学、临床医学、口腔医学、药学、电子电气工程、商业与管理

华东理工大学：化学、材料科学与工程、化学工程与技术

东华大学：纺织科学与工程

上海海洋大学：水产

上海中医药大学：中医学、中药学

华东师范大学：教育学、生态学、统计学

上海外国语大学：外国语言文学

上海财经大学：统计学

上海体育学院：体育学

上海音乐学院：音乐与舞蹈学

上海大学：机械工程（自定）

南京大学：哲学、中国语言文学、外国语言文学、物理学、化学、天文学、大气科学、地质学、生物学、材料科学与工程、计算机科学与技术、化学工程与技术、矿业工程、环境科学与工程、图书情报与档案管理

苏州大学：材料科学与工程（自定）

东南大学：材料科学与工程、电子科学与技术、信息与通信工程、控制科学与工程、计算机科学与技术、建筑学、土木工程、交通运输工程、生物医学工程、风景园林学、艺术学理论

南京航空航天大学：力学

南京理工大学：兵器科学与技术

中国矿业大学：安全科学与工程、矿业工程

南京邮电大学：电子科学与技术

河海大学：水利工程、环境科学与工程

江南大学：轻工技术与工程、食品科学与工程

南京林业大学：林业工程

南京信息工程大学：大气科学

南京农业大学：作物学、农业资源与环境

南京中医药大学：中药学

中国药科大学：中药学

南京师范大学：地理学

浙江大学：化学、生物学、生态学、机械工程、光学工程、材料科学与工程、电气工程、控制科学与工程、计算机科学与技术、农业工程、环境科学与工程、软件工程、园艺学、植物保护、基础医学、药学、管理科学与工程、农林经济管理

中国美术学院：美术学

安徽大学：材料科学与工程（自定）

中国科学技术大学：数学、物理学、化学、天文学、地球物理学、生物学、科学技术史、材料科学与工程、计算机科学与技术、核科学与技术、安全科学与工程

合肥工业大学：管理科学与工程（自定）

厦门大学：化学、海洋科学、生物学、生态学、统计学

福州大学：化学（自定）

南昌大学：材料科学与工程

山东大学：数学、化学

中国海洋大学：海洋科学、水产

中国石油大学（华东）：石油与天然气工程、地质资源与地质工程

郑州大学：临床医学（自定）、材料科学与工程（自定）、化学（自定）

河南大学：生物学

武汉大学：理论经济学、法学、马克思主义理论、化学、地球物理学、生物学、测绘科学与技术、矿业工程、口腔医学、图书情报与档案管理

华中科技大学：机械工程、光学工程、材料科学与工程、动力工程及工程热物理、电气工程、计算机科学与技术、基础医学、公共卫生与预防医学

中国地质大学（武汉）：地质学、地质资源与地质工程

武汉理工大学：材料科学与工程

华中农业大学：生物学、园艺学、畜牧学、兽医学、农林经济管理

华中师范大学：政治学、中国语言文学

中南财经政法大学：法学（自定）

湖南大学：化学、机械工程

中南大学：数学、材料科学与工程、冶金工程、矿业工程

湖南师范大学：外国语言文学（自定）

中山大学：哲学、数学、化学、生物学、生态学、材料科学与工程、电子科学与技术、基础医学、临床医学、药学、工商管理

暨南大学：药学（自定）

华南理工大学：化学、材料科学与工程、轻工技术与工程、农学

广州中医药大学：中医学

华南师范大学：物理学

海南大学：作物学（自定）

广西大学：土木工程（自定）

四川大学：数学、化学、材料科学与工程、基础医学、口腔医学、护理学

重庆大学：机械工程（自定）、电气工程（自定）、土木工程（自定）

西南交通大学：交通运输工程

电子科技大学：电子科学与技术、信息与通信工程

西南石油大学：石油与天然气工程

成都理工大学：地质学

四川农业大学：作物学（自定）

成都中医药大学：中药学

西南大学：生物学

西南财经大学：应用经济学（自定）

贵州大学：植物保护（自定）

云南大学：民族学、生态学

西藏大学：生态学（自定）

西北大学：地质学

西安交通大学：力学、机械工程、材料科学与工程、动力工程及工程热

物理、电气工程、信息与通信工程、管理科学与工程、工商管理

西北工业大学：机械工程、材料科学与工程

西安电子科技大学：信息与通信工程、计算机科学与技术

长安大学：交通运输工程（自定）

西北农林科技大学：农学

陕西师范大学：中国语言文学（自定）

兰州大学：化学、大气科学、生态学、草学

青海大学：生态学（自定）

宁夏大学：化学工程与技术（自定）

新疆大学：马克思主义理论（自定）、化学（自定）、计算机科学与技术（自定）

石河子大学：化学工程与技术（自定）

中国矿业大学（北京）：安全科学与工程、矿业工程

中国石油大学（北京）：石油与天然气工程、地质资源与地质工程

中国地质大学（北京）：地质学、地质资源与地质工程

宁波大学：力学

中国科学院大学：化学、材料科学与工程

国防科技大学：信息与通信工程、计算机科学与技术、航空宇航科学与技术、软件工程、管理科学与工程

第二军医大学：基础医学

第四军医大学：临床医学（自定）

附录九　我国研究生教育规模一览

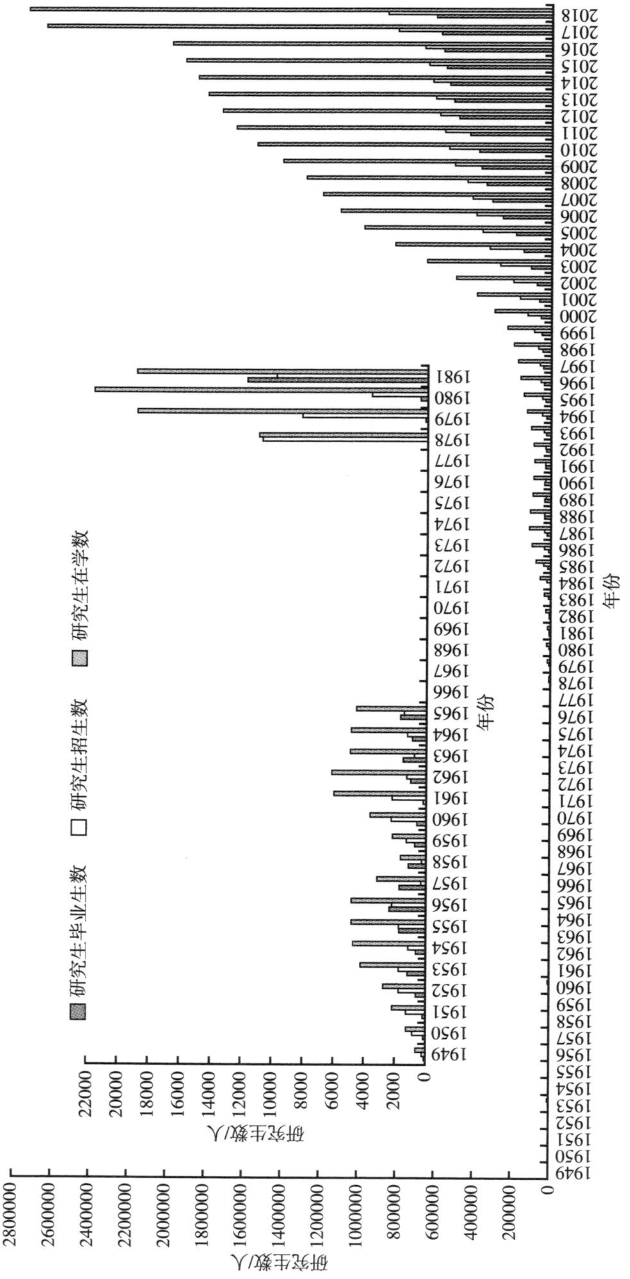

我国研究生教育规模一览

后记

2019年是中华人民共和国建立的第七个十年。70年砥砺奋进，70年春华秋实。70年，是不断创造伟大奇迹、彻底改变中华民族前途命运的70年。70年间，我国经济社会快速发展，科学技术研究取得重大突破，国防实力日渐充实，人民生活水平不断提高，国际影响力显著提升，实现了从站起来、富起来到强起来的伟大飞跃，创造了一个又一个的中国奇迹。这70年也是我国研究生教育改革与发展的70年。中华人民共和国成立以来，我国研究生教育事业走过了初期的探索波折，经历了改革开放时期的恢复与重建，始终与国家和社会发展同呼吸、共命运，在适应社会主义市场经济、服务国家转型发展、助力中华民族伟大复兴的进程中凝聚发展方向、调整内部结构、开展综合改革、提升育人质量，走出了一条具有中国特色的研究生教育发展道路，为我国经济社会发展做出了卓越贡献。

历史是最好的教科书。站在中华人民共和国成立70年的历史节点，系统回顾我国研究生教育改革与发展历程，总结70年的宝贵经验，能够引导我们开启更为光辉的历程、创造更为伟大的奇迹。北京理工大学研究生教育研究中心、学位与研究生教育杂志社专门组织国内一流的专家、学者以及部分博士生共同编写了这本书。

2019年2月，编写组正式开始启动《中国研究生教育70年》的编写工作，多次召开课题组研讨会，反复征求有关专家和学者的意见和建议，确定了以“时间年代为主线，国家发展为背景，人才培养为核心，事件规律为研究，制度政策为重点，成就贡献为亮点”的编写思想，进而形成了本书的整体框架和主要内容。为了全面反映中华人民共和国建立以来中国学位与研究生教育取得的巨大成就，本书选取中华人民共和国成立、改革开放、社会主义市场经济体制建立、社会经济转型、“十二五”5个研究生教育发展的关键历史节点，分别总结了5个时期研究生教育改革发展历程，并最终形成了《中国研究生教育70年》。

本书的编写成员来自北京理工大学、学位与研究生教育杂志社等单位。各章分工为：第一章，陈雁、张微；第二章，周文辉、马雪莹；第三章，周文辉、马雪莹；第四章，李明磊、张锦绣；第五章，王战军、杨旭婷。本书的策划、整体框架设计、全书统稿均由王战军负责，中国科学技术出版社王晓义主任参与本书的策划与研讨，雷琨、王小栋负责有关英文翻译工作，杨旭婷担任编写组秘书。

本书的编写工作得到了来自各方的支持和帮助，在此一并感谢。特别感谢教育部学位与研究生教育司司长洪大用教授在百忙之中对本书的指导和作序！感谢本书全体编写成员及工作人员付出的智慧和汗水！感谢所有参考文献的作者。

由于编写组成员水平有限，再加上时间仓促，对书中内容的整体把握和精雕细刻都有许多遗憾，本书中难免存在一些疏漏和不当之处，恳请专家、学者、读者给予批评指正。

王战军

2019年7月